湖北省社会科学基金资助项目（2012066）

中南民族大学"信息化与民族地区农业发展"学术团队资助项目（XT09007）

ZHONGGUO NONGYE JINGJI
DUOCHONG ZHUANXINGQI ZHENGFU
XINGWEI YANJIU

中国农业经济多重转型期政府行为研究

梁世夫◎著

人民出版社

目　录

导　言

一、研究的目的和意义

　　农业产业在国民经济中的基础地位和作用以及产业特征决定了农业经济发展需要政府支持。政府支持主要表现是政府行为选择趋向的农业偏好，即实施有利于农业发展的各种政策。农业经济发展与政府的农业政策选择之间的这种逻辑关系已经在工业化理论与实践中得到了验证。

　　对工业化的权威性定义是把工业化的特征概括为制造业和第二产业的国民收入份额和从事制造业和第二产业的劳动人口份额的上升。[①] 受这种观点的影响，20世纪50年代西方经济学家和政策制定者们都强调发展工业，忽视了农业的发展。20世纪50~60年代农业的停滞，人民生活并没有随着工业水平的提高而改善，工业化进程也受到了抑制。从20世纪60年代中期起，工业化理论与政策从忽视农业在工业化中地位和作用转到了强调农业生产和生产率的增长对工业化过程的意义以及农业对工业化过程的产品贡献、市场贡献、要素贡献和外汇贡献上。农业经济的发展成为工业化的重要工具。[②] 从20世纪70年代起，经济学家对农业的认识又有了进步：如果在发展的过去几十年中，农业发展具有工具价值，那么，在未来的几十年里，它必须具有本身的内在价值。[③] 关于农业发展的内在价值就是工农业协调发展中的工业化——工

---

　　① 参见《新帕尔格雷夫经济学大辞典》，中国经济科学出版社1992年版，第862页。
　　② 参见郭熙保：《农业发展论》，武汉大学出版社1995年版，第3~6页。
　　③ 参见谭崇台：《发展经济学》，上海人民出版社1989年版，第251、232页。

业化不仅包括工业部门的发展，也包括工业化了的农业。①

　　农业政策虽然不能增加社会资源总量，但可以通过资源分配而影响农业资源的规模和结构。在农业效益比较低下的状态下，适宜的农业政策能够保证农业生产所需要的土地、资本、技术等资源供给。正确、合理的政策可以促进农业经济的繁荣；错误的农业政策则导致了农业经济的停滞。合理的农业政策能够熨平完全的市场调节所产生的农业波动、维持农业经济稳定发展，是促进社会经济目标顺利实现的可靠工具。林毅夫教授对农业政策与农业经济增长关系的研究也证实了这个论点：1979～1984 年间家庭承包制度改革等政策所带来的农业生产率提高约占同期农业生产率增长的近 50%。造成我国三年困难时期 2300 多万人口非正常死亡的主要原因不是气候因素，而是政策选择的失误。②

　　促进农业经济发展一直是我国政府工作的重中之重。我国政府在继 20 世纪 60 年代提出了农业是国民经济的基础理论以后，20 世纪 90 年代初又明确地提出了发展农业要依靠政策、科技和投入。但我国政府行为选择的实际趋向却与上述理论观点不一致：一方面是理论上肯定农业和重视农业，事实上则是忽视农业；另一方面是政府确定了许多重视农业经济发展的行为，还有一方面是实施了一系列限制农业经济发展甚至牺牲农业经济发展的政策。在政府行为选择中存在许多"缺位"和"错位"现象。

　　第一，农业的工具色彩依然严重。从 20 世纪中期起我国社会经济发展就已经进入了工农业平等发展阶段。③ 工业化发展的新阶段标志着农业经济的工具时代的结束和工农业平等发展以及"工业反补农业"阶段的开始。尽管我国政府对于农业经济发展曾经给予了许多关注，农业剩余的传统流出方式弱化了，但以金融渠道流失和农业土地资源征收环节流失的农业剩余规模则超过了传统流出方式下所流出的规模。工农业平等发展的政策格局还尚未形成，

---

　　① 参见谭崇台：《发展经济学》上海人民出版社 1989 年版，第 251、232 页。
　　② 参见林毅夫：《制度、技术与中国农业发展》，上海三联书店、上海人民出版社 1994 年版，第 95、25 页。
　　③ 参见冯海发、李溦：《工业化的成长阶段与我国农业发展政策的调整》，《学习与探索》1991 年第 6 期，第 56~62 页。

农业经济依然在继续着工业化的工具功能。

　　第二，政府行为选择中的"缺位"和"空位"已经阻碍了我国农业经济多重转型的深化。我国农业经济发展正处于多重转型时期 一是从传统农业向现代农业转型；二是农业经济运行体制从计划农业向市场农业转型；三是农业经济增长方式从粗放型增长向集约型增长转型；农业增长从依靠土地、劳动等传统的物质生产要素投入转向为在依靠土地、劳动等传统生产要素投入的同时，主要依靠资本、技术、信息等现代生产要素投入；四是农业经济结构从单一的粮棉油种植业结构向农林牧渔多样化综合结构转型；五是农产品供给从数量约束向质量、效益约束转型，提高农产品质量和农民收入是农业经济发展的主要目标；六是农业经济发展从依靠国内资源、国内市场向国内外两种资源与两个市场转型，农业经济发展所面临的国际资源和国际市场约束以及市场竞争更加激烈。农业经济所面临的每一种转型不仅是对我国农业经济发展的内在价值的新挑战，也是对农业经济发展中政府行为提出了更高的新要求：调整和完善以往的行为选择，从农民收入、农业技术进步、农业资本供给、农产品质量等方面构建政府支持行为体系，促进我国农业经济多重转型的深化。

　　经济理论研究在系统剖析农业经济工具地位和政府行为选择中"缺位"和"空位"原因基础上提出的完善政府行为选择的某些合理建议[①]已经被付诸实施，但如何在借鉴国际成功经验的基础上，充分利用国际规则、完善"黄箱"支持领域、用足用好"蓝箱"支持、扩大"绿箱"支持规模，矫正政府行为选择的扭曲，扭转政府行为选择中"缺位"和"空位"局面还有待做更深入的探讨。

　　由此可见，以政府行为为线索，从我国农业经济多重转型中政府行为选择与执行中所存在的问题入手，科学地界定政府行为的领域、选择有效的行为工具、严格执行政府行为对于矫正政府行为偏差，充分发挥政府的积极作用，从而促进我国农业经济多重转型的深化具有重大的现实意义。

---

　　① 参见农业部软科学委员会课题组：《农业发展新阶段》，中国农业出版社 2000 年版，第24~25页。

二、农业经济转型的理论基础

促进我国农业经济多重转型的顺利进行需要一定的理论指导。如果缺乏理论指导，农业经济多重转型的历史进程就会受到影响。促进我国农业经济多重转型深化的理论基础包括以下几种：

（一）农业经济发展阶段理论

农业经济发展是若干个发展阶段连续演进的过程。不同的农业经济学家和发展经济学家按照不同的标准，分别提出了各具特点的农业经济发展理论。这些农业经济发展阶段理论主要有：一是美国农业经济学家梅勒提出的"梅勒农业发展阶段论"；二是美国经济学家韦茨提出的"韦茨农业发展阶段论"；三是日本经济学家速水佑次郎提出的"农业发展阶段论"；四是我国学者提出的原始农业、传统农业和现代农业、粗放农业和集约农业，温饱农业、小康农业和富裕农业等农业发展阶段论。[①] 尽管不同的学者由于研究的角度和具体国情不同而对农业经济发展阶段划分不尽相同，阶段名称表述也各异，但在其农业经济发展阶段的理论中，都从农产品的供求关系、农业生产目标和农业增长方式，提出了农业发展不同的阶段政府行为的方向选择理论。这些有关政府行为选择的理论是指导我国农业经济多重转型时期政府行为完善的理论基础。

（二）制度变迁理论

按照 T. W. 舒尔茨的观点，制度就是管束人们行为的一系列规则，这些规则涉及社会、政治及经济行为。制度是为经济服务的。在 19 世纪 50 ~ 60 年代经济学家研究经济增长这个热门的课题时，主要研究物质生产要素投入的变化与经济增长率之间的关系，制度被排除在了经济增长因素的分析之外，

---

① 参见农业部软科学委员会课题组：《中国农业发展新阶段》，中国农业出版社 2000 年版，第 3 ~ 4 页。

继 1971 年库兹涅茨强调了制度在经济增长中的重要性后，诺思对制度在经济增长中的作用作出了开创性的研究：在没有发生技术变化的情况下，通过制度创新亦能提高生产率和实现经济增长。在缺乏有效制度的领域或地区，或者一国处在新旧体制转轨时期，此时此地的制度效率是最高的。制度创新过程中经济增长率也较高。有效率的制度能够促进经济增长和发展，无效率的制度则抑制或阻碍经济增长或发展。① 制度变迁可以提高经济效率，挖掘社会经济资源潜力，形成让一方受益且没有其他人受损的帕累托改进。制度变迁是经济增长和经济发展中重要的内生变量。西方新制度经济学关于制度、制度变迁对经济发展的促进作用分析与马克思主义对生产关系和上层建筑分析框架的一致性，说明了中国是新制度经济学发展的最好场所之一。所以，新制度经济学关于制度变迁理论可以成为促进我国农业经济多重转型的指导理论之一。

（三）可持续发展理论

在经济快速增长给资源和环境所带来的污染超过了资源和环境"生态阈值"日益明显的条件下，经济效益、社会效益和生态效益的高度统一、人口、资源和环境协调共生的可持续发展战略上升为新经济发展观。可持续发展理论就是这种新经济发展观的具体体现。可持续发展的内容包含两方面：一是对传统发展方式的反思与否定；二是对规范的可持续发展模式的理性设计。② 这两方面内容都说明：人类增加生产的同时，必须注意生态环境的保护和改善。要在发展生产的同时保护和改善生态环境，首先必须变革人类延续已久的生产方式和生活方式。农业产业活动天然的生态功能虽然赋予了其在实现可持续发展战略中的关键作用，但也出现了与可持续发展不和谐的表现。所以，促进我国经济多重转型一定要转变农业经济增长方式，以农业资源和环境的长期承载力为基础发展农业，在满足人类需求的基础上改善人类生活质量。可见，可持续发展理论是促进我国农业经济多重转型进程的重要理论指导。

---

① 参见卢现祥：《西方新制度经济学》，中国发展出版社 1996 年版，第二、第六章。
② 参见张坤民：《可持续发展论》，中国环境出版社 1997 年版，第 15 页。

（四）工农业平等发展理论

农业产业的国民收入份额和就业比例随国民经济发展而逐渐下降并不表示农业产业在国民经济发展中地位的动摇和作用的下降。已经工业化了的国家和正在工业化的国家的经济发展历史与现实都证明了农业产业依然是国民经济的基础，农业产业能够促进或延缓国民经济发展。就农业经济与国民经济发展的历史而论，农业与工业之间的关系存在三种情况：农业支持工业化阶段、农业与工业平等发展阶段、工业支持农业发展阶段。农业与工业化关系的不同阶段，也界定了国家农业政策趋向的选择。农业与工业关系演化的进程与国家的农业政策转换是一致的。我国学者根据国际工业化中工农业关系的一般经验认为，从 20 世纪 80 年代中期始，我国已经进入了工农业平等发展阶段。[①] 在过去了二十年后，我国工农业平等发展依然没有完全做到，农业经济还在继续着"贡献"的地位，尤其是资本贡献有增无减。由此可见，工农业平等发展理论是扭转我国农业经济多重转型时期政府行为选择非农业偏好局面的重要理论依据。

（五）公共决策理论

农业产业自然再生产与经济再生产特点决定了农业产业是社会效益大、经济效益低的弱质性部门。所以，为了推动农业经济的长足发展，政府要把农业部门的某些投入列入公共决策体系之中决策以支持农业经济部门的发展。我国的农业经济发展所取得进步虽然很大，但还不能过于乐观：粮食安全面临重大威胁；农业资源约束日趋硬化，生态环境破坏严重；农业技术进步程度低、技术装备水平不高；农业竞争力比较薄弱等。这些事实表明我国农业经济的基础地位并不稳定。与农业经济发展的实际需要比较起来，农业支持体系还急需完善。农业支持体系的最狭义的主体部分是政府的支持政策。[②] 政

---

① 参见冯海发、李溦：《工业化的成长阶段与我国农业发展政策的调整》，《学习与探索》1991 年第 6 期，第 56~62 页。

② 参见国务院发展研究中心、中共中央政策研究室：《关于支持和保护农业问题研究》（上），《管理世界》1997 年第 4 期，第 157~168 页。

府支持农业经济发展的政策属于公共决策的范围。按照公共决策基本理论，在我国政府支持农业经济发展的现行行为中，或者是公共决策性质不明显，或者是许多公共性决策存在着相当大的公平与效率残缺。因此，公共决策理论对实现我国政府支持农业经济发展行为的转换具有充分的应用空间。

三、研究的基本思路、主要内容和基本方法

（一）研究的基本思路

本书以我国农业经济的发展阶段转型、运行体制转型、生产结构转型、增长方式转型、生产资源和农产品市场转型为背景研究我国农业经济转型中政府行为的完善问题。在研究中，首先是从市场经济体制下经济活动中政府行为的必要性入手，对政府行为理论进行了归纳，在此基础上再从农业在国民经济中的基础地位和作用以及农业经济活动的弱质性、市场失灵性、农产品的公共性以及农业生产活动的季节性等基本特征出发，进一步说明农业经济活动中政府行为的必要性，对经济发达国家农业经济发展中政府行为的过程（政府行为的确定过程与执行过程）进行了描述和归纳研究。其次是借鉴经济发达国家农业经济发展中政府行为的一般规律，以政府行为的确定和执行为对象研究我国农业经济转型中政府的行为过程，从政治、经济、文化和历史等方面分析我国农业转型中政府的行为非规范性，并提出我国农业经济转型中政府行为机制的完善框架。最后是选择我国农业经济转型中几种政府行为为对象，具体地探讨了我国农业经济多重转型中政府行为机制的完善路径。

（二）研究的主要内容

本书以我国农业经济的多重转型为背景，从政府行为的过程角度研究我国农业经济转型中的政府行为完善问题。全书由导论和正文组成，其中的正文分为三个部分。

导论概述了本书研究的目的和意义、国内外研究动态以及本书研究的理

论基础、研究的思路、主要内容以及研究方法，并说明本书研究的难点与可能性创新。

第一部分即第一章是研究的背景或出发点。

本章在对经济转型范畴评析的基础上，首先，说明我国农业经济转型的范围、特征、直接动因。其次，对我国农业经济发展阶段转型、运行体制转型、增长方式转型、生产结构转型以及农业资源和产品市场环境转型等转型类别的历史过程及其现状逐一地作出归纳性总结。

第二部分包括第二章和第三章，分别构成了本书研究的理论基础和经验基础。

第二章是对市场经济运行体制中有关政府行为的理论梳理。首先，归纳了西方经济学、发展经济学和马克思主义经济学的政府行为理论，说明市场经济化运行体制下政府与市场的有效结合问题。其次，归纳了西方经济学和马克思主义经济学创始人的政府结构理论，并根据现实的市场经济运行中政府行为的有限—有效观点，提炼出了提高有限—有效政府行为的路径。

第三章是对经济发达国家农业经济转型与政府行为之关系的理论与实践剖析。首先，根据农业在国民经济中的基础地位和作用以及农业产业具有弱质性、市场失灵性、农产品的公共性和生产活动的外部性等产业特征说明了政府行为是农业经济顺利发展的必要条件。其次，在对经济发达国家农业经济领域内政府行为的目标、政府行为的领域、影响政府行为的主体结构等方面系统阐述的基础上，归纳出了经济发达国家农业经济转型成功的政府行为确定模式——内在提出模式和外在提出模式，并比较分析了这两种政府行为的确定模式特点。最后，从政府行为工具的选择入手，对政府行为执行的国家垄断经营模式和国家保护与支持下的市场经济模式进行比较分析，概括出农业经济发展中政府行为执行过程的基本规律。

第三部分是从理论和实践对我国农业经济多重转型中政府行为的确定与执行进行了分析与讨论。包括第四章、第五章和第六章。

第四章是我国农业经济多重转型中政府行为的过程分析。本章内容包括我国农业经济领域内政府行为的目标、政府行为的确定与执行以及政府行为的确定和执行的历史性描述与归纳。在我国农业经济领域内政府行为的目标中，粮食数量安全存在隐患，农业资源和环境的污染以及农产品生产加工环节的污染也使得粮食的质量安全隐患严重；农民收入的纵向增长率递减和横向比较差距逐渐扩大都说明了农民收入问题还是"三农"问题的核心；农业经济资源的贫瘠化和农业资源的污染以及自然灾害的高发率等不仅影响了政府行为目标的实现程度，也严重地威胁着我国农业经济的可持续发展。政府行为的上述三个目标的现状表明：我国农业经济多重转型中的政府行为只能加强，不能削弱。在对我国农业经济领域内政府行为的确定分析中，从农业经济管理体制入手，根据影响我国政府行为的各种主体结构及其影响能力，把我国农业经济领域内政府行为的确定模式归纳为以政府的行政管理机构和执政党为首倡的内在提出模式。我国农业经济领域内政府行为的执行首先受到经济运行体制的影响，同时还受政府级别的高低和不同级别政府的经济利益以及政府行为监督机制的影响。结合了这些影响因素后，把我国农业经济领域内政府行为的执行模式概括为纵向等级分层负责执行模式和横向事权负责的"领导小组"模式。最后是对我国农业经济领域内政府行为的确定与执行进行了历史性描述与归纳，概括出了我国农业经济领域内政府行为的确定与执行中的非规范性表现。

第五章是我国农业经济领域内政府行为机制完善探索。首先根据经济发达国家政府行为的成功经验以及我国农业经济转型中政府行为非规范性表现，提出了我国农业经济多重转型中政府行为完善的方向，并以此为指导讨论了政府行为机制完善的核心环节。完善政府行为确定机制的核心环节在于：一是提高农民政治地位，强化农民经济利益表达能力；二是政府行为理论突破；三是关注农民，强化和谐社会理念；四是完善农业经济领域内政府行为的法律体系。完善政府行为执行机制的核心环节在于：一是建立一体化农业经济管理体制；二是强化政府行为的监督机制建设，促进政府切实履行法定义务。

第六章是我国农业经济转型中政府行为完善的典型分析。主要从中外政府行为择定的比较研究入手，选择资本支持、技术进步以及直接补贴等进行我国农业经济多重转型背景下政府行为机制完善的典型分析，并提出我国农业经济多重转型期政府行为完善的相关对策建议。

（三）研究的基本方法

1. 规范分析方法

政府行为是政府为了实现一定的目标而采取的一系列政策、措施或者为了管理社会经济事物而进行的活动总称。政府行为的目标选择以及所采取的实现目标的行为等都是在一定的价值判断基础上进行的。我国农业经济领域内政府行为的确定过程和执行过程都是以整体社会福利的最大化为价值判断基础。所以，规范分析是研究我国农业经济多重转型中政府行为过程的合理的分析方法。

2. 实证分析方法

研究我国农业经济多重转型中政府行为，的确要设定政府行为的标准，更要用政府行为与行为效果之间的因果关系这个事实来验证政府行为选择的合理性，并据此阐述政府行为的未来方向。因此，实证分析是研究我国农业经济多重转型中政府行为所必须应用的方法。

3. 定性与定量分析相结合的方法

我国农业经济多重转型中政府行为的确定以及政府行为选择的变化都是在既定社会经济背景下众多影响政府行为的主体选择的结果。政府行为既反映了社会经济发展的要求，也是既定社会历史条件下各种影响政府行为选择的主体社会影响力大小的产物。现期农业经济指标是基期政府行为的结果。现期的农业经济指标也是政府行为未来选择的方向性依据。所以，研究政府行为确定过程和执行过程首先要从历史角度出发进行定性分析。从量的角度分析政府行为，则可以对政府行为的偏差或效果形成准确的判断，从事实的角度为改进政府行为的选择和执行提供准确的方向。

4. 比较、归纳与演绎方法

经济发达国家农业经济转型中政府行为的确定过程和执行过程所积累的经验对于深化我国农业经济多重转型很有借鉴意义。因此，可以通过政府行为选择与执行的社会经济环境、政府行为的趋向和手段选择等多方面的比较，在归纳经济发达国家政府行为选择和执行成功经验的基础上演绎出我国农业经济多重转型中政府行为确定与执行机制的完善路径。

第一章　中国农业经济转型概述

一、农业经济转型的一般概述

（一）农业经济转型的内涵

1. 经济转型的内涵

从 20 世纪 90 年代开始逐渐流行起来的经济转型研究到目前为止，对转型的内涵界定还尚未统一。[①]

一是新制度经济学和大部分主流学者们认为，转型就是从一个国家或政体转变为另一种国家和政体。即从以生产资源集体所有制和党政机关控制生产资源的运用为主转变为以私人所有制以及按个人和私人团体的分散决策运用生产资源为主。这种转变的表现，一类是有限的经济变化和严格限制的政治变革；另一类是经济、政治发生根本变化，并逐步实现自由化和宏观经济稳定的向市场转轨。

二是转型的核心是宪政规则的大规模改革，只有完成了宪政转轨，才能说是一种真正的转型。

---

① 参见靳涛：《经济转型理论研究的成就与困惑》，《厦门大学学报》（哲学社会科学版）2005 年第 1 期，第 25 页；李曙光：《中国经济转型：成乎？未成乎？》，《社会主义经济理论与实践（中国人民大学报刊复印资料）》2003 年第 8 期，第 75～83 页，其提出的我国经济从 1978 年开始的 20 多年经济改革中经济发生的产品供求数量关系从供给型经济转向需求型经济、由封闭和半封闭经济转为开放型经济、从温饱型经济转为小康型经济对理解我国的经济转型以及农业经济转型的含义是有借鉴意义的。

三是转型是"体制的特殊品性"，只有政治方面的社会制度变革成功才能实现和完成经济体制方面的转轨。

依据上述的三种观点，经济转型的内涵包括了一个国家政治制度的变革和社会主义国家的经济运行从计划经济体制转换为市场经济体制两个方面。经济运行体制从计划到市场的转换的确说明了经济转型的具体实例，但没有宪法制度或政治体制变换就不能实现经济体制转型的观点则存在偏颇。经济体制与政治制度是不同层次的问题。人类社会发展史不乏不同的经济体制与不同的政治制度结合的典型实例。资本主义政治制度可以与市场经济体制结合，也可以与计划体制结合；社会主义政治制度可以实行计划经济体制，也可以实行市场经济体制。在不转换政治制度的前提下，可以转换经济运行体制促进社会经济的持续发展。因此，建立在意识形态基础上的政治制度变革是经济转型成功基础的观点没有充分的理论依据。但经济转型也绝对不仅指经济运行体制的转换。经济发展中"转型"是社会经济发展从一个历史阶段转入另一个历史阶段所经历的过程或特定时期。[①] 社会经济发展是生产力、生产关系和上层建筑等众多因素共同作用下的过程，是特定社会或国家经济发展的目标和实现目标的手段的统一。[②] 因此，经济转型表现为经济发展和制度变迁两个方面。对于经济转型的上述内容，我国学术界曾经用"转轨"、"过渡"、"改革"等概念来描述。按照对经济转型的上述界定，尽管"过渡"被经常用于我国经济运行从计划向市场转换过程的研究，[③] "过渡"还是比较合适地涵盖了我国经济发展从一个阶段向另一个阶段过渡中所表现出来的政治、经济和文化等方面的变革。"转轨"主要用于经济运行从计划体制向市场体制转变，很难包括经济发展中的生产力、生产关系和上层建筑方面所发生的根本变化。用转轨描述经济转型也不太合适。改革是生产关系某些环节或方面的调整。经济体制是生产关系的具体表现。改革的确表现了经济转型中的制度变迁含义。不进行经济体制改革，经济发展意义上的转型就不会成功。由

---

① 参见景维民：《转型经济学》，南开大学出版社 2003 年版，第 2 页。

② 参见魏埙、张仁德：《中国社会主义经济发展论》，河北人民出版社 1987 年版，第 8 页。

③ 参见盛洪：《中国的过度经济学》，上海三联书店 1994 年版，第 3 页。

于经济转型的内涵包括了经济制度变迁和经济发展两个方面，而改革不能够包括经济发展，所以，用改革描述经济转型也不合适。

2. 农业经济转型的内涵

农业经济转型是经济转型在农业经济发展中的具体表现。学术界对农业经济转型比较广泛的理解和应用是指从传统农业向现代农业的转变。1997 年，农业部农村经济研究中心"中国传统农业向现代农业转变的研究"课题组《从传统到现代：中国农业转型研究》从农业经济运行体制、农业生产要素集约和农业制度变迁等多方面具体探讨了加快我国农业从传统阶段向现代阶段转型的思路。① 经过了几十年的发展，我国农业经济转型的内容除了发展阶段转型外，还包括了其他方面的转型：农业经济运行体制从计划向市场的转型；农业经济增长方式从粗放型增长向集约型增长转型；农业增长从依靠土地、劳动等传统的物质生产要素投入转向为在依靠土地、劳动等传统生产要素投入的同时，主要依靠资本、技术、信息等现代生产要素投入；农业经济结构从单一的粮、棉、油种植业结构向农、林、牧、渔多样化综合结构转型；农产品供给目标从数量目标向质量、效益目标转型，提高农产品质量和农民收入是农业经济发展的主要目标；农业经济发展从依靠国内资源、国内市场向国内外两个资源与市场转型，农业经济发展面临国际资源和国际市场的约束，市场竞争更加激烈。我国现在的农业经济转型是农业经济发展阶段从传统农业向现代农业转变中的农业生产目标、生产结构、运行体制、增长方式以及市场环境等诸多方面和诸多环节均发生转型的有机统一体。②

---

① 参见"中国从传统农业向现代农业转变的研究"课题组：《从传统到现代：中国农业转型的研究》，《农业经济问题》1997 年第 5 期，第 24~31 页。

② 参见王雅鹏：《湖北三农问题探索》，湖北人民出版社 2004 年版。王雅鹏在序言中总结了我国全国范围内的农业经济七个方面转型：从传统农业向现代农业转型；从计划农业向市场农业转型；从农产品供给短缺约束下的数量型农业向农产品供给总量平衡、丰年有余或过剩条件下的质量型农业转型；从单一的粮、棉、油种植结构向农、林、牧、渔产品多样化的综合结构转型；从传统的粗放经营向现代（的）集约经营转型；从主要依靠国内资源、国内市场向依靠国际国内两种资源、两个市场转型；从农业为工业贡赋的关系向工农两业平行发展和工业反补农业及保护农业转型。

（二）农业经济转型的特征

我国的农业经济转型是我国农业经济领域内生产力要素、生产关系要素和上层建筑要素及其之间相互作用的产物。农业经济转型的特征主要有：

1. 动态性

农业经济发展中的生产力要素、生产关系要素和上层建筑要素的不断变化也就决定了农业生产目标、生产结构、运行体制、增长方式以及市场环境等诸多方面和诸多环节始终处于不断的运动变化之中。这些环节和方面的不断变化也就决定了我国农业经济转型是不断进行的动态过程。

2. 复杂性

农业经济转型涉及自然因素和社会因素。农业经济活动中的自然因素存量及其构成是随着社会经济发展而不断地变化的。农业经济活动所涉及的社会因素更是变化多端。这些复杂的因素不仅引起我国农业经济转型种类多样复杂，还会因不同地区中这些因素的差异造成了不同地区的农业经济转型的不平衡性以及同一地区农业经济转型速度上的有快有慢，甚至还可能出现暂时的停滞或倒退。

3. 不可逆性

受到不利因素的干扰，农业经济转型的进程可能出现暂时的倒退，但由于人们追求美好未来的驱动，农业经济转型的总趋势是不断深化的。

4. 主动性

农业经济活动是人与物两类要素结合的产物。其中，人的因素是影响农业经济转型的能动性要素。人们按照趋利避害的原则配置农业生产要素投入，实现农业经济活动的预期目标。所以，农业经济转型总是在人的支配下，按照人的意志进行的，是在人的控制下进行的。

5. 连续性

农业经济发展本身是一个自然的历史过程，具有连续性。尽管我国农业经济发展中的每一种转型可能因特殊的原因而出现暂时的中断现象，但从长期的历史过程看，农业经济转型还是一个连续的过程。

（三）农业经济转型的动因

农业经济转型不是哪一个领导人或个别组织随心所欲安排的，是农业经济活动中的内在因素和外在因素共同作用下的必然结果。

1. 内在因素

（1）人类需要的不断转型

按照马克思主义观点，人类的需要从低到高包括生存需要、享受需要和发展需要。低级需要获得满足后会产生高一级需要。高一级需要获得满足后又会产生更高级的需要。人类的一切需要的满足都源于物质资料生产。任何一个民族，如果停止劳动，不用说一年，就是几个星期，也要灭亡，这是连小孩都知道的。① 同时，按照马克思主义的基本观点，生产的最终目的就是满足需要。人类的需要从一种低级到高级发展过程也就是人类从低级产品需要转向高级产品需要的过程。人类需要推动生产的发展，生产的发展也引起人类新需要。人类需要与人类生产之间的这种互为条件、相互促进推动了人类社会的不断进步。可见，人类需要的不断更新是经济转型的直接原因。随着我国居民收入水平的上升，我国农产品需求已经从植物性产品向动物性产品转变，从生存需要向健康需要转变。与之对应的农产品生产必须进行结构转型。否则，人民需求不能得到满足，农产品生产也就失去了意义。因此，我国农业经济转型是国民对农产品需求不断升级的必然结果。

（2）农业资源的稀缺

农业经济活动需要的资源包括自然资源和社会资源。就自然资源而言，我国农业经济发展所依赖的资源要素稀缺程度日益突出。我国的耕地和水资源安全系数已经是世界1亿人口以上10个国家的倒数第二。② 在耕地和水资源短缺的严重约束下，受废水、废气、固体废弃物和农药、化肥污染的农业资源污染又极其严重。因此，农业经济增长方式转型已经迫在眉睫。农业经济活动需要的社会资源体现在生产关系和上层建筑两个方面。虽然我国农业

---

① 参见《马克思恩格斯选集》第4卷，人民出版社1975年版，第368页。

② 参见张雷、刘慧：《中国国家在以后的资源安全问题初探》，《中国人口·资源与环境》2002年第1期，第41页。

经济领域内的生产关系和上层建筑调整已经取得了很大成绩，但有关农业发展的制度改革步伐还是落后于农业经济发展的需要。所以，现行的农业经济运行中资源稀缺直接引发了我国农业经济转型。

2. 外在因素

（1）强国富民的需要

任何一个国家发展经济的最终目的是强国富民。经济发展速度缓慢，则国不强、民不富。因此，如何快速发展本国经济一直都是一个国家政府梦寐以求的。良好愿望实现于现实的努力。现实努力之一就是不断推动本国经济转型，在不断转型中发展经济，强国富民。提高农民收入已经成为"三农"问题的核心，以增产提高农民收入的空间已经日益狭小。因此，提高农民收入的路子要转型。不转型，农民收入就上不去，农民就不能实现小康，全面小康社会也就难以彻底实现。强国富民是农业经济转型的直接原因。

（2）国际经济关系的变化

国际政治关系从单边到多边、从战争到冷战后，和平与发展已经成为主流。与此相应地国际经济关系领域的合作与融合趋势日益强劲。在国际经济融合的大趋势下，开放性的经济发展是主流。在开放性经济发展中，竞争力决定着一个国家的经济实力。为了提高本国经济竞争力，各国都在根据自己优势，通过经济转型实现发展战略转变。所以，国际经济关系直接促进了各国的经济转型。我国农业经济在融入 WTO 后，既是机遇，也是挑战。所以，在两种资源、两个市场的新环境中，提高我国农产品的国际竞争力首先必须促进农业经济转型，从两种资源、两个市场的高度调整国内农业政策，支持农业经济参与国际竞争，提高农业国际竞争力。

二、农业经济发展阶段转型

（一）发展阶段转型的理论基础

农业经济发展史是若干个发展阶段组成的集合。划分农业经济的发展阶段，不仅可以准确地认识农业发展的现状，更重要的是可以根据农业发展阶段所表现出的特征以及一般规律指导本国农业经济的深入发展。经济学家们都根据其研究目的，选择一定准则对农业发展阶段进行了广泛的理论研究。综观农业发展阶段理论研究的历史，农业发展阶段研究主要表现为两个方面：一是社会经济发展阶段研究中的农业发展阶段研究；二是专门的农业发展阶段研究。

1. 农业发展阶段隐含性研究

社会经济发展阶段研究中的农业发展阶段研究主要包括了德国历史学派的经济发展阶段论、罗斯托的经济成长阶段论、钱纳里的"发展型式"理论和我国学者的农业与工业关系理论。

（1）德国历史学派的农业发展阶段思想

德国历史学派对农业发展阶段的划分主要代表人物是历史学派的先驱者弗里德里希·李斯特和历史学派的奠基人威廉·罗雪尔。李斯特根据经济部门在国民经济中主导地位把国民经济发展过程划分为原始未开化时期、畜牧时期、农业时期、农工时期和农工商时期。[1] 罗雪尔则搬用了萨伊的生产三要素论，根据生产要素在生产中的优势地位，把国民经济发展划分为三个历史时期：自然要素在生产中占绝对优势的时期、劳动占绝对优势地位的时期和资本占绝对优势地位的时期。[2]

（2）罗斯托经济成长阶段论中农业发展阶段思想

罗斯托采用了部门总量分析方法，把重要经济部门称为三导部门。这些部门本身高速增长并能够带动其他部门的增长。罗斯托按照主导部门不同，把社会经济发展阶段依次划分为：传统社会阶段、起飞前准备阶段、起飞阶段、成熟阶段、高额群众消费阶段和追求生活质量阶段。传统社会是农业为主的经济发展阶段。起飞前准备阶段是从农业社会转型到以消费品工业、商业为主的社会。在以后的阶段上农业经济重要性开始下降。[3]

（3）钱纳里的"发展型式"理论中农业发展阶段思想

钱纳里根据联合国国际工业标准分类，按照初级产品、制造业和服务业

---

[1]　参见李斯特：《政治经济学的国民体系》，商务印书馆196□年版，第15页。
[2]　参见马涛：《经济思想史教程》，复旦大学出社2002年版，第255页。
[3]　参见胡寄窗：《1870年以来的西方经济学说》，经济科学出版社1988年版，第672~676页。

对全部国民生产总值增长的贡献率把国民经济结构变化的过程划分为三个阶段：初级产品生产阶段、工业化阶段和发达经济阶段。在初级产品生产阶段，虽然初级产品增长速度慢于制造业，但农业部门生产的初级产品仍是社会交易产品的主体。工业化阶段制造业对国民经济增长的贡献地位超过了农业，经济重心由初级产品生产变为制造业生产。发达经济阶段虽然制造业的贡献率依然保持在高位于农业水平上，但二者的差距在逐步缩小，服务业和社会基础设施的贡献率已经超过制造业。尤其是在这个阶段上，由于农业劳动力转移、资本对劳动的替代和技术进步，农业部门的劳动生产率增长最高。①

（4）我国学者的农业与工业化关系理论中农业发展阶段思想

工业化是生产资源在工农业之间动态再配置过程。所以，工业化过程也是工业与农业关系的变化过程。在工业化过程中，工农业之间的关系表现为三个阶段：农业支援工业阶段、工农业平等发展阶段、工业支持农业阶段。在工业化发展的不同阶段，政府的农业政策有不同的取向：第一阶段农业政策的取向是挤压农业，农业为工业提供积累，农业剩余是国民收入绝大部分。第二阶段农业政策的取向是农业与工业平等发展，工农业产品等价交换和缩小收入差别构成了农业平等发展政策的核心。第三阶段农业政策的取向是农业保护。第三阶段工业发展已经趋于成熟，工业自身的剩余除了支撑工业的进一步发展外，还可以扶持其他产业发展。同时，工业化所推动的农业结构调整问题十分突出，如果任由市场调节，农民要承担调整代价，损失农民利益。所以，第三阶段政府的农业政策就是取出一部分工业剩余有效地解决农业调整，保护农业发展。②

2. 专门的农业发展阶段研究

专门的农业发展阶段研究包括美国经济学家舒尔茨的农业发展阶段论、梅勒农业发展阶段论、韦茨的农业发展阶段论和日本经济学家速水佑次郎的农业发展阶段论以及我国学者的农业发展阶段理论。

---

① 参见钱纳里：《工业化和经济增长的比较研究》，上海三联书店 1989 年版，第 95~97 页。

② 参见冯海发、李溦：《工业化的成长阶段与我国农业发展政策的调整》，《学习与探索》1991 年第 6 期，第 55~57 页。

（1）舒尔茨的农业发展阶段论

舒尔茨对农业发展阶段的划分主要反映在其所著的《改造传统农业》一书。在该书中，舒尔茨依据农业生产要素性质把农业经济发展划分为传统农业阶段和现代农业阶段。传统农业就是"完全以农民世代使用的各种生产要素为基础的农业"。引入新生产要素就可以把传统农业改造为现代农业。这些新生产要素包括：建立适合于传统农业改造的制度，从供给和需求两方面创造引入现代生产要素的条件，对农民进行人力资本投资：教育、在职培训和提高健康水平（教育最重要）。[①]

（2）梅勒的农业发展阶段论

梅勒依据农业生产的技术性质把从传统农业改造为现代农业的过程划分为三个阶段或三个时期：第一时期是传统农业时期。这是生产增长在很大程度上依赖传统形式的土地、劳动力和资本的缓慢增长的无生机时期。新技术和措施对改善农业生产率的作用通常很小。第二时期是现代农业——低资金密集型技术阶段。这一时期的农业能够对整体经济发展起到非常关键的作用。一是农业在国民经济中占的比重仍然很大；二是由于人口和收入关系，对农产品需求迅速上升；三是用于工业发展的资金非常缺乏；四是经济转变的步伐缓慢，加上人口增长的压力，阻碍了农场土地规模的扩大；五是节约劳动力的机械的使用在很大程度上受到不利的劳动力和资本的相对成本的阻碍。在改变和发展一系列制度的基础上，这个阶段新技术的综合性能大大地提高了土地生产率和农业生产的效率。这个时期的农业新技术主要是劳动使用型或资本节约型的。第三时期是现代农业——高度资金密集型技术阶段。这一时期的制度、技术发展和进步，产生了一系列节约劳动力的技术设备，促进了农业劳动生产率的持续增长。农业部门的重要性大大降低，只处于相对重要的地位，资本积累水平已经高到允许农业部门资金集约度不断提高，农场规模因农业劳动力转移而扩大。这一时期的生物技术带动了动植物高产，进而促进农业劳动生产率提高。第三阶段农业生产的主要特征是资本替代劳动，

---

① 参见［美］西奥多·W. 舒尔茨：《改造传统农业》，商务印书馆1999年版，第4、9、8页。

农业部门不再承担为其他部门提供资本积累的任务，农业部门需要非农业部门资本支持和物质支持。①

（3）韦茨的农业发展阶段论

韦茨根据美国农业发展历史，把农业经济发展历史划分为三个阶段：以自给自足为特征的生存农业阶段、以多种经营和增加收入为特征的混合性农业阶段、以专业化生产为特征的商品性农业阶段。②

（4）速水佑次郎的农业发展阶段论

速水佑次郎根据日本经济发展的实践，把农业经济发展划分为三个阶段：第一阶段是以增加生产粮食供给为特征的发展阶段。这个阶段农业政策的核心是提高农产品产量。第二阶段是以着重解决农村贫困为特征的发展阶段。这个阶段的农业政策核心是通过农产品价格支持提高农民收入水平。第三阶段是以调整和优化农业结构为调整的发展阶段。这个阶段农业政策的核心是农业结构调整。③

（5）我国学者的农业发展阶段论

我国学术界对农业发展阶段的划分比较复杂。一是把农业发展划分为三个阶段：原始农业、传统农业和现代农业；二是从农民收入和生活水平的角度把农业发展划分为温饱农业、小康农业和富裕农业三个阶段；三是根据我国农业生产目标、增长方式和农产品供求关系，把我国农业发展划分为三个阶段。第一阶段是农产品供给全面短缺，以解决温饱为主，主要依靠传统投入的数量发展阶段。第二阶段是农产品供求基本平衡，以提高品质、优化结构和增加收入为主，注重传统投入与资本、技术集约相结合的优化发展阶段。第三阶段是农产品供给多元化，知识、信息成为农业发展的重要资源，以提高效率、市场竞争力和生活质量为主，高资本集约、技术集约和信息集约的

---

① 参见［美］梅勒：《农业发展经济学》，北京农业大学出版社 1990 年版，第 204～205 页。

② 参见农业部软科学委员会课题组：《中国农业发展新阶段》，中国农业出版社 2000 年版，第 3～4 页。

③ 参见农业部软科学委员会课题组：《中国农业发展新阶段》，中国农业出版社 2000 年版，第 3～4 页。

现代农业发展阶段。① 四是把我国农业现代化过程由低到高划分为五个阶段：农业现代化的准备阶段、起步阶段、初步实现阶段、基本实现阶段和发达阶段。②

（二）我国农业经济发展阶段转型的描述

对我国发展阶段转型的描述涉及两个方面的内容：一是对我国农业发展阶段的总体判断；二是对我国农业发展所处阶段的横向比较。

1. 我国农业发展阶段转型的总体判断

为了使研究的对象具有可比性，对一个国家农业发展所处历史阶段的判断要在世界普遍接受的农业发展阶段划分理论的基础上进行。虽然世界农业发展阶段划分理论迥异，但普遍接受的是农业发展分为古代农业、传统农业和现代农业的三阶段论。因此，对我国农业经济发展所处阶段的判断也采用古代农业、传统农业和现代农业的三阶段划分理论。按照这个三阶段理论判断我国农业经济发展阶段首先要清楚古代农业、传统农业和现代农业的划分标准，然后再把我国农业发展的指标与农业发展阶段划分的标准进行比较来判断我国农业经济的发展阶段。舒尔茨认为传统农业是完全以农民世代使用的各种生产要素为基础的农业。史蒂文斯和杰巴拉认为传统农业是使用的技术是通过那些缺乏科学技术知识的农民对自然界的敏锐观察而发展起来的……建立在本地区农业的多年经验观察基础上的农业技术是一种农业艺术，它通过口授和示范从一代传一代。可见，传统农业的根本特征是生产技术长期不变。按照对传统农业的这个解释，如果一个地区几代人都使用同样的生产工具，运用同样的生产方法，种植同样的农作物，在正常年景下产量大致相同，就可以说这个地区的农业是传统农业。③ 从实际看，目前的大多数发展中国家农业生产工具和生产方法也许是传统的，但化肥、农药、农业机械和

① 参见农业部软科学委员会课题组：《中国农业发展新阶段》，中国农业出版社 2000 年版，第 3～4 页。

② 参见杨万江、徐星明：《农业现代化测评》，社会科学文献出版社 2001 年版，第 53～54 页。

③ 参见郭熙保：《农业发展论》，武汉大学出版社 1995 年版，第 124 页。

新品种都在不同程度上被使用着。农业产出对土地和劳动力的依赖性在降低，对现代投入物数量的依赖不断增加，农业技术的复杂性及技术变革的速度在加快。可以说，绝大多数发展中国家的整体农业已经不是纯粹的传统农业了，已经处于从传统农业向现代农业转型之中。

1400～1950年我国农业增长因素分析的结果表明：耕地面积扩大占50%左右，单位面积产量提高占50%左右。而在提高单位面积的因素中，改良种子、改进耕作方式及新作物品种植移等因素占25%左右，耕畜、水利建设以及自然肥和化肥的投入等因素占25%左右。① 可见，早在1949年以前我国农业生产就已经开始引入现代生产要素，我国农业生产水平已经超过了传统农业的标准。这至少表明我国农业发展阶段上已经从传统农业向现代农业转变之中。1949年以后，现代农业要素对农业生产的影响逐渐增强，现代农业成分不断增加。传统农业发展到什么水平才是进入现代农业阶段，要根据现代农业的标准作出判断。现代农业被许多研究认为是十分粗线条的轮廓，现代农业的统一标准尚难确立。但一般认为，从世界范围内看，大多数发达国家在20世纪60～70年代完成了从传统农业向现代农业阶段的转变。② 农业现代化是传统农业发展到现代农业的基本途径。农业现代化水平达到目标值之时就是农业经济进入现代农业阶段之日。通过农业现代化水平就可以判断我国的传统农业向现代农业转变的程度或我国农业发展水平与现代农业的距离。中国国家统计研究所课题组选择农业生产手段、农业劳动力、农业产出能力和农业生产条件四个要素对我国农业现代化程度进行了测评。测评的结果显示：2000年农业现代化水平分别是：西部为24.19%，中部为29.54%，东部为44.42%，全国平均水平为30.63%。这说明我国农业现代化进程仅仅走了1/3。③

2. 我国农业发展阶段转型的横向比较

农业现代化是从传统农业向现代农业转变的过程。他不仅是现代生产要

---

① 参见杨明洪：《农业增长方式转换机制论》，西南财经大学出版社2003年版，第84页。

② 参见陈孟平：《发达国家农业现代化进程中政府行为研究》，《北京农业职业学院学报》2002年第1期，第44页。

③ 参见中国统计研究所课题组：《农业现代化进程：中国仅仅走了三分之一》，《中国国情国力》2003年第4期，第12～16页。

素引入或技术进步的过程，也是要素优化配置或制度创新的过程。① 这一系列过程都可以通过相应的经济指标的变化反映出来。观察农业现代化进程最主要和最直接的指标是农业产值份额、就业份额以及农业技术进步的程度。

1978 年以来我国农业产值份额以及农业就业份额变化均呈递减的趋势（表 1-1），表明了我国农业经济现代化程度的不断提高。尽管我国农业人口多和农业生产必须选择劳动密集型道路的国情决定了我国农业劳动力就业份额难以与发达国家农业现代化水平比较，但两个比值及其变化也同时表明了我国农业经济中的就业比值与产业产值比值的不对称。农业现代化的表现就是农业生产工具的动力系统从"畜力——改良农业机械生产型"转换为"机械动力——现代机器生产型"所形成的各种机械化工具的广泛应用，农业生产逐渐地全面机械化乃至于自动化。农业生产条件的这种转换表明农业现代化水平与农业劳动力就业比重成反方向关系。1998 年世界中等收入国家农业就业比例和产值比例分别是 28% 和 9%，② 我国 2000 年两项指标则分别是 50%和 15.1%。农业现代化的横向比较表明，我国的农业现代化水平约相当于中等收入国家农业发展水平的 50%。值得可喜的是 20 世纪末，随着我国经济发展水平进入中等收入国家的行列，以上述两项指标则判断，我国现代农业水平已经有了相当大的进步，与国外现代农业的差距在快速缩小。我国是用过密劳动力投入维持着比世界中等收入国家两倍多的土地生产率。过密劳动力投入不可能提高农业劳动生产率。因此，转移农业劳动力是我国农业现代化进程中提高农业劳动生产率所必须克服的"瓶颈"。

表 1-1 1978 年以来中国三次产业中农业部门的就业和产值比重变化情况（%）

	1978	1980	1985	1990	1995	2000	2005	2006	2007	2008	2009	2010
就业比重	70.5	68.7	62.4	60.1	52.2	50.0	44.8	42.6	40.8	39.6	38.1	36.7
产值比重	28.2	30.2	28.4	27.1	19.9	15.1	12.1	11.1	10.8	10.7	10.3	10.1

资料来源：《中国统计年鉴》（2010）。

---

① 参见"中国从传统农业向现代农业转变的研究"课题组：《从传统到现在：中国农业转型的研究》，《农业经济问题》1997 年第 5 期，第 33 页。

② 参见杨万江：《现代农业发展阶段及中国农业发展的国际比较》，《中国农村经济》2001 年第 1 期，第 18 页。

从现代农业的形成而言,世界各国都根据自身的农业资源结构优势选择了相应的现代农业模式。不管国家现代农业模式有何不同,其共同特点都是依靠农业技术进步。发达国家农业技术进步率早已达到 70% 以上的水平。所以,农业技术进步率的高低直接决定了现代农业发展的水平。虽然我国现代农业的技术水平与发达国家有一定的差距,但技术进步对中国农业经济发展的推动力量日益增强,如我国农业技术进步率在 1978 年为 27%,"八五"时期为 34%,"九五"时期为 42%,"十五"时期为 48%,"十一五"时期为 51%。我国现代农业的技术水平与国外的差距从 1978 年的 40 多个百分点缩减到"八五"时期的 30 多个百分点,"九五"时期的 20 多个百分点和"十一五"时期的 10 多个百分点。农业技术进步率差距的逐步缩小也表明我国现代农业发展水平的横向差距的日益缩小。

三、农业经济运行体制转型

新中国成立以来,我国农业经济运行体制可大体以 1978 年农村改革的启动为界划分为两个时期:1949~1978 年的计划农业时期和 1978 年以后的从计划农业转向市场农业时期。

(一)运行体制转型的过程

我国农业经济运行从计划农业向市场农业转换的过程是从生产领域开始逐步地扩展到流通再全面深化的。所以,1978 年以来的农业经济运行市场化过程可以概括地分为三个阶段:农业生产市场化主体逐步确立阶段、流通市场化探索阶段和农业经济市场化深化阶段。

1. 农业生产主体市场化逐步确立的阶段(1978~1984 年)

家庭承包制度是确立农户的市场主体地位以及我国农业经济运行市场化开始的逻辑起点。

1953 年初,由于粮食生产落后与工业现代化建设需要的矛盾开始显露,再加上个别地区受灾引起的粮食供给紧张以及私营粮商投机,粮食市场相当紊乱。1953 年 11 月中央人民政府政务院颁布《关于实行粮食的计划收购和计划供应的命令》，并于 1953 年 12 月正式施行。这就是"统购统销"政策的开始。此政策规定"生产粮食的农民应按国家规定的收购粮种、收购价格和计划收购的分配数量将余粮售给国家。"对城市人口和农村缺粮人口实行粮食计划供应政策。国家严格控制粮食市场，严禁私商自由经营粮食。1955 年全国范围内高级社推行则形成了集体统一生产资料使用、统一经营政策。1958 年人民公社则在此基础上统一计划、统一经营、统一核算、统一分配，生产决策高度统一的制度一直持续到 1978 年。1978 年《中共中央关于加快农业发展若干问题的决定（草案）》是中国农业政策转型的标志。在该草案总结的我国农业发展七项经验教训的基础上，四川、贵州、甘肃、内蒙古等地区率先突破人民公社体制，实行包产到户、包产到组的新经营体制。1980 年 4 月，在中央经济长期发展规划会议上，邓小平、姚依林提出，内蒙古、甘肃、云南、贵州等一些贫困农村，干脆实行包产到户。1980 年夏，国家农业委员会《关于进一步加强和完善农业生产责任制的几个问题》（75 号文件）正式规定：在那些边远山区和贫困落后的地区，长期吃粮靠返销、生产靠贷款、生活靠救济的生产队，群众对集体丧失信心，因而要求包产到户，可以包产到户，也可以包干到户，并在一个较长时期内较稳定。1983 年中央 1 号文件称家庭承包制是我国农民的伟大创造。1983 年初实行包产到户的生产队已达93%。对农民而言，家庭承包制不仅确定农户生产主体市场化地位，也是我国农业生产主体市场化的开始。

2. 农产品流通市场化探索阶段（1984~1992 年）

从 1984 年起，农业经济运行市场化成分逐渐增加。农业经济运行市场化成分重要表现为农产品流通市场化的改革。农产品流通市场化改革主要体现为统购统销演变为"双轨制"。统购统销制度是农产品极度短缺的产物。家庭承包制度使得农民成了相对独立的商品生产者和经营者。农户生产积极性被充分调动起来后，农产品供给迅速增加，我国粮食增长率超过了消费增长率。在长期的粮食供给短缺局面得到根本扭转的同时，出现了历史上第一次"卖难"现象。这说明粮食流通体制已经不适应生产体制，缩小粮食统购数量和品种的改革应该进一步推进。粮食流通体制改革成为农业经济运行市场化转型的重心。1985 年 1 月中共中央《关于进一步活跃农村经济的十项政策》

规定：从 1985 年起，除个别品种外，国家不再向农民下达农产品统一派购任务，按照不同情况，分别实行合同订购和市场收购。粮食收购改为合同定购（1990 年改为国家定购）后，定购粮食统一按照"倒三七"比例记价（三成按原购价，七成按原购超价）；国家再需要部分通过市场收购获得。农产品收购改为计划定购和市场收购后，农产品价格也变成了国家定价和市场议价。同时，粮食流通渠道也由国家单渠道经营改为国家、集体和个人多渠道经营。购销价格"双轨制"和经营渠道多元化说明我国农产品流通体制改革不仅意味着"统购统销"制度的动摇，也说明了农产品流通运行市场化转型的开始。

在农产品价格"双轨制"运行的同时，农业生产资料价格"双轨制"和经营渠道多元化也在 1985 年后开始实施。如化肥生产企业：大中型企业在完成国家统购任务后，可以自销 10%～15%，小企业产品除县政府和农资公司经营一部分外，其余部分企业直接销售。价格管理上也不在规定统一零售价，只是规定进销差价比率。

3. 农业经济运行市场化深化阶段（1992～　）

1992 年社会主义市场经济体制目标提出后，我国农业经济运行体制的市场化转型才有了根本突破。根本突破的主要表现是粮食购销价格制度转换和农产品收购制度转换。粮食购销价格制度的巨大改变就是购销价格倒挂的彻底消失。从 1953 年的粮食统购统销制度实行起，粮食一直是购销价格倒挂。1991 年城市平价粮食价格提高 50%，1992 年在此基础上再提高 50%。从 1992 年 4 月 1 日起，国家对粮食购销实行同价政策，粮食购销价格彻底实现了同轨，国家对农产品价格补贴从购销价格倒挂暗补改为直接支付给消费者的明补，取消对粮食企业的价格补贴，只补贴经营费用。1993 年下半年全国各地区基本上取消了长达 40 年的统销制度，90% 以上的县（市）放开粮油销售价格，价格随行就市，粮食供销价格完全依靠市场调节。我国粮食购销价格从倒挂到同价，最终实现了销售价格的完全市场化。

从 1992 年起，国家的粮食收购政策一直在不断地探索市场化改革。这些探索概括起来有：一是 1993 年试行粮食定购的"保量放价"政策，保持国家定购粮食数量不变，价格随行就市；二是 1998 年 5 月国务院出台《关于进一步深化粮食流通体制改革的决定》，开始推行粮食收购的政企分开、储备与经营分开、中央与地方责任分开、新老财务账目分开和完善粮食价格机制等"四分开一完善"改革。此决定虽然又强化了粮食价格"双轨制"，但仍强调粮食零售市场完全放开、多渠道经营；三是从 1999 年起，适当减少按保护价敞开收购的粮食品种，对一些品质差、不适合市场需求的粮食，逐步退出按保护价收购的范围。

农业生产资料流通市场化的突破主要表现是 1998 年开始实行的化肥流通制度改革。国家对化肥流通管理从直接管理改为间接管理：取消指令性生产计划、统配收购计划，生产企业自主销售；化肥出厂价从政府规定改为政府指导，放开零售价。市场机制对其他农业生产资料的调节力度更大。

（二）运行体制转型的表现

农业经济运行市场化程度高低可以通过农产品市场化规模和农产品市场体系的完善程度两个方面来反映。

1. 农产品市场化规模

农产品市场化程度，一是可以用农产品商品率的高低反映；二是可以用农产品价格市场调节的比重大小反映。由于我国农村人口比重大，农产品需求量多，农产品商品率的高低并不能准确地反映农业市场化程度的水平。所以，完全市场调节的农产品价格比重能够比较准确地反映我国农业经济市场化的程度。我国农产品价格完全市场调节比重在 1978 年是 5.6%，1984 年是 18.1%，1992 年是 81.8%，1998 年是 83.8%。而同期政府定价的比重分别是 92.6%，67.5%，12.45%，9.1%。[1] 可见，从农产品价格市场调节比重看，除了一些特别重要的农产品外，绝大部分农产品已经完全由市场调节了。

2. 农产品市场体系

以农产品市场体系判断我国农业经济市场化程度可以从农产品市场体系结构和主要农产品市场整合程度两个方面着手。

（1）农产品市场体系结构

我国农产品市场体系结构主要表现为各类市场的结构。我国农产品交易

---

① 参见洪民荣：《市场结构与农业增长》，上海社会科学院出版社 2003 年版，第 31~32 页。

在 1978 年前除了零星的"灰市"交易外,国有商业"一统天下"。不存在期货市场。1978 年以后,随着农业生产市场化改革,国有商业"一统天下"格局被打破,农产品零售市场、集贸市场、批发市场等多个交易经营主体格局已经形成。1980 年全国集贸市场 40809 个(城市 2919 个,乡村 37890 个),1999 年则达到 88576 个(城市 24893 个,乡村 63596 个)。1999 年农产品的集贸市场交易比例是:谷物 10%,肉禽蛋 45%,水产品 40%,蔬菜 50%,干鲜果 76%。农产品批发市场 1990 年只有郑州中央粮食批发市场。到 20 世纪 90 年代,全国已经建立了北京、武汉、郑州、天津、福州和北大荒等主要农产品批发市场。省级、区域性农产品批发市场 29 个,还有以蔬菜、干鲜果品、粮食、小商品和肉禽蛋市场为骨干的各级农产品批发市场 5000 多家。近几年,随着网络技术发展,农产品网络交易逐渐展示其活力。农产品期货市场自 1993 年郑州粮食批发市场推出期货交易后,已经形成上海期货交易所、郑州商品交易所和大连商品交易所,参加交易的农产品已达 8 种。农产品期货交易在探索性发展中已取得了很大成绩。

(2)农产品市场整合度

农产品市场整合就是同一农产品价格在不同区域市场之间的联动程度,或一个市场价格变化对另一个市场价格变化的影响程度。市场整合度是反映农产品市场化水平的一项重要指标。如果两个市场完全共同整合,则一个市场的价格变化将全部传导到另一个市场,或说不同地区的市场是统一的。这时,商品的流转效率高,市场化水平也高。否则,市场价格信息则可能扭曲市场决策,导致商品低效率运转。1988~1989 年,我国大米只有两个省市场的整合度达到 1%,1990~1991 年上升到 7 个省,1994~1995 年 12 个省的大米市场共同整合程度上升到 1% 的显著水平以上(其中,1988~1995 年是 16 个)。[①] 由此可见,在 20 世纪 90 年代中期,我国粮食市场化的整体进程已经相当快了。

---

① 参见喻闻、黄季焜:《从大米市场整合程度看我国粮食市场改革》,《经济研究》1998 年第 3 期,第 53、55、56 页。

四、农业经济生产结构转型

（一）生产结构转型的影响因素

农业经济生产结构即农业产业结构，是指一定区域内的农业各部门之间、各生产项目之间及其产品品种的构成。按照不同的标准，农业生产结构可以划分为不同种类。一定的农业结构，是农业生产资源、社会制度、消费、人口和政策等多方面因素共同作用的结果。因此，随着这些因素的变化，农业结构也要经常进行调整，实现生产结构转型。

1. 农业资源因素

农业生产结构的形成和变迁是由特定区域内的农业资源状况所决定的。农业资源包括了自然资源和社会经济资源。农业自然资源包括土地资源、水资源、气候资源和生物资源。社会经济资源包括农业劳动力资源、资本资源、农业生产技术以及交通运输等生产条件。农业生产结构合理与否的判断标准就是保证农业生产结构与特定区域内农业资源结构的一致，合理利用当地农业资源，最大限度地提高农业资源利用效率。[①] 农业自然资源结构和分布组合直接影响农业生产结构的布局和空间组合。尽管在可持续农业理论指导下，我国农业生产结构与农业资源结构的对称性有了一定甚至明显的好转，但农业产业结构与"宜农则农、宜林则林、宜渔则渔、宜牧则牧"要求之间还存在着一定的差距：一是一些地区的宜林的农业资源结构还在延续着农业生产项目；二是一些地区的农业生产项目没有充分发挥当地的社会经济资源优势；三是农业生产项目组合单一，缺乏彼此之间的协调和相互促进，经济效益低。所以，从合理利用和充分利用农业资源与农业生产结构比较而言，调整我国农业生产结构的道路还需要继续努力。

2. 农产品需求结构和水平

市场需求是产业生存和发展的前提。因此，社会对农产品的需求结构和

---

① 参见朱道华：《农业经济学》，中国农业出版社 2001 年版，第 131～132 页。

水平对农业生产结构具有相当重要的影响。社会对农产品需求结构演变的一般规律表现为：一是种植业农产品需求减少，畜牧和水产品需求增加；二是种植业内部的粮食需求减少，蔬菜、水果等农产品需求上升；三是粮食内部口粮需求减少，工业加工用粮和饲料用粮增加；四是口粮内部高品质粮食需求增加，低品质粮食需求减少。社会对农产品需求水平的高低，一是决定于人口数量；二是决定于需求结构。人口越多，需求的农产品也越多。社会对农产品需求结构越高级，对农产品需求数量也就越大。因此，随着人口数量变化、需求结构的升级，农产品需求结构自然变化。为了适应农产品需求结构变化，农业生产结构必须调整。

3. 政策因素

理论研究和实践都表明，农业政策是农业产业结构变化的决定性内生变量。农业政策对农业生产结构的影响主要表现为两个方面：一是政策规定农业结构的空间；二是政策支持农业结构调整的程度。一国的农业产业结构是在特定的政策范围内运行的。如果国家农业政策的目标是追求粮食供给，那么，该国农业产业结构一定表现为粮食生产为主的产业结构。如果一国农业政策追求农民收入提高，那么，该国的农业产业结构将表现为多元产业结构。在政府允许农业产业结构多元化的前提下，政策支持程度对农业产业结构也有一定的作用。政策支持农业产业结构转型主要表现为农产品价格政策、技术支持政策、风险弱化政策等方面。农产品价格高低直接影响农民生产收入水平，并进而决定了农户对生产结构的选择。农业生产技术对农业生产结构的影响，一是农业内部不同生产部门技术进步速度的差异引起各部门生产效率的变化以及个部门在农业总产值中比重的变化；二是种植业技术进步提高了粮食供给能力后，在粮食安全情况下，可以有更多的农业资源转移到粮食生产外的其他部门，从而改变粮食生产与非粮食生产结构。农业生产的自然风险和市场风险强于其他产业，农业结构调整要面临自然风险和市场风险。分散生产的农户弱化风险程度的能力是十分有限的。如果农业结构调整的风险不能被有效弱化，农户调整农业结构的进程会放慢。就政府而言，弱化农业风险的有效办法是市场价格保护制度和农业保险制度。所以，政府对农产品价格保护水平和农业保险发展程度对农户调整农业生产结构具有特别重要作用。

4. 农业经营方式因素

除了政府的农产品价格保护外，农业生产经营方式也是规避农业市场风险的有效方法。以农业经营方式规避农业市场风险主要是实施农业产业化经营。农业产业化经营的核心是农产品加工或销售实体与农户形成"利益均沾、风险共担"的经济体，把农业产前、产中和产后连接成一体，拓展农业产业链，形成农产品生产的聚合规模，有效地缓解分散农户单独生产所面对的市场风险，而且还能够使得分散农户调整的生产结构更加适合市场需求。因此，农业产业化经营在重塑农业与其他产业关系的同时，也促进了农业生产的专业化和商品化，加速了农业内部生产结构的优化。

5. 农产品市场环境

农产品市场需求是农业生产结构调整的直接动力。农产品市场结构的变化对农业生产结构影响是很大的。如果农产品市场主体是单一的国内市场，那么，农业生产结构主要是符合国内农产品需求，如果农产品市场主体包括国内市场和国际市场时，农产品生产所要考虑的市场需求就要从国内外两个市场同时考虑。这说明，农产品市场范围的扩大，农业生产结构调整的范围不仅要扩大，生产结构调整重心的选择也要结合国内外两个市场的需求进行。

（二）生产结构转型的表现

农业生产结构是农业生产活动系统中的不同构成因子之间所组成的质与量的比例关系总合。这种总合关系可以从多个角度来定义。从生产活动角度，农业经济的生产结构表现为种植业、林业、牧业和渔业等各产业之间的结构以及粮食作物、经济作物和其他作物之间所组成的种植业内部结构两个方面。农业经济活动中各部门之间的生产结构主要表现为种植业、林业、牧业和渔业产值结构，农业经济部门内部结构主要表现为种植业内部的粮食作物、经济作物和其他作物的播种面积结构。因此，观察农业生产结构转型程度也就可从种植业、林业、牧业和渔业之间的产值结构变动程度以及粮食作物、经济作物和其他作物之间的种植面积结构的变动程度两个方面分别进行。

1. 种植业、林业、牧业和渔业结构

观察种植业、林业、牧业和渔业之间的结构转换程度可以使用两个模型：

一是种植业、林业、牧业和渔业各自的产值变动率；二是种植业、林业、牧业和渔业各自的平均变动率。

（1）$\bar{\mu} = S_i^{(T)} / S_i^{(0)} \times 100\%$

（2）$\bar{\mu} = \sqrt{\dfrac{\sum\limits_{i=1}^{n} (\mu_i - 1)^2}{N}} = \sqrt{\dfrac{\sum\limits_{i=1}^{n} (S_i^{(t)} / S_i^{(0)} - 1)^2}{N}}$

其中，μ_i 为农业中第 i 产业结构变化率，$S_i^{(t)}$ 和 $S_i^{(0)}$ 分别为报告期和基期该产业的产值份额。$\bar{\mu}_i$ 为农业经济结构的平均变化率，N 为农业产业个数，1是农业产业结构变化的基准值。[①]

表1-2　1978年以来我国农业经济内部的产值结构（%）

年　份	种植业	林　业	牧　业	渔　业
1978	80	3.4	15.0	1.6
1980	75.7	4.2	18.4	1.7
1985	69.2	5.2	22.1	3.5
1990	64.7	4.2	25.7	5.4
1995	58.4	3.5	29.7	8.4
1996	60.6	3.5	26.9	9.0
1999	57.5	3.6	28.5	10.3
2000	55.7	3.8	29.7	10.9
2001	55.2	3.6	30.4	10.8
2003	50.1	4.2	32.1	10.6
2004	50.1	3.7	33.6	9.9
2005	49.7	3.6	33.7	10.2
2006	52.7	3.9	29.6	9.7
2007	50.4	3.8	33.0	9.1
2008	48.4	3.7	35.5	9.0
2009	50.7	3.6	32.3	9.3
2010	53.3	3.7	30.3	9.3

资料来源：《中国统计年鉴》（2004、2011）。

---

① 参见杨明洪：《论我国农村经济结构转换与结构偏差》，《中国农村经济》1999年第1期，第32页。

根据 1978 年以来我国农业经济内部的产值结构数据（表 1-2），利用模型（1）和（2）的计算，我国农业经济内部的产值结构变化率和平均变动率的具体情况见表 1-3。

表 1-3　1978 年以来我国农业经济内部产值结构变化率（%）

时　期	种植业	林　业	牧　业	渔　业	产值结构平均变化率
1978~1980	94.6	123.5	122.7	106.3	31.74
1980~1985	91.4	123.8	120.1	205.9	55.4
1985~1990	93.4	80.8	116.3	154.3	30.2
1990~1995	90.3	83.3	115.6	155.6	30.4
1995~1999	98.5	102.9	96.0	122.6	11.6
1999~2001	96.0	100.0	106.7	104.9	4.6
2001~2003	91.0	116.7	105.6	98.1	9.2
1996~2000	91.9	108.6	110.4	121.1	13.16
2001~2005	90.0	100.0	110.9	94.4	7.91
2006~2010	101.1	94.9	102.4	95.9	3.52

根据表 1-2 和表 1-3 中的 1978~2010 年期间我国农业经济内部的产业结构变化率数据，此期间我国农业经济结构变化趋势的特征是：

第一，我国的农业经济总结构中的种植业比例持续下降，牧业和渔业比例持续上升，尤其是 2003 年我国的种植业占农业总产值的比重已经接近 50% 的"拐点"水平。由此可见，我国的农业经济结构已经从单纯的种植业为主转换为种植业、牧业、渔业和林业共同发展的格局。

第二，农业经济中的牧业、渔业和林业等产业的比重处于总体的上升趋势。农业内部产业结构变动在经过了改革开放初期以及 20 世纪 80~90 年代中期高峰后，农、林、牧、渔多业并存的结构处于稳定发展之中。

由此可见，我国农业经济内部各产业之间的关系正在从改革前种植业占绝对优势发展为种植业、畜牧业与渔业共同发展的格局。

2. 种植业内部结构

种植业内部结构主要是粮食作物、经济作物和其他作物之间的比例关系。观察种植业内部结构变化的主要依据是种植业内部的粮食作物、经济作物和其他作物种植面积变化率。根据 1952~2003 年我国种植业内部的粮食、经济作物和其他作物种植面积结构（表 1-4）的比例变化，1952~1978 年我国种植业结构中粮食生产比例虽然逐年下降、经济作物和其他作物表现为上升的特点，但结构变化值不大，总变化率是 3.6%。粮食年均变化值种植是 1.7%，经济作物是 0.56%，其他作物是 1.34%。种植业 80% 以上是粮食生产，粮食生产"刚性"约束相当突出。1978 年以后种植业结构变化明显加快。其中的粮食、经济作物和其他作物等种植面积年均变化率分别为 1.88%、1.84% 和 1.74%。1978~1999 年与 1952~1978 年比较，不仅是粮食、经济作物和其他作物的变化率都提高了，总变化率也得到了明显提高。1999 年以来，我国种植业内部结构的粮食作物、经济作物和其他作物结构变化率相对缓和。

由此可见，经过多年的结构转型，我国的种植业已经从主要的粮食生产结构转向了粮食作物、经济作物和其他作物共同发展的格局。

表 1-4　1952 年以来我国的种植业内部种植面积结构变化情况（%）

时 期	粮 食	经 济 作 物	其 他 作 物
1952	87.8	8.8	3.4
1957	85.0	9.2	5.8
1965	83.5	8.8	7.7
1970	83.1	8.2	8.7
1975	81.0	9.0	10.0
1978	80.3	9.6	10.1
1985	75.8	15.5	8.6
1990	76.5	14.4	9.1
1995	73.4	14.8	11.7
1997	73.3	13.9	12.7
1999	72.4	14.8	15.8
2000	69.4	14.8	15.8
2001	68.1	15.2	16.7
2002	67.2	15.1	17.7
2003	65.2	16.2	18.6

（续表）

时期	粮食	经济作物	其他作物
2004	66.2	16.0	17.8
2005	67.1	15.3	17.6
2006	69.0	13.3	17.7
2007	68.8	14.0	17.2
2008	68.3	15.0	16.7
2009	68.7	14.2	17.1
2010	68.4	14.5	17.1

资料来源：《中国统计年鉴》（1991、2004、2011）。

五、农业经济增长方式转型

农业经济增长方式就是农业经济增长在实现预期目标的过程中所采取的具体方法和途径。虽然有多种方式实现农业经济增长的预期目标，但最终方式可以归结为：或者是通过增加土地和劳动等传统生产要素投入量实现农业经济增长的预期目标；或者是在一定面积土地上通过增加土地和劳动以外的其他现代生产要素使用量，提高土地产出率来实现农业经济增长的预期目标。根据实现农业经济增长方式的不同，在农业经济发展的初期，通过增加土地和劳动生产要素，尤其是增加土地的投入数量实现农业经济预期增长目标的增长方式称为粗放型增长方式；把在一定土地面积上通过增加土地和劳动以外的其他现代生产要素投入量，提高单位土地产出率而实现农业经济预期增长目标的增长方式则称为集约型增长方式。在新的历史条件下，粗放型农业经济增长方式是指主要依靠扩大生产要素投入规模而实现农业增长；集约型农业经济增长方式则是指主要依靠提高生产要素生产率而实现农业增长。从这个意义上讲，我国农业经济增长方式转型，就是实现农业经济增长目标的手段从主要依靠增加生产要素投入规模转换为主要依靠提高农业生产要素生产率。

（一）增长方式转型的原因

1. 提高我国农产品安全的客观要求

增加农产品有效供给一直是我国农业经济增长的主要目标。在粗放型增长方式下，要增加农产品有效供给必须增加耕地等农业资源使用数量。我国人均耕地资源不及世界平均水平的 1/3。全国 2300 多个县中有 666 个人均耕地低于联合国粮农组织确定的 0.05hm²，其中 463 个县已经不足 0.03hm²。[①]但我国耕地资源供给却因耕地后备资源存量有限性和现有耕地占用加剧存在着极强的数量约束。由于国家基本建设、集体建设和农民个人建设等建设占地、农业生产结构调整占地以及灾害毁坏占地等多种原因，我国耕地资源数量是逐年递减。通过长期的大规模土地开发，可供开发的土地资源总量中宜耕土地面积约为 947 万公顷。这些宜耕地按照 60% 的垦殖率，只能净开发耕地 570 万公顷。[②]按照 1996~2004 年耕地平均每年减少 1500 万亩的速度计算，[③]几年后我国耕地数量势必处于净减少状态。在耕地资源数量下降的同时，由于土地资源利用方式的不合理、土地资源的沙漠化和水土流失在逐渐扩大、耕地污染程度日益严重，我国耕地质量递减现象十分显著。1997 年我国耕地中的高中低产田比例分别是 32.2%、27.5% 和 40.3%，20 世纪 80 年代末则分别是 21.5%、37.2% 和 41.2%。[④]高产田下降与中产田增加幅度基本相同，低产田比例变化不大的这种现象表明我国耕地资源的总体质量明显地下降了。耕地质量的下降势必要影响现有耕地的产出率。人口增加和经济发展，农产品需求趋势是增加的。所以，依靠扩大耕地面积增加农产品供给的粗放型增长方式所受到的资源限制日益明显。依靠提高资源利用效率增加农产品供给增加的集约型增长方式是我国农业经济发展的必然选择。

---

① 参见王雅鹏、杨涛：《试论农地资源的稀缺性与保护的必要性》，《调研世界》2002 年第 9 期，第 18 页。

② 参见刘江：《中国资源利用战略研究》，中国农业出版社 2002 年版，第 111 页。

③ 参见陈锡文：《重提"新农村建设"》，《中国改革》2006 年第 2 期，第 15 页。

④ 参见杨涛：《农业经济转型期农业资源环境与经济协调发展研究》，博士学位论文，华中农业大学经济贸易学院，2003 年，第 45 页。

2. 增加农民收入的有效手段

增加农民收入是关系到社会经济发展全局的问题。如果农民收入不能稳定增长，不仅会影响农产品供给，还会影响农村社会的稳定以及农村市场需求的扩大，最终影响社会总产品的实现和社会再生产的顺利进行。从根本上解决农民增收困难的问题，必须实现经济增长方式的根本转变。[①] 农民收入低的根本原因是农业比较利益低。农业比较利益低的根源，一是生产成本高；二是农业结构不合理，综合效益差；三是劳动方式落后造成的损失大；四是农业生产的专业化程度低。农业生产技术水平低所导致的物耗高，效率低；农业生产结构不合理导致了农业产业的综合效益差和农产品附加值低的问题；农产品的损失大多在于农业生产工具的落后。而解决这一问题的关键就在于加快农业技术进步，实现农业增长方式变革，从传统的粗放型增长方式转型为集约型增长方式。

3. 提高我国农产品国际竞争力的迫切要求

在我国农业经济发展已经与世界农业经济紧密联系在一起的环境中，一方面是国外农产品进入我国农产品市场；另一方面是我国农产品进入国际市场。就国内外主要农产品的比较而言，我国的小麦、大豆、玉米和油菜单位成本都高于美国、加拿大。主要产品高成本势必形成高价格。[②] 同时，我国主要农产品由于生产环节技术或其他原因，农产品的外形、质地及卫生质量等不符合国际市场需求。价格的高低和质量的优劣是决定农产品国际竞争力的最本质性因素。可见，如果不提高我国农产品价格和质量竞争力，不仅国内农产品市场地位要逐渐地丧失，国际农产品市场也要缩小。提高我国农产品竞争力是我国农业经济国际化中特别重要而又迫切的环节。降低农产品生产成本的关键在于提高单位生产投入的产出率。提高农产品质量的关键在于采用新技术，变革生产方法。这两个方面最终归结为转换农业经济增长方式，实现农业集约经营。所以，转变农业经济增长方式是提高我国农产品国际竞

---

① 参见温家宝：《关于增加农民收入的几个问题》，《经济日报》1999 年 7 月 8 日。

② 参见黄季焜、马恒运：《中国主要农产品生产成本与主要国际竞争者的比较》，《中国农村经济》2000 年第 5 期，第 19 页。

争力的迫切要求。

4. 实现农业经济可持续发展的战略选择

第二次世界大战后，发达国家将现代科学技术的成果——化肥、农药、除草剂、农膜和农业机械大规模地用于农业生产，极大地提高了农业生产率，推动了传统农业向现代农业的转变。但石化能源大量投入到农业生产中也出现了农业环境污染、土地肥力下降、有机质含量下降、土壤板结和生产成本高等一系列副作用。发展中国家则为了解决人口急剧增加所需要的粮食，大规模地砍伐森林、开垦草原和湿地、过度使用地下水，对农业资源实行掠夺性粗放经营。这种依靠农业资源投入规模实现农业经济增长的方式已经引起了土地荒漠化、水土流失、草原退化和资源枯竭等一系列生态问题。"绿色革命"在培育和推广高产品种的同时也增加了化肥和农药的使用量。"绿色革命"在提高粮食生产率的同时也引起了环境破坏和资源恶化问题。于是 20 世纪 70 年代西方发达国家提出了"有机农业"、"生态农业"、"生物农业"和"超石油农业"等替代农业。但替代农业只强调对资源和环境保护，反对使用化肥、农药。资源和环境保护问题与粮食供给之间出现了矛盾。在这样的背景下，1981 年世界银行首次提出了持续农业思想。最早把可持续农业思想应用于农业经济发展的是美国。1986 年美国通过了《可持续农业法案》。1987 年世界环境与发展委员会提出了 2000 年转向可持续农业的全球政策。1989 年 FAO 第 25 次大会通过了有关可持续农业发展活动的决议。

到目前为止，人们对可持续农业内涵的理解和解释仍然没有统一，但对持续农业的特点已经形成了共识：一是持续性。农业经济运行中资源利用率必须等于资源更新率或耗掉的资源与再生资源必须达到平衡；二是公平性。资源的平等使用和生产成果的平均分配；三是适宜性。农业生产选用的技术一定要适宜于资源的永续利用；四是高效性。资源利用高效率，增强资源的投入产出意识，控制生产成本，资源投入收益最大化。①

我国政府在 1994 年的《中国 21 世纪议程》中不仅提出了中国农业和农

---

① 参见秦大河、张坤民、牛文元：《中国人口资源环境与可持续发展》，新华出版社 2002 年版，第 66、547~549 页。

村发展必须走可持续发展道路，并提出中国农业和农村的可持续发展是中国可持续发展的根本保证和优先领域。此战略的提出既是对世界农业可持续发展的响应，也是因我国农业增长方式对资源和环境影响所作出的反思的产物。就农业可持续发展而言，既要保持农业经济系统的产出水平不断地提高，维持农业增长，又要实现农业增长中节约资源使用量，提高资源使用效率，减少废物产出量。只有转换农业增长方式，才能实现农业生产的这个目标。可见，转换农业增长方式，从粗放型增长转换到集约型增长是实现农业经济可持续发展的关键，是实现农业可持续发展的战略选择。

（二）增长方式转型的表现

从历史的角度看，只要有农业生产，就一定存在着农业增长方式。我国悠久的农业生产历史所孕育的增长方式源远流长。由于限定的目的，只能选择新中国农业经济发展中农业增长方式转型截面为考察我国农业增长方式转换过程的对象。新中国农业发展历史也有 60 多年了。但由于农业经济运行体制的泾渭分明，更由于对农业增长方式转型过程趋势的大体描述的需要，我们对新中国农业增长方式转型过程的考察也只是粗线条地划分为改革前后两个时期。

对我国农业增长方式研究的文献相当丰富。马晓河等月道格拉斯函数研究了 1952~1978 年和 1978~1997 年我国农业总产值与劳动力投入、物质投入的关系。分析的结果是：物质投入对农业总产值的弹性系数由改革前的 0.62 增加到改革后的 0.85。这说明了资本和投入对农业增长的作用在增强。1990年农业产出中物质消耗比重是 34.5%，1995 年是 41.0%，1997 年是 43.2%。这说明进入 20 世纪 90 年代以后，物质投入和技术投入对农业增长的贡献更大。[①] 如果马晓河先生的研究还不能细致地反映我国农业增长方式转型，那么，洪民荣先生对改革后我国农业增长贡献率研究（表 1-5）可能更清楚地表明我国农业增长方式已经从主要依靠传统生产要素投入转换为依靠现代投

---

① 参见马晓河、王为农：《中国农业与农村经济发展的现状和跨世纪发展探析》，《教学与研究》1999 年第 4 期，第 14 页。

入，尤其是依靠科学技术进步的轨道上来了。

表1-5 1978年以来中国农业投入产出情况

时期	耕作面积贡献率	劳动力贡献率	物质投入贡献率	全要素贡献率
1979～1984	0.0385	-0.1282	0.2692	0.8154
1984～1992	-0.0278	-0.1455	0.3273	0.8473
1992～1999	-0.0267	0.0400	0.2933	0.7000

资料来源：洪民荣：《市场结构与农业增长》，上海社会科学院出版社2003年版，第102页。

六、农业经济的资源和市场环境转型

（一）资源和市场环境转型的诱因

我国农业经济发展的资源和市场环境转型诱因具体表现在三方面：

一是粮食等主要农产品总量供求基本平衡，丰年有余。农产品供求关系从数量制约为主转向质量和品种制约为主，农业经济发展由受资源约束转变为资源和市场的双重约束，并以市场约束为主。

二是居民对农产品需求结构发生了明显转变，不仅增加了对农产品多样性的需求，对农产品的质量和安全性要求也更高了。

三是因加入WTO后我国农业经济的市场化和国际化程度加深，农业经济面临着巨大的国际竞争。

（二）资源和市场环境转型的表现

1. 农产品市场转型

农产品市场转型程度可以从国内居民的农产品需求层次和国内农产品的市场结构这两个方面进行观察。

从国内居民农产品需求层次而言的农产品市场转型的表现，主要是随着国内人民生活水平的提高，国内消费者需求的农产品开始从维持生存型产品转换为生活质量型产品。生活水平的高低可以通过恩格尔系数值反映。FAO

依据恩格尔系数值区间对生活水平阶段的划分是：0.30 以下是最富有的生活；0.30~0.39 为富裕生活；0.40~0.49 为小康生活；0.50~0.59 为勉强度日生活；0.60 以上为绝对贫困生活五个阶段。2000 年和 2001 年我国农民恩格尔系数已分别是 0.49 和 0.47，城市居民已分别是 0.39 和 0.38。按照 FAO 的划分标准，我国人民生活从新世纪开始已经进入了小康阶段。生活水平进入小康阶段以后，农产品需求结构已经从对谷物类农产品需求逐渐地转向动物性产品和生活质量型产品。1985~1999 年我国居民粮食需求收入弹性是 -0.13，而肉禽产品是 0.28，水产品是 0.47。[①] 这也说明了我国农产品市场需求结构已经随着人民生活水平的不断提高，从生存性消费转向了生活质量性消费。

　　从国内农产品市场结构判断农产品市场转型程度可以从我国农产品进入国际市场以及国际农产品进入我国市场的规模两个方面观察。从这个角度观察我国农产品市场结构转型时，可以利用农产品外贸依存度指标。一个国家农产品市场转型程度与农产品外贸依存度呈同方向变化关系。外贸依存度越高，这个国家农产品的市场转型程度也越高。否则，则反之。

表 1-6　1992 年以来我国农业经济外贸依存度的变化情况

时期	农业总产值（亿美元）	进口总额（亿美元）	出口总额（亿美元）	进口依存度（%）	出口依存度（%）	总依存度（%）
1992	1647.3910	96.900	123.100	5.88	7.472	13.35
1993	1908.2780	35.760	101.900	1.87	5.340	7.21
1994	1827.4800	65.860	124.770	3.60	6.820	10.42
1995	2435.7440	115.510	122.620	4.70	5.030	9.73
1996	2688.6170	84.085	125.100	3.13	4.650	7.78
1997	2869.5990	88.083	133.920	3.07	4.670	7.74
1998	2964.6060	80.931	132.558	2.73	4.470	7.20
1999	2961.8520	81.199	128.950	2.74	4.350	7.09
2000	3009.7360	103.050	150.360	3.42	5.000	8.42
2001	3162.9330	118.140	159.750	3.74	5.050	8.79
2002	3309.2667	124.150	180.190	3.75	5.450	9.20
2003	3587.2660	188.900	212.400	5.27	5.920	11.19

---

　　① 参见洪民荣：《市场结构与农业增长》，上海社会科学院出版社 2003 年版，第 77 页。

（续表）

时期	农业总产值 （亿美元）	进口总额 （亿美元）	出口总额 （亿美元）	进口依存度 （%）	出口依存度 （%）	总依存度 （%）
2004	4378.3830	280.000	233.900	6.395	5.342	11.737
2005	4815.9600	287.800	276.000	5.976	5.731	11.707
2006	5119.3960	321.700	314.200	6.284	6.137	12.421
2007	6429.9050	411.900	339.000	6.406	5.272	11.678
2008	8351.5280	587.900	405.400	7.039	4.854	11.894
2009	8836.3340	527.000	396.300	5.964	4.485	10.449

资料来源：①农业部相关数据；②程国强：《中国农产品出口：增长、结构与贡献》，《管理世界》2004年第11期，第85页。

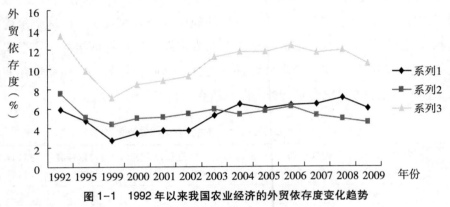

图1-1　1992年以来我国农业经济的外贸依存度变化趋势

注：上图中的系列1是进口依存度，系列2是出口依存度，系列3是总依存度。

根据表1-6中我国农产品外贸依存度数据所绘制的图1-1所显示的我国农业经济外贸依存度变化趋势可以看出，进入农业结构战略性调整以后，我国农产品出口依存度、进口依存度以及总依存度的平稳上升已经表明了我国农产品国际化程度在逐步增强。

2. 农业资源转型

农业经济的资源转型主要是农业生产资源从国内获得转换为国内外同时获得。观察农业经济资源国际化程度时可以从以下两个方面进行：一是可以通过我国利用的国外动植物种资源和技术反映；二是可以通过我国农业利用外资情况反映。

据统计，我国通过外资项目引进了十多万份动植物种质资源和大批先进实用、效益显著的技术成果，如水稻旱育稀植技术、农业遥感技术、氨化技术、综合防治技术、水果蔬菜保鲜加工技术等。其中，水稻旱育技术已在 10 多个省推广，应用面积两亿亩，引进效益均超过了 10 亿元。[①]

1979 年以来，我国农业利用外资进程可以划分为三个阶段：第一阶段是 1979 年至 20 世纪 80 年代初起步阶段。农业利用外资规模虽然很小，但从无到有。1979~1983 年农业利用外资协议项目总计 176 项。第二阶段是 20 世纪 80 年代中期至 20 世纪 90 年代初期农业利用外资稳定发展时期。农业利用外资协议项目从 1984 年的 455 个发展到 1991 年的 663 个。第三阶段是 20 世纪 90 年代初期以来的迅速发展阶段。农业利用外资协议项目 1992 年是 2058 个。[②] 到 2000 年我国农业利用外资项目累计 9400 多个。[③] 2001~2009 年我国农业利用外资项目累计 10698 个。增长了近 10 倍。第一产业外资利用规模就从 1998 年的 6.24 亿美元增加到了 2003 年的 10.01 亿美元，[④] 2009 年实际利用外资资本额为 14.2873 亿美元，2010 年实际利用外资资本额为 19.1195 亿美元，约是 1998 年的 3 倍。外资注册资本的数量也从 2001 年的 0.4763 亿美元增加到了 2010 年的 179 亿美元。此外，外资在农业产业内企业户数量也处于稳步增长之中。虽然由于多方面原因，农业利用外资占全部外资规模的比例一直徘徊在不足 2% 的水平上，但不可否认的是，经过对外技术交流与合作以及利用外资实践，我国农业经济资源已经从国内转换为国内外两个领域，农业经济资源的国际化程度在逐渐提高。

---

① 参见冯炳英：《我国农业利用外资的成效、问题与对策》，《农业经济》2004 年第 3 期，第 46 页。

② 参见严启发：《农业利用外资的现状、问题与建议》，《中国外资》2003 年第 1 期，第 15 页。

③ 参见韩立民、王爱香：《扩大农业利用外资，推进农业国际化》，《经济研究参考》2002 年第 50 期，第 45 页。

④ 参见蔡赟：《我国利用外资的产业结构分析》，《市场周刊》（研究版）2005 年第 10 期，第 90 页。

第二章　有关经济转型的政府行为理论

按照制度经济学的观点，在缺乏有效制度的领域或地区，或者一国处在新旧体制转轨时期，此时制度效率最高。同时，在制度创新过程中经济增长率也最高。[①] 另外，在我国农业经济发展进入全面转型期后，政府管理体制转型相对迟滞，政府行为处于改革与校正的过程之中。因此，应该对我国农业经济多重转型中的制度转型给予足够的关注。在关注农业经济中的制度转型前，应该先了解政府行为的有关理论。

一、政府行为理论

政府是在国家产生后根据社会管理的需要而按照一定规则建立起来的组织机构体系。对这个组织结构体系的一种理解是国家的行政部门（立法、司法和行政中某一个权力机关），另一种理解是为了执行国家的公共权利而建立起来的国家机构。[②] 无论是把政府理解为行政部门还是国家机构，由于政府是适应社会公共管理需要而产生的，因此，政府就是社会公共权利的实施者。由于管理范围的广泛等原因，政府实施公共权利的过程又形成了分级管理模式。因此，对政府行为的研究包括两个方面：政府行为一般理论和中央与地方政府行为分权理论。其中的前者主要是市场经济运行中政府行为选择理论，后者则是政府结构理论。

---

① 参见卢现详：《西方新制度经济学》，中国发展出版社 1996 年版，第 207 页。
② 参见桑玉成：《政府角色——关于市场经济条件下政府作为与不作为的探讨》，上海社会科学院出版社 2000 年版，第 5~6 页。

（一）西方经济学关于政府行为理论

从政府的起源讲，政府是适应社会公共管理需要而产生的政治组织。政治是经济的集中表现。因此，政府不仅对社会公共活动进行管理，更要对社会经济活动进行管理。政府对社会经济活动管理的过程中，政府行为的方式和范围、政府行为的效果也就被引入了人们的视野。西方经济学关于政府行为的研究与他们对市场与政府关系的认识过程是一致的。西方经济学家对市场与政府关系的认识大体上分为四个阶段：15～17 世纪中叶重商主义政府干预经济的阶段；1776 年至 20 世纪 20 年代政府"守夜人"的自由主义阶段；20 世纪 20～60 年代政府干预重新开始阶段；20 世纪 60 年代以来的新自由主义与新凯恩斯主义互补、并行阶段。

1. 15～17 世纪中叶重商主义政府干预经济

重商主义是资本原始积累时期代表商业资本利益和要求的经济学说和政策体系。产生并流行于 15 世纪末至 17 世纪中期。这一时期西欧原来独立的国家结合为统一政府的中央集权制民族国家。虽然有统一政府，但原来的独立利益所形成的封建割据依然存在。随着中央集权国家建立以及商业和商业资本发展、壮大，封建割据已经严重地阻碍着商业发展，制约着社会经济的进步。因此，商业资本迫切需要依靠国家政权力量结束封建割据，建立国内统一市场以保证商业活动在国内市场上畅通无阻，并发展对外贸易。在这种历史背景下，当时的重商主义代表人物提出了政府干预经济活动的政策主张。虽然重商主义者没有系统地分析政府行为的动机和政府行为的绩效，但却事实上最早提出了政府干预经济活动的政府行为观点。

2. 1776 年至 20 世纪 20 年代古典经济学的经济自由主义阶段

古典经济学所包括的范围是一个十分有争议的问题。① 为了对说明政府行为主张变迁的方便，姑且把古典经济学的范围限定在 1776 年至 20 世纪 20 年

---

① 参见新帕尔格雷夫：《经济学大辞典》第 1 卷，经济科学出版社 1996 年版，第 473～483 页。实际上从 17 世纪中叶古典经济学产生起关于政府行为的主张就已进入了自由主义阶段。

代凯恩斯主义产生前。1776 年亚当·斯密在其《国富论》中认为，社会经济活动存在着自然的、客观的规律。在自由的企业制度和市场机制下，关于资本用在什么种类的产业上生产物的价值最大，每一个人处在他当地的位置，显然能比政治家或立法家判断的更好。如果政治家企图指导私人应如何运用他们的资本，那是自寻烦恼地去注意最不需要注意的问题。[①] 政府行为的范围主要是为私人经济活动充当"守夜人"。第一，保护社会，使不受其他独立社会的侵犯。第二，尽可能保护社会上各个人，使不受社会上任何其他人的侵害或压迫，这就是说，要设立严正的司法机关。第三，建设并维护某些公共事业及某些公共设施。[②] 继亚当·斯密之后，法国的萨伊和英国的约·斯·穆勒等经济学家也分别提出了类似的主张。萨伊认为供给能自行创造需求。所以，自由市场和自由企业具有内在的平衡宏观经济的功能，政府旨在维持总供求平衡的干预是多余的。因此，政府替代企业生产什么、生产多少是不必要的。约·斯·穆勒则在他的 1848 年《政治经济学原理及其在社会哲学上的运用》之"论政府的影响"篇中对政府职能做了广泛的探讨。穆勒在批评了赋予政府过多职能后，提出政府职能大致范围是：保护公民人身和财产安全，制定交易规则、契约规则和公共资源使用规则，铸造货币和规定标准的度量单位，建设公共设施，主办初等教育、保护儿童、青年和没有劳动能力的人。[③] 除上述三位经济学家外，其他的古典经济学家也对政府行为的范围做出了广泛研究，对政府行为范围的认识也可能有所突破，但从总体上而言，自由主义一直是古典经济学家对政府行为认识上基本的、核心的理论观点。

3. 20 世纪 20~60 年代政府干预主义的新开端

20 世纪 20 年代资本主义发展从自由竞争阶段进入了垄断阶段后，资本主义固有矛盾加深，爆发了 1929~1933 年资本主义经济危机。经济危机证明市场并不是有效的。20 世纪 30 年代经济危机使得古典学派的政府行为理论体系直接面临着瓦解重建。早在 1920 年庇古在《福利经济学》中论述的外部性这

---

① 参见亚当·斯密：《国富论》下卷，商务印书馆 1974 年版，第 27~28、252~253 页。
② 参见亚当·斯密：《国富论》下卷，商务印书馆 1974 年版，第 27~28、252~253 页。
③ 参见胡家勇：《一只灵巧的手：论政府转型》，社会科学文献出版社 2002 年版，第 4~6 页。

种市场失灵表明，仅依靠市场上自由竞争不能导致生产资源的最优配置。真正给古典学派自由主义画上休止符的是凯恩斯。1926 年凯恩斯在《自由主义的终结》中就提出了对资本主义经济实行明智管理的必要性。1936 年凯恩斯在《就业利息和货币通论》中则对政府明智管理经济提出了具体的方法。凯恩斯在"三大心理规律"的基础上，认为市场机制不能自动实现社会总供求的平衡。也就是说，仅凭自由的市场机制和企业制度自发调节，社会总需求小于总供给。实现社会总供求平衡的办法是政府"相机抉择"地运用财政政策和货币政策管理社会需求，使得社会总供求平衡，从而消除经济危机。凯恩斯的政府需求管理理论首先被美国罗斯福运用到经济管理中，而后在资本主义世界广泛流行。凯恩斯的政府需求管理理论帮助当时的资本主义国家摆脱了经济危机。所以，凯恩斯就被誉为第二次世界大战后的"繁荣之父"。凯恩斯政府干预理论不仅征服了 35 岁之下的经济学家，也使得大多数中老经济学家转向凯恩斯经济学。1971 年尼克松总统公开宣称：现在我们都是凯恩斯主义者了。①

4. 20 世纪 60 年代以来的自由主义和干预主义并行、互补阶段

第二次世界大战后所有发达的、民主的资本主义国家都不同程度地采取了凯恩斯需求管理政策。凯恩斯需求管理政策的实施，虽然带来了政府规模的扩张和财政赤字，但保持了约 20 年的经济繁荣。从 20 世纪 60 年代后期起，由于资本主义世界的通货膨胀、失业、资源供给紧张、收入分配失调等问题。面对 20 世纪 60~70 年代资本主义世界所出现的这些问题，凯恩斯理论不仅无法解释，更不能提供足以应付的办法。凯恩斯主义在经济学界和政府决策中不可争议的地位已经不存在了。于是，反对凯恩斯主义、主张减少政府干预的自由主义又重新抬头，但凯恩斯主义的影响依然存在。西方经济学进入自由主义与凯恩斯主义并行、互补阶段。反对凯恩斯主义的新自由主义是指所有强调市场机制作用、不同意国家过多干预经济的经济理论。② 主要包括德国的新自由主义、哈耶克的新自由主义、新货币主义、供给学派和新古典宏观

---

① 参见高鸿业、吴易风：《20 世纪西方经济学的发展》，商务印书馆 2004 年版，第 106、125、128~129、135 页。

② 参见胡代光：《当代资产阶级经济学主要流派》，商务印书馆 1986 年版，第 141、156~159 页。

经济学。德国的新自由主义认为在"自由市场经济"中市场机制在满足人类欲望和分配生产资源到各种不同用途上是有很好作用的。而"集中管理经济"则通过政府计划或行政命令进行经济管理，排斥了市场价格机制的调节，造成僵化、不协调和无效率的经济后果。但如果没有政府对经济的适当调节，听任市场经济不受任何约束地发展，那么，贫富悬殊、失业、危机和通货膨胀等问题会接踵而来。所以，国家要指导、帮助私人企业经营，为私人企业的经营提供稳定的经济环境。因此，社会经济既不是历史上完全自由的市场经济，也不是集中管理经济，而是二者的混合——社会市场经济。哈耶克的自由主义则比德国新自由主义自由得更彻底。他认为，私人自由企业经济是最合理的，市场机制作用是最完善的，用不着国家实行收入分配或"福利国家措施"，从而混合经济也是不必要的，甚至是有害的。①

新货币主义是与凯恩斯主义对立的。在凯恩斯主义盛行时，货币主义影响被湮没，但从 20 世纪 60 年代起，凯恩斯主义对资本主义经济面临严重的"滞胀"局面一筹莫展时，货币主义登上西方经济学主流的舞台。通货膨胀与失业关系是 20 世纪下半期西方经济学各流派争论的核心问题，也一直是颇有争议的政策与政治问题。② 对于二者关系问题，新货币主义领袖弗里得曼认为"滞胀"是凯恩斯主义政策的产物。高通货膨胀是政府增加支出的充分就业政策与福利政策的结果。通货膨胀反复无常的加重，一方面导致契约调整缓慢和指数化的不完善，提高了失业率；另一方面使得市场信号失真，市场调节经济活动机制失灵，失业率平均水平提高。所以，货币主义者相信，经济除非受到无规则的经济政策的干扰，否则是内在稳定的；政府没有必要去试图稳定经济；即便有必要，事实上也办不到，因为稳定政策很可能不是减少而是增加经济的不稳定。因此，货币主义反对凯恩斯主义的"相机抉择"政策。③ 政府活动应该

---

① 参见胡代光：《当代资产阶级经济学主要流派》，商务印书馆 1986 年版，第 141、156~159 页。

② 参见高鸿业、吴易风：《20 世纪西方经济学的发展》，商务印书馆 2004 年版，第 106、125、128~129、135 页。

③ 参见高鸿业、吴易风：《20 世纪西方经济学的发展》，商务印书馆 2004 年版，第 106、125、128~129、135 页。

限制在应有的范围内，成为我们的仆人，而不是让他变成我们的主人。具体而言，政府作用就是在亚当·斯密的三职能上再加上政府的第四项义务，是保护那些被认为不能负责的社会成员（如疯子或孩子）。政府的作用不是通过经济政策来干预经济活动或市场机制，而是为市场经济的正常运行创造一个良好的环境。①

供给学派虽然在西方经济学中是昙花一现，对凯恩斯主义所导致的"滞胀"分析却是对凯恩斯主义政策的冲击。供给学派认为，造成经济"滞胀"的原因是供给不足。供给不足的主要原因是政府对经济活动干预过多——不断增加的政府开支和税收、越来越多的规章制度。这些方面妨碍了自由市场制度对工作、储蓄、投资和生产积极性的刺激。② 所以，凯恩斯主义刺激总需求政策是无效的并且也是有害的。拯救"滞胀"的办法是：大幅度地减税、放慢政府支出、减少不必要和过时的规章制度，刺激人们多工作、多投资；紧缩货币政策，保持货币增长数量与经济潜在增长一致；停止财政和货币调节，更多地依靠自由市场经济的内在动力。③

新古典宏观经济学是凯恩斯主义最大的对立派。该派产生于 20 世纪 70 年代的直接原因也是"滞胀"。新古典宏观经济学在理性预期假说和弹性工资和弹性价格的假设下，提出了政策无效性。如果经济活动不受到政府的冲击，基本上是稳定的。凯恩斯主义需求管理有效性的暗含前提是：政府总是比公众高明，可以出其不意地运用某种政策来影响经济生活。但是，在人们理性预期存在的条件下，对政府的经济政策及其效果早已被充分地预计到并相应地做出了预期措施和对策，使政府的宏观经济政策归于无效。所以，应该放弃"积极行动主义的宏观经济政策"，政府调节干预经济活动越少越好。④

德国新自由主义、哈耶克自由主义、新货币主义、供给学派和新古典宏观经济学的共同特点都是针对凯恩斯主义政府干预经济活动提出了有限政府

---

① 参见郭小聪：《政府经济学》，中国人民大学出版社 2003 年版，第 16~17、19 页。

② 参见高鸿业、吴易风：《20 世纪西方经济学的发展》，商务印书馆 2004 年版，第 106、125、128~129、135 页。

③ 参见《现代国外经济学论文选》第五辑，商务印书馆 1984 年版，第 60 页。

④ 参见许纯祯：《西方经济学》，高等教育出版社 2002 年版，第 353 页。

的主张。

新凯恩斯主义经济学在继承凯恩斯主义传统、吸收货币主义和新古典宏观经济学的基础上，为了回应凯恩斯主义反对派于 20 世纪 80 年代而产生的。在政府与市场关系上，新凯恩斯主义经济学强调市场的不完全性，赞成政府干预，政府干预比自由放任要好。但同时，新凯恩斯主义也肯定了政府干预的有限性。

由上述西方经济学各个流派就政府于市场关系的理论发展中可以看到：自由主义不是完全反对国家干预，政府干预主义也不是完全排斥经济自由而主张政府干预一切。自由主义与政府干预主义表现为互相补充、并行状态：当资本主义经济发展处于比较稳定、经济危机和失业不严重的时期，自由主义往往抬头；而当经济危机和失业比较严重时，政府干预主义容易获得更多支持。①

（二）发展经济学的政府行为理论

发展经济学是第二次世界大战后出现的一门新兴学科。如果按照时间划分，20 世纪 40~60 年代为第一阶段，20 世纪 60~70 年代末为第二阶段，20 世纪 80 年代以后是第三阶段。在经济发展的不同阶段，由于发展经济学家对市场与政府关系认识的差异，使得他们对政府行为的范围界定也就出现了变化。

1. 20 世纪 40~60 年代发展经济学的政府行为理论

在 20 世纪 40~60 年代发展经济学研究的主要内容作出经典性概括的一是刘易斯的 14 个问题；二是布鲁顿的 9 个问题。尽管二人在发展理论上有分歧，但有一点是共同的：强调发展中国家应当发挥计划管理和计划指导对经济发展的作用。第二次世界大战后新兴的发展中国家是殖民地、附属国政治独立的产物。这些发展中国家普遍面临着：人口多、失业率高现象；农业发展落后又占国民经济比重大；人民生活贫困，收入水平低；对外贸易条件恶化。在这样的历史背景下发展经济，实现工业化必须充分发挥政府的管理作

---

① 参见郭小聪：《政府经济学》，中国人民大学出版社 2003 年版，第 16~17、19 页。

用和计划作用。刘易斯就此曾明确地说：计划化对政府要求承担的义务，在发展中国家要大于在发达国家。在发达国家中，许多需要改府做的事可以让私人企业去做；而在发展中国家，建立工业中心，进行农业革命，控制外汇汇率，以及提供公共服务和普通立法等都需要行政机构，而他们的行政机构的工作效率却远比发达国家低。那么，为什么发展中国家又乐意从事计划呢？因为他们的需要更为迫切，尽管会出现失误和缺少能力，他门还是要去做。以为人民站在他们一边，从民族感情意识到自己的落后，急于要求进步，那么，他们就乐意承担重大的困难任务，容许许多错误发生，而热情地投身于重振国家工作。人民的热情既是计划化的润滑剂，又是经济发展的推动能源。人民的热情可以使任何事情都能实现。[①] 于是发展经济学第一阶段对政府行为的认识就是突出计划管理，在经济发展中主张发挥政府的全面作用；强调发展中国家市场不完全性，轻视市场机制对经济发展的促进作用。

2. 20 世纪 60~70 年代发展经济学的政府行为理论

在发展经济学突出政府、计划在经济发展中作用的条件下，发展中国家经济的确取得了一定成绩。但从 20 世纪 60 年代中期后，随着发展中国家经济发展，现代部门迅速扩大，经济结构复杂化程度提高。经济计划化和政府全面管理的弊端也日益突出。于是，从 20 世纪 60 年代中期始发展经济学对政府全面管理和计划化发展经济进行反思。认为早期发展经济学只看到了发展中国家市场是不完全的，没有看到实行计划化条件也不具备。只看到计划化的好处，而没有估计计划化的负面影响。发展中国家由于计划化条件的缺乏，政府管理存在失灵问题。在这种条件下，发展经济学对发展中国家的市场进行了重新审视。其中，最具有代表性的是加拿大经济学家约翰逊。他从国家计划与价格机制比较中，首先是陈述了必须重视市场机制而又须认同市场机制较为可取的经济发展工具的观点。因为发展中国家的经济特别困难和缺少效率，集中控制和管理所预期的结果不易实现。市场机制可以解决稀缺资源在不同目的之间进行配置的一切经济问题；可以为经济发展提供刺激，为资本（物质资本和人力资本）积累提供刺激。其次，他认为市场机制也会引起不可

---

① 参见谭崇台：《发展经济学的新发展》，武汉大学出版社 1999 年版，第 3、45~48 页。

取的社会效应，如果任其发展，代价是昂贵的。在做了上述分析后，他提出：市场机制可以对经济进步发挥重大作用，既可以提高经济效率，又可以促进经济增长；配合政府的干预，市场机制可以作为经济发展工具而起作用。①

3. 20 世纪 80 年代以后的发展经济学中政府行为理论

20 世纪 60 年代以后的发展经济学反对政府过多地干预经济而强调市场机制的作用，并不是主张完全的市场调节，是主张政府不要进行全面的、细致的政府管理。政府应该积极地培育市场，充分发挥市场机制的作用，通过市场机制的变化实行政府干预。在这种思潮的引导下，从 20 世纪 80 年代中期始，发展经济学全面地展开了新古典主义的复兴。从 20 世纪 80 年代后期起，发展经济学新古典主义复兴中的最主要研究成果是把制度从外生变量转为内生变量引入经济增长研究，以说明制度安排与选择对经济增长的影响。

（三）马克思主义创始人的政府行为理论

马克思主义创始人的政府行为理论是与其国家理论结合在一起的。任何国家都设立自己的政府以实现国家的权力和意志。政府是国家性质的实现者、体现者与代表者。马克思主义创始人对国家的论述主要包括国家的产生、国家的消亡以及国家的职能等方面。

1. 国家的产生和消亡理论

关于国家产生的原因有神权论、暴力论和契约论。马克思主义创始人则认为：国家是社会在一定发展阶段上的产物；国家是承认：这个社会陷入了不可解决的自我矛盾，分裂为不可调和的对立面而又无力摆脱这些对立面。而为了使这些对立面，这些经济利益相互冲突的阶级，不至于在无谓的斗争中把自己和社会消灭，就需要有一种表面上凌驾于社会之上的力量，这种力量应当缓和冲突，把冲突保持在"秩序"的范围内；这种从社会中产生但又自居于社会之上并且日益同社会相异己的力量，就是国家。② 国家是人类发展

---

① 参见谭崇台：《发展经济学的新发展》，武汉大学出版社 1999 年版，第 3、45~48 页。

② 参见《马克思恩格斯选集》第 4 卷，人民出版社 1972 年版，第 170、174、368 页。

中的阶级出现后阶级矛盾不可调和的产物。随着社会生产力的发展，阶级正如它们从前不可避免地产生一样也要不可避免地消失。随着阶级的消失，国家也消失了，即在生产者自由平等的联合体基础上按新方式来组织生产的社会，将把全部国家机器放到应该去的地方，即放到古物陈列馆去，同纺车和青铜器陈列在一起。①

2. 国家职能理论

政府是国家的政权机关。有国家就一定存在政府。因此，首先，作为国家的政府要具体地执行国家的公共管理和政治统治职能。资本主义国家同在专制国家中完全一样，在那里，政府的监督活动和全面干涉包括两方面：执行由一切社会的性质产生的各种公共事物和由政府同人民大众相对立而产生的各种特殊职能。② 政府的政治统治职能以国家存在为前提，政治统治到处都是以执行某种社会职能为基础，而且政治统治只有在它执行了它的这种社会职能时才能持续下去。③

其次，政府社会管理职能随着生产社会化程度的提高而不断扩大。马克思比较了资本主义与前资本主义国家社会管理职能的范围、深度和方式时就指出：在这里，国家管制、控制、指挥、监视和监护着市民社会——从它那些最广大的生活表现起，直到最微不足道的行动止，从它的最一般的生存形式起，直到个人的私生活止。④

最后，国家消亡后社会公共管理职能还存在。公共管理职能以社会的存在为前提。马克思在设想的未来社会中人与人关系不存在私利竞争后，人们习惯地自觉遵守生活规则而无需国家强制时，也就不需要强制性的国家机关了。但那时，对人的统治将由对物的管理和对生产过程的领导所代替。⑤ 国家消亡了，但社会管理依然存在。要想得到和各种不同的需要量相一致的产品量，就要付出各种不同的和一定数量的社会总劳动量，这种按一定比例分配

---

① 参见《马克思恩格斯选集》第4卷，人民出版社1972年版，第170、174、368页。
② 参见《马克思恩格斯全集》第25卷，人民出版社1972年版，第432页。
③ 参见《马克思恩格斯选集》第3卷，人民出版社1972年版，第523、631页。
④ 参见《马克思恩格斯选集》第1卷，人民出版社1972年版，第624页。
⑤ 参见《马克思恩格斯选集》第3卷，人民出版社1972年版，第523、631页。

社会劳动的必要性，绝不可能被社会生产的一定形式所取消，而可能改变的只是它的表现形式。[①]

（四）市场经济中的市场与政府有效结合理论

市场经济是以市场机制为最基本手段调节社会资源配置的经济运行方式。市场经济的最初阶段是自由市场经济。市场上的自由竞争是自由市场经济资源配置的基本方式。现代市场经济运行中的资源配置则是从市场上的自由竞争转换为政府与市场的相互结合。现代市场经济运行中资源配置的市场与政府结合之原因在于市场失灵和政府失灵。因此，健康的现代市场经济运行必须处理好市场与政府的关系，实现政府与市场的有效结合。

1. 市场失灵

（1）市场失灵的原因

自由的市场经济运行证明：市场并不总是有效的。当市场对资源配置在某些领域无效就形成了市场失灵。经济理论对市场失灵的研究是从 20 世纪 30 年代大危机之后广泛开始的。市场失灵原因包括市场外部原因和市场内部原因两个方面。

就市场外部原因而言，市场失灵在于市场机制有效运作的条件的缺乏。市场机制对资源配置充分有效、达到帕累托最优是需要一系列条件的。这些条件包括：第一是市场信息完全和对称；第二是充分竞争的市场；第三是规模报酬不变或递减；第四是没有外部经济；第五是交易成本为零；第六是经济当事人完全理性。这些假设条件在现实的市场经济运行中根本不具备或难以成立。因此，尽管经济运行中完全的市场调节有可能达到资源配置最优，但现实的经济运行并不能达到最优。在某些领域市场是有缺陷的。

就内部原因而言，主要是市场机制作用的自发性、盲目性和滞后性。由于市场机制发出的供求信息是事后信息，按照这种信息安排经济活动总是滞后的。所以，市场机制调节经济活动缺乏可靠的前景导向。同时，市场机制还容易引起投机行为，破坏经济稳定和市场秩序的正常作用。

---

① 参见《马克思恩格斯选集》第 4 卷，人民出版社 1972 年版，第 170、174、368 页。

（2）市场失灵的表现

市场失灵包括狭义的市场失灵和广义的市场失灵。狭义的市场失灵主要是指市场机制发挥作用所需要的市场条件在现实经济活动中不具备或不充分而引起市场机制无效。狭义的市场失灵主要有公共产品生产上市场调节的无效、信息不对称或不完全产生了"道德风险"、生产或市场垄断抑制市场机制有效运作、外部经济使得市场机制难以有效配置社会资源、市场机制有分配功能，但却不能实现分配的公正性。广义的市场失灵除了包括狭义的市场失灵外，还包括了由于市场机制内在缺陷所引起的宏观经济运行中的总供求失衡和经济波动。

2. 政府失灵

市场经济的正常运行需要对市场失灵的矫正。由于政府拥有对全体社会成员的普遍强制力：征税权、禁止权、处罚权、交易成本（组织费用、搭便车、不完全信息、逆向选择），① 政府具有纠正市场失灵的明显优势。在第二次世界大战以后，西方国家的政府都在不同程度上通过立法、经济政策、补贴、直接投资等方式调节市场经济运行，矫正市场失灵，社会经济运行也就从自由市场经济走向了政府干预型市场经济。政府从古典经济学中"守夜人"角色转换为经济活动的调控人、社会的公益人、经济活动的管制人、仲裁人等多种角色。

西方国家政府干预虽然把资本主义经济从 20 世纪 30 年代大危机中解脱出来并保持了 20 年繁荣，但政府干预经济活动也暴露出越来越多的问题。在宏观经济领域内，财政赤字与日俱增，通货膨胀、失业和经济停滞并存。在微观领域内，大量政府投资落入少数私人腰包，公营企业效率低下。社会主义国家几十年的政府干预也证明了政府的无效性。政府无效对资源浪费和损害更甚于市场失效。②

---

① 参见 ［美］约瑟夫·E. 斯蒂格利茨等：《政府为什么干预经济——政府在市场经济中的角色》，中国物资出版社 1998 年版，第 74~77 页。

② 参见谷书堂：《社会主义经济学通论——中国转型期经济问题研究》，高等教育出版社 2000 年版，第 351 页。

（1）政府失灵的原因

政府失灵产生后，西方经济学界的主要学派均对此进行了解释。

新货币主义从通货膨胀与政府干预的关系分析了政府干预的无效性。首先，新货币主义认为货币流通速度是相当稳定的，影响名义 GNP 的是货币供应量。货币供应量只在短期内影响真实的 GNP，在长期内影响名义 GNP。如果货币供应量增加速度超过产量增加速度，就会引起通货膨胀。在货币供应量不变下，政府开支来源于私人纳税，从而引起利率上升，出现对私人投资的"挤出效应"。现实中由于政治阻力和操作上的困难，政府是通过创造货币扩大政府开支的。这样，就引起了通货膨胀。其次，新货币主义提出了"持久收入"假说。认为居民的消费和储蓄与持久收入保持相当固定关系。政府政策只能在短期内改变私人的献给倾向，长期内难以奏效。再次是提出了"自然失业率"概念。自然失业率水平取决于劳工市场与商品市场结构，包括市场不完全性、供求的随机变动、劳工流动费用和相关信息费用等。所以，在自然失业率存下，政府扩大需求增加就业的政策不仅无助于解决失业，反而引起了通货膨胀与失业并存。据此，新货币主义认为，旨在稳定经济的政策实在是不必要的，稳定政策必然会造成不稳定。主张"单一规则"的货币政策，反对政府过度干预经济。①

新制度经济学家诺思认为：国家是经济增长的关键，然而国家又是人为经济衰退的根源。② 为了使国家意志得到表达和执行，必须建立、维持，并发展一个非常复杂的政府组织。③ 因此，对政府、制度的研究构成了新制度经济学主要内容。以交易成本为核心的交易成本经济学是新制度经济学中特别重要部分。诺思首先通过交易成本分析指出，在市场经济中政府至为重要。经济发展中市场交易成本是高昂的，如果政府对权利的调整符合效率要求，那么，一种权利的调整会比其他安排产生更多的产值。其次是诺思对政府作用

① 参见宋承先：《现代西方经济学——宏观经济学》，复旦大学出版社1997年版，第358页。

② 参见［美］道格拉斯·C.诺思：《经济史中的结构与变迁》，上海三联书店1994年版，第20页。

③ 参见［美］F.J.古德诺：《政治与行政》，华夏出版社1987年版，第43页。

的利弊进行分析。一方面是私人组织按照市场交易，会面对竞争对手和交易成本的束缚，而政府在经济活动中可以利用立法、司法和行政管制的方法强制资源使用，避免竞争约束，以低于私人组织的成本收到规模经济效果；另一方面是政府行政机制本身也有成本，甚至是高于私人成本。庞大官僚机构、繁杂的法律程序使得政府决策过程缓慢；受到压力集团干扰的决策失误，政府搜集信息成本高昂。因此，直接的管制未必会带来比市场和企业更好的解决问题的结果。

在对政府失灵的研究中，公共选择学派的理论是最早、也是最综合性的研究。公共选择学派认为，政府是一个抽象的概念，在现实中，政府是由政府中的政治家和公务员组成的。首先，他们都是"经济人"，他们都有自己的私欲，必然以追求自身利益极大化作为行为的准则，所不同的只是这种追求私利的行为有时是有意识的，而有时则是无意识的。其次，他们作为一般人，并不是无所不知、无所不能的，而是拥有人类所共有的有些弱点，如知识和智能的有限性，现实社会又是如此复杂，即使有政治家主观上想把事情办好，也由于种种局限性不易办到，或者出现好心办坏事的现象。在这样的前提下，公共选择学派经济学家们具体地剖析了"民主模式"中政府行为的无效率的内在原因。①

第一，政府的政策偏差。判断政策偏差与否以政策好坏为标准。好政策就是一种立法或政府行为，一方面带给社会中一部分人的额外满足大于那些为了支持这种立法或政府行为而牺牲的；另一方面由于一项政策的实施是以放弃若干其他同类政策为代价的。与其他条理政策比较，这种政策所带来的净收益（一部分人的额外收益之和减去另一部分人所付出的代价之和）最大。与此相反的政策就是坏政策。导致政策偏差的原因主要有两个：其一是改变某种体制或政策的代价与人们预计从这种改变中得到的好处比较太高了。人们不愿意或实际上不可能改变这一政策或体制。特别是那种政策的改变所带来的长期效果比较好，但短期内效果不太大且代价却很大时，尤其如此。其二是由于某个地方出了毛病，体制或政策运转没有起到应有作用，而是变得只有利于某些利益集团。这些利益集团一方面利用国家机器寻求自身利益的

---

① 参见汪翔、钱南：《公共选择理论导论》，上海人民出版社 1993 年版，第三章。

最大化，损害公众利益；另一方面还利用其特殊地位，给人们造成假象：他们在为国家、公众谋福利。因信息不灵公众无法辨识这种欺骗行为。

第二，政府政策的低效率。政府政策低效率是指政府执行的政策不是最好政策，即政策不能保证资源的最优配置。政府政策的低效率是由民主决策程序弱点所决定的。一是选民和政治家都是"经济人"。一方面，政治家会竭力利用他们手中相关信息的垄断性以及政治家之间的合作，尽可能提出那些能够体现他们自身利益的提案，然后劝说选民通过提案。由于政治家的个人偏好与广大选民的偏好不一致，政治家这种行为的结果只是照顾了政治家利益，损害了选民利益。另一方面，作为选民，虽然也极力追求自身利益最大化，但选民没有途径和实力获取有关议案的详细信息，因而选民很难有效地利用选举权制约政府。二是即使政府提供的政策、方案是最好的，但由于选举规则的简单多数，最终的决策结果往往是中间选民的中间意愿，难以达到最优。三是选民的意识受到组织良好的利益集团影响，有的利益集团可能还拥有不正当的政治权势，他们利用这种权势影响政府的议案与选民的投票选择行为，从而使政府做出不利于公众的决策。四是对于由政府主管部门独立地、全权制定与实施的政策来说，通常由该部门领导人根据自己对公共利益的理解来决定的。因而，一方面这些部门政治家的行为具有相当大的自由，他们有意或无意地为自身的"经济人"动机所左右，对公共利益的理解常难以符合公共利益要求；另一方面，部门政治家行为的灵活性与他们对自身利益动机的强刺激性、制约性，他们的行为实际上也不倾向于为最大限度地增进公共利益服务。

第三，政府机构工作的低效率。政府机构工作低效率的原因，一是缺乏竞争所导致的低效率。从纵向看，由于逐级任命形式，部门领导不会因效率低而被解雇导致低效率；从横向看，由于约束政治家个人活动的限制体制不以赢利为目的，提供公共服务的部门之间没有竞争，所以，政府官员拥有比私人企业经理大得多的自由使得他们没有努力工作的积极性。二是缺乏节约成本的内在动力。从客观上看，政府活动大多不计成本，即使计算成本也难以精确。这有形无形地促使政府部门的公共物品供给超过社会财富最优分配所需要的数量，导致社会资源的浪费。从主观上看，政府所属部门工作大多具有一定垄断性，一方面，政府在提供公共产品与劳务时，利用这种垄断性尽可能降低服务质量，提高服务价格，并在此基础上扩大公共产品生产规模，使得公共部门运转费用大大地超过了社会必须支付的最优成本水平。另一方面，由于政府承担的社会任务较为复杂，他们可以利用其垄断地位封锁部分公共产品生产职能和资源成本等信息，从而使承担制约任务的议员和管理预算的职能部门无法了解真实成本，不能准确评价运行效率，无法行使监督权。三是监督信息不完备。从理论上讲，政治家不能为所欲为，要服从公民代表的政治监督，保证政府部门运行效率，但在现实生活中，监督机构为了执行监督职能而需要的信息是被监督部门提供。这些被监督部门所提供的信息使得监督失去效力，监督者被被监督者操纵。

第四，政府部门扩张。政府部门扩张包括政府部门组成人员的增加和政府部门支出水平增长。政府部门扩张原因有五种：一是政府以供给公共产品和消除外在效应为唯一职能时的扩张；二是政府作为收入与财富的再分配者时的扩张；三是利益集团存在时的政府扩张；四是官僚机构与政府扩张；五是财政幻觉与政府扩张。

第五，政府的"寻租"行为。政府的寻租活动包括政府特许权、政府关税与进出口配额、政府订货。政府的寻租活动所导致的社会资源浪费主要表现为三方面：一是为了获得政府特殊保护，寻租者要花费时间和精力游说，或用礼品和金钱疏通关系。这些对寻租者是极有效率的活动，对社会是没有任何效率的活动；二是政府部门的工作人员为了对付寻租者的游说与贿赂，要付出时间和精力；三是如果寻租行为实现了，相关生产者与消费者将由于政府的干预而付出代价，这种代价之和比寻租者得利之和还高，形成社会福利的净损失。

（2）政府失灵的表现

从政府的角度而言，政府失灵的表现主要表现在三个方面：[①]

第一，政府内生性失灵。政府是公共利益和自身利益的集合体。当公共利益与政府成员的利益对立且政府自身利益占上风时，因公共利益目标的表

---

①　参见王雅莉：《公共规制经济学》，中国商业出版社 2001 年版，第 19 页。

失就形成了内生性政府失灵。

第二，政府外生性失灵。政府行为要通过政府官员的行动实现。在现实生活中因政府工作人员的工作态度、职业道德以及信息和工作能力等方面的原因，也可能形成政府的行为与政府目标不一致导致外生性政府失灵。

第三，政府体制性失灵。政府体制性失灵包括三种情况：一是政府决策体制性失灵；二是政府组织体制性失灵；三是政府时滞体制性失灵。

二、政府结构理论

（一）西方经济学家的政府结构理论

政府分权就是中央政府与地方政府权力结构的划分。这种权力结构划分是政府行为研究中的重要方面。西方经济学对经济发展中政府行为结构研究主要起于凯恩斯主义之后西方经济学从强调政府全面干预演化到强调市场和政府共同调节经济活动的情况。政府结构划分的基本规律是：凡主张经济自由、反对政府过多干预经济的经济学家大多主张给地方政府更多权利；凡主张政府干预的经济学家大多主张由中央政府行使更多权利。西方经济学政府分权理论研究都是在既定的政府结构下对政府之间分权必要性的论述。代表性的政府结构理论有：以足投票理论、最优分权理论、俱乐部理论、分权定理和偏好误识理论。①

1. 以足投票理论

"以足投票"理论是蒂布特于 1956 年在《地方支出的纯粹理论》一文中论述公共产品地方性问题时首次提出的。他认为，许多公共产品，只有居住在特定地区内人才能够享用，个人可以通过移居选择公共产品消费。每个居民都想在全国寻找地方政府所提供的公共产品服务与税收之间的精确组合以便效用最大化。如果在某地发现这种组合的效用最大化，就会在该地定居，否则会移居其他地区。地方性公共产品可以由地方政府按照最小成本提供，

---

① 参见平新乔：《财政原理与比较财政学》，上海三联书店 1996 年版，第 338~352 页。

满足最优配置公共资源的要求。而由于地方之间的相互学习，地方之间的公共产品差别不会长久存在，最终社会福利也就最大化了。

2. 最优分权理论

施蒂格勒在1957年《地方政府功能的有理范围》一文中阐述了地方政府存在的合理性。他认为地方政府存在的必要性是：其一，和中央政府比较，地方政府更接近于自己的公众。因为地方政府比中央政府更了解它辖区内选民的需求与效用。其二，一国内不同的人们有权对不同种类与公共服务进行投票否决，也就是说不同地区有权自己选择公共服务的种类和数量。据此，为了实现资源配置的有效性和分配的公平性，行政级别高的政府对此也许是必要的，决策应该在最低行政水平的政府部门进行。对于解决分配上的不平等与地方政府之间的竞争与摩擦问题，中央政府是适当的政府。

3. "俱乐部"分权理论

"俱乐部"分权理论实际上是在政府分权的前提下，着重讨论地方政府提供公共产品区域规模最优范围，而没有提供地方政府分权的依据。所谓"俱乐部"理论就是把社区比作俱乐部，然后研究在外在因素条件下，分析俱乐部最优规模。一是随着俱乐部接受新成员，俱乐部现有成员所承担的成本就由更多成员承担了，好比固定成本由更多人承担。二是俱乐部新成员进入会产生外部不经济，即新成员加入会使俱乐部更加拥挤，设施更加紧张。于是，一个俱乐部的最优规模就是外部不经济所产生的边际成本（拥挤成本）正好等于由于新成员分担运转成本所带来的边际节约这个点。

4. 分权定理

"分权定理"理论是奥茨于1972年在《财政联邦主义》一书中为地方政府的分权体制所作出的论证。奥茨假设一定量的公共产品可以由中央政府或地方政府提供，收入分配在全社会已经最优了。那么，通过比较后，他认为当资源配置处于社会福利最优时，让地方政府按帕累托有效的产出量提供公共产品给各自的选民，总是比由中央政府向全体选民提供任何特定的并且一致的产出量有效得多。

5. "偏好误识"理论

"偏好误识"理论是特里西在不确定性的前提下针对地方政府分权所提出

的理论。"分权定理"、"最优分权"理论、"俱乐部"分权理论都是设想中央政府是对社会全体公民的消费偏好了解准确无误的全知全能的政府。如果社会的信息完全、经济活动是完全确定的，由中央政府或地方政府提供一个特定数量的公共产品是无差别的。但现实社会中的信息是不完全的，社会经济活动也是不确定的。假定中央政府了解的公民的消费偏好是随机的，不清楚的，而地方政府相当了解本地居民的消费偏好，那么，由中央政府提供公共产品不能够达到社会福利最大化，而由地方政府提供公共产品却可以达到社会福利的最大化。

（二）马克思主义创始人的政府结构理论

马克思主义创始人在论述国家起源时就已经对对未来社会的政府结构做出了粗线条式描绘。国家和旧氏族不同的地方，就是它按地区来划分它的国民，并允许公民在他们居住的地方实现他们的公共权利和义务。按照居住地组织国民的办法是一切国家所共有的，① 所不同的是地方与中央权力的划分。未来社会实行全社会共同占有，由社会中心统一管理社会生产与分配，但全国统一并不排斥地方必要的权力。把权威说成是绝对坏的东西，而把自治说成是绝对好的东西，这是荒谬的。权威与自治是相对的东西，他们的应用范围是随着社会发展阶段的不同而改变的。②

基于这种认识，恩格斯提出了需要单一的国家观点。但单一的国家并不是像现在法兰西共和国那样的共和国，现在的法兰西共和国同 1798 年建立的没有皇帝的帝国没有什么不同。从 1792~1796 年，法国的每个省、每个市镇，都有美国式的完全自主权，这是我们应该有的。至于应当怎样组织自治和怎样才可以不要官僚制，这已经由美国和法兰西第一共和国给我们证明了。省（省或区域）、县和市镇通过由普选权选出来的官吏实行完全的自治；取消由国家任命的一切地方的和省的政权机关。③

列宁和斯大林在社会主义建设的实践中具体地实行了马克思主义创始人关于国家分权思想。列宁指出：社会主义建设要实行民主集中制。民主集中

---

① 参见《马克思恩格斯选集》第 4 卷，人民出版社 1972 年版，第 166~167 页。
② 参见《马克思恩格斯选集》第 2 卷，人民出版社 1972 年版，第 553 页。
③ 参见《马克思恩格斯全集》第 22 卷，人民出版社 1972 年版，第 275~276 页。

制绝不排斥自治制和联邦制，同时也丝毫不排斥各个地区以至各个公社在国家生活、社会生活和经济生活方面采取各种形式的完全自由……真正的民主集中制……就是不仅使地方的特点，而且使地方的首创性、主动精神和各种各样达到总目标的道路、方式和方法，都能充分顺利地发展。① 斯大林指出：必须使中央政权掌握全国一切重要职权，而把纯系地方性的主要是行政、政治、文化方面的职权交给地方机关，② 不这样做，不把中央的利益同地方的利益结合起来，我们就不能解决发挥建设主动性的问题，就不能解决我国经济普遍高涨的问题，不能解决尽快地实现国家工业化的问题。③

三、现实经济运行中政府行为的界定

在自由市场经济条件下，政府是经济发展的"守夜人"，经济发展依靠市场机制的自行调节而实现。20 世纪 30 年代大危机证明市场机制的有限性后，政府干预经济的确推动了经济的繁荣，但政府也不是万能的，政府也有失灵问题。所以，现代市场经济发展中市场与政府关系的处理就显得相当重要。在现代市场经济运行下，关于市场与政府关系研究方面所取得的一致性结论就是：市场不是万能的，政府也不是万能的；实行政府行为的有限性，发挥政府行为的有效性。

（一）有限—有效政府行为

市场机制调节经济运行成功是以市场信息完全、市场价格充分弹性、生产要素自由流动、生产交易成本低廉或可以忽略不计等为前提的。而现实的市场经济运行并不能提供这些条件。所以，完全的市场调节存在市场失灵。然而，市场失灵并不意味着对市场机制的否定，相反，它在一定程度上为矫正市场失灵提供了理论支点。政府失灵也从另一个方面印证了不能否定市场

① 参见《列宁全集》第 27 卷，人民出版社 1974 年版，第 190 页。
② 参见《斯大林全集》第 4 卷，人民出版社 1953 年版，第 81~82 页。
③ 参见《斯大林全集》第 7 卷，人民出版社 1953 年版，第 261 页。

机制对经济运行的调节作用。政府干预不仅不会纠正市场失灵，反而很可能还会导致新的政府失灵。这说明：市场机制调节经济运行仍然有效，政府干预经济运行也有边界。

1991 年世界银行提出了政府干预经济运行只有在市场能够产生"友善作用"的情况下才是有益的。对市场友善干预的原则包括：不做主动干预，除非干预能够产生明显的良好效果，否则就让市场自行运转；把干预持续地置于国内外市场的制约下，确保干预不致造成相关价格的过度扭曲，如果市场干预显示干预有误，则应该取消干预；公开干预，使得干预置于制度的规范约束下，而不是置于个人或官员的好恶判断下。这种有限政府行为就是市场经济的重新表达。这种重新表达就是有限—有效政府。政府行为既要有限，又要有效。

所谓有限—有效政府就是指政府在最大限度地利用市场机制，能够防止市场失灵的同时，又防止政府失灵。因此，有限—有效政府的行为就是利用市场机制时纠正市场失灵，利用政府干预时防止政府失灵。有限—有效政府的行为范围包括：

1. 纠正市场机制完善条件下市场机制自身固有的市场失灵

人类经济活动实践表明，市场机制是配置经济资源速度最快、费用最低廉、方式最简单的手段。从这个角度讲，最合理利用市场机制的政府是最有效率的政府。但在最完善的市场经济运行中，市场机制也会失灵。市场机制自身固有的失灵主要包括了公共产品供给、外部性、自然垄断和寡占市场、信息不完全或不对称、社会公平和宏观经济稳定等方面。这又说明，纠正市场机制失灵是有效政府的职责。因此，完善的市场机制下，有限—有效政府行为首先是纠正市场机制自身固有失灵的领域。

2. 纠正市场机制不完善条件下市场失灵

市场机制的完善程度直接决定了市场机制的有效性。如果市场机制不完善，市场机制所固有的调节经济运行的一系列功能就不能得到有效发挥。因此，依靠市场机制调节经济运行，必须首先完善市场机制。

3. 依据成本—收益原则，界定政府行为

无论是完善的市场机制，还是不完善的市场机制，都存在市场失灵。政府也的确能够在一定程度上纠正市场失灵。但政府在纠正市场失灵方面并不是万能的。有的市场失灵政府可以纠正，而有的市场失灵政府是无能为力的。如果政府纠正其不能纠正的市场失灵，政府行为就是失灵的。此时的政府失灵的危害可能甚于市场失灵。政府纠正市场失灵的目的无非是通过政府行为提高配置资源效率。政府在纠正市场机制配置资源时也是有成本的，尽管政府行为成本不易准确计量。所以，政府纠正市场失灵要根据成本—收益原则进行。政府该纠正且能够纠正的市场失灵就纠正，只要政府纠正行为的成本小于纠正收益，政府就应该纠正。否则，政府不能纠正，或政府纠正的成本大于纠正收益的，就不应该勉强纠正。

（二）提高有限—有效政府行为的路径

一个合理的政府首先是有限政府，有限政府是有效政府的前提。政府行为范围与政府能力是对应的。不是在有限能力范围内的政府是不可能做到有效的。因此，无论是从有限还是有效入手对有限—有效政府行为的界定，都涉及到政府能力的强弱与政府行为一致性的问题。按照政府行为能力由强到弱，政府行为相应顺序是核心行为、适度行为和积极行为，除非特殊情况，政府行为不应该贸然进入微观经济活动。[①] 提高有限—有效政府行为效率的路径有以下几个方面：

1. 完善有限政府行为的法律体系，界定政府行为边界

市场经济是法制经济。法律许可的范围是市场主体行为的界限。政府是市场经济活动主体之一，政府行为也应该在法律许可的范围内进行。所以，市场经济运行中实现政府行为的有限性，首先要对政府行为立法，以法律确定政府行为的边界。任何政府行为都必须在法律许可的范围内进行。政府不能做出超出法律规定的行为，不能作出法律禁止的行为。其次是政府行为要符合法律程序。法律对政府行为范围做出了明确的界定。政府在这些界定内的行为还要符合法律程序。该集体决策的行为必须集体决策，该在一定时期

---

① 参见胡家勇：《一只灵巧的手：论政府转型》，社会科学文献出版社 2002 年版，第 30 页。

内必须做出的决策就必须在法律规定的期限内作出。否则，政府行为界限虽然合法，做到了有限行为，但行为缺乏效率。因此，在法律许可的范围内，严格按照法律规范作为或不作为，既包括政府行为的界限，也包括行为的期限，是政府行为界限与期限的统一。

2. 落实责任制度，提高政府行为的质量和效率

政府行为也是市场经济主体行为。市场经济主体行为的质量和效率是与其决策责任紧密相关的。如果决策行为与决策责任脱钩，一是政府行为就难以保证在法律规范之内；二是难以保证政府行为的质量和效率。因此，提高政府行为质量和效率除了要求政府行为符合法律规范之外，政府行为责任也是不可缺少的重要环节。另外，政府行为的责任制度也是实现权利与义务公平性的客观要求。市场经济行为主体的行为权利与责任是统一的。没有没有责任的权利，也没有没有权利的责任。因此，如果政府行为失误，政府决策领导者要承担其政治责任、行政责任和刑事责任。没有严格的政府行为责任制度，就很难提高政府行为的质量与效率。

3. 强化监督机制，规范政府行为

市场机制的有效性、政府能力的有限性都决定了政府行为的范围是有边界的。但政府是一个特殊的市场经济主体。从理论上讲政府能够代表社会公共利益，其行为应该体现法律规范性和效率性。但通过政治家行为体现政府行为的机制就不一定能够保证政府行为总是体现合法性、公正性、效率性。所以，有必要对政府行为进行监督。对政府行为监督与政府行为的合法性和效率性是一致的。只有强化对政府行为的监督，才能保证政府不该管的不管，该管的不仅必须管，还要管好。

第三章 经济发达国家农业经济转型与政府行为之关系

农业经济转型中政府的调控行为具有客观必然性。农业经济领域内政府行为的过程包括了两个主要环节：一是政府在综合各方面利益的基础上，根据政府行为的目标确定政府行为；二是在所选择的政府行为合法化后，组织政府行为的实施。

一、农业经济转型中政府调控的必要性

（一）农业在国民经济中的地位和作用

1. 农业在国民经济中的基础地位

农业的产值比例和就业比例与社经济发展水平成反比关系表明农业的相对份额在下降，但这种相对份额的降低并不就否定农业在国民经济中的基础地位。农业的基础地位主要表现在三个方面：

（1）农产品生产是人类社会生存和发展的基础

农业是人类通过培育动植物生产以取得农产品的社会生产部门。它是人类为了生存和发展而在同自然界长期交往实践中逐渐形成和发展起来的最古老产业。这个最古老的产业为人类提供了最基本的生存资料。农业是人类生存的基础，更是人类发展的基础。在农业提供的剩余产品出现了以后，人类社会也才形成了社会分工，从事政治、文化等活动，从事非农业生产活动。超过劳动者个人需要的农业劳动生产率，是一切社会的基础。[①]

---

① 参见马克思：《资本论》第3卷，人民出版社1975年版，第885页。

（2）农业产业发展是国民经济基础

首先，农业部门革命是整个经济工业化的基础，即工业革命依赖于农业革命先期或同期发生。[①] 在工业革命前，农业是国民经济中主导产业。没有农业生产率的提高所引起的农业革命，就没有工业革命。18 世纪英国在工业革命前，由于农业生产耕作方式的改进，使得英国农业单产水平比法国高出 1 倍。正是农业革命才使得英国成为世界上最早实现工业革命的国家。日本也是在发动了三次农业革命后工业革命才顺利进行下去的。

其次，农业部门依然是工业化国家国民经济其他部门存在和发展的基础。工业革命后，随着第二产业，尤其是第三产业的广泛发展，在经济发达国家的国民经济构成中，农业经济所占的就业比重和产值比重逐渐递减，但农业部门依然是这些经济发达国家国民经济其他部门存在和发展的基础。从 1950 年以来到现在的美国经济现代化阶段被称为"新时代经济"。在新时代经济中，农业产业的产值构成在 1950 年是 7%，1980 年是 1.36%，2000 年是 1.95%。农业产值比例已经非常小，但美国政府和社会对农业的重视程度越来越高。其突出表现就是政府农业补贴数量的增加、农业科学研究投入以及农业政策和法律的不断修订与完善。美国政府和社会重视农业的主要原因：一是国内人口需要的食品依赖进口不可靠、影响其国际社会中的支配地位；二是美国的食品加工业占工业相当比例。如果农业出现问题，不仅食品工业要发生危机，占全社会总就业 14.2% 的劳动力就会失业。因此，美国经济进入新时代后，农业依然是重要的物质生产部门，是国民经济的基础。[②] 越是经济发达的国家，农业经济发达程度也越高。也就是说，发达国家并没有因其经济发展已经现代化而忽视农业经济发展。农业经济与非农业经济保持着同方向发展。在世界上经济最发达国家里，农业经济也往往是世界上最发达的。

（3）农业经济的波动引起国民经济波动

在经济发展的过程中，农业远非一个被动的、辅助性部门，而是起能动

---

① 参见李成贵：《中国农业政策——理论框架与应用分析》，社会科学文献出版社 1999 年版，第 29~30 页。

② 参见刘志扬：《美国农业新经济》，青岛出版社 2003 年版，第 14、21~22 页。

作用和主导作用的部门，即农业经济的增长或衰退对国民经济的扩张具有强烈的诱导或制约作用。这种诱导或制约作用集中表现为农业的波动是整个国民经济波动的起点和根源。

关于农业经济波动与国民经济波动之间的内在关系，保罗·贝罗赫1974年对40个发展中国家1950~1970年间工农业增长率变化的比较研究中得出结论：工农业增长的相关性很强。农业的每一次衰退后，紧接着就是制造业的衰退，每次农业增长的加快也能够带动工业的快速增长。在大多数情况下，农业与制造业变化的时间大约是1年。[1]

2. 农业在国民经济中作用

农业对国民经济发展中的作用是通过其贡献体现的。农业部门的贡献包括产品贡献、劳动力贡献、资本贡献、市场贡献以及环境产品贡献等方面。

（1）"四大"贡献

农业部门为社会经济发展的贡献包括产品贡献、市场贡献、劳动力和资本等生产要素贡献和外汇贡献。[2] 产品贡献就是农业经济为国民经济提供产品：为国民生活消费提供食品，为工业生产消费提供原材料。市场贡献就是农业经济活动扩大了国内市场规模：一是农业为社会提供农产品；二是农民生活和农业生产对工业产品的需求。要素贡献就是农业资源：劳动力和资本向非农业部门的转移。外汇贡献就是农产品出口为国内工业资本品和原料的进口提供大量外汇。农业经济发展对工业发展的促进或制约可以通过农业部门的粮食贡献变化得到反映。[3]

图3-1代表农产品市场及其变化。该图表明：在经济发展的初期，粮食供求在 A 点均衡。此时的粮食价格是 P_0，粮食供给量是 Q_0。随着工业化的发展，社会对粮食需求增加。在该图中表示为需求曲线的位移，即从 D_0 增加到 D_1。但由于传统农业技术落后，生产效率低，加之政府对农业投入支持弱，

---

① 参见李成贵：《中国农业政策——理论框架与应用分析》，社会科学文献出版社1999年版，第29~30页。

② 参见［印度］苏布拉塔·加塔克：《农业与经济发展》，华夏出版社1987年版，第26页。

③ 参见于同申：《发展经济学》，中国人民大学出版社2002年版，第271~273页。

农产品供给增加小于需求的增加，即从 S_0 增加到 S_1。这样，由于农产品供给的增加小于需求的增加，粮食的市场价格就从 P_0 上升到 P_1。粮食的市场价格上升对工业部门的影响可以通过图 3-2 的农产品市场价格变化对工业部门劳动力价格影响得到说明。

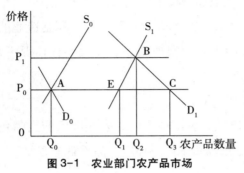

图 3-1　农业部门农产品市场

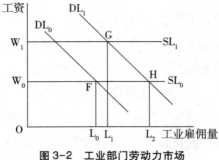

图 3-2　工业部门劳动力市场

随着工业化的推进，因工业部门的资本和其他资源投入的增加对劳动力需求也会相应地增加。在图 3-2 中就是劳动力需求曲线从 DL_0 增加到 DL_1。按照刘易斯的传统农业劳动力供给无限弹性的假设，劳动力供给曲线是水平线。又由于传统农业中大量剩余劳动力存在，劳动力市场价格处于生存工资水平。劳动力生存需求是粮食需求。所以，劳动力市场价格与粮食市场价格是对应的。图 3-2 中劳动力供给曲线 SL_0 是按照生存工资 W_0 确定的劳动力供给曲线（W_0 与图 3-1 中的粮食价格 P_0 是对应的）。如果粮食市场价格从 P_0 上升到 P_1，劳动力市场价格也从 W_0 上升到 W_1。粮食价格上升后对工业部门的影响就是：随着粮食价格上升导致工资成本上升，工业利润相应地减少。工业利润减少极大地降低了工业投资动力以及由此而引起的投资数量，最终使得工业化停滞。在工业化的初期，工业部门按照 W_0 的工资水平雇佣 L_0 数量的劳动力，工业部门的利润是 SL_0 与 DL_0 同纵轴围成的面积。如果有利润，工业部门会增加投入扩大再生产，劳动力需求曲线也就从 DL_0 增加至 DL_1。再假设粮食市场价格不变，劳动力工资维持在 W_0 水平上，那么，劳动力需求数量就是从 OL_0 增加到 OL_2，工业利润扩大到 SL_0 与 DL_1 同纵轴所围成的面积。新利润会促进工业部门的继续扩大再生产。如果粮食市场价格上升，引起工资与粮食市场价格的同步上升，那么，劳动力供给曲线就从 SL_0 上升到 SL_1，工业部门雇佣的劳动力数量就从 OL_2 下降到 OL_1，工业利润减少了 GHW_0W_1。工业利润减少会使得工业部门投入下降。因此，粮食市场价格上升，工资成本增加，工业利润下降的最终结果就是导致整个工业化的停滞。为了保持工业化进程不因粮食市场价格上升而引起的停滞，一是进口粮食，保持粮食市场价格维持在 P_0 的水平。这要花费大量外汇，降低发展中国家购买国外技术设备能力；二是政府干预粮食市场，采取强制手段人为地压低粮食价格。这会极大地挫伤农民生产积极性，降低农业生产率；三是推进农业技术进步，提高农业生产率，增加粮食供给 Q_1，Q_3，维持粮食市场价格在 P_0 的水平上。在满足工业化对劳动力需求数量的同时，又没有提高劳动成本，保持了工业利润，工业化进程不受任何影响。所以，农业发展是工业化的基础和前提。要顺利地实现工业化，首先必须保持农业经济的稳定和同步发展。

（2）农业的环境产品贡献

农业产业活动在提供物质产品的同时，也在不断生产着供人类生活需要的各种环境产品：净化空气、提供养分以及舒适的自然环境等。

正是农业经济的这种特殊地位，无论是经济高度发达的国家，还是经济欠发达的国家，农业经济发展始终都处于政府的有效影响之下，不存在完全市场调节的农业经济。任何一个国家政府都以经常性的积极关注确保农业经济平稳运行。

（二）农业的产业特征

1. 农业生产的自然弱质性与政府保护的必要性

农业生产一方面是农业生物体在自然力作用下生长、发育和繁殖过程；另一方面又是农业劳动者以动植物生长为对象的劳动过程。因此，在农业上，自始至终都有自然力的协同作用，一边是人及其劳动，另一边是自然及其物质，没有自然的赐予，自然力的作用，就没有农业。[①] 这就说明了农业生产对自然条件的依赖性。近代工业革命以后的农业也工业化了。尽管农业工业化

---

① 参见《马克思恩格斯全集》第 9 卷，人民出版社 1972 年版，第 347 页。

极大地放大了人类控制自然的力量，但自然条件依然在很大程度上影响农业生产活动。自然条件变化是难以预测的，甚至有的自然灾害又是不可抗拒的。农业生产活动的效果在很大程度上取决于自然条件。一旦自然环境恶化，农业生产活动效果就大受影响：轻则减产，重则绝收。发生自然灾害后，如果政府不对农业生产活动予以一定的支持，不仅是农业简单再生产恐怕都难以进行，这种风险会波及到其他产业、整个社会。如美国 20 世纪 20 年代末的大危机，一般认为就是从农业危机开始迅速地扩展到金融业后再波及全社会的。除一些特殊部门外，非产业生产虽然也在一定程受到自然条件影响，但影响的程度却没有农业领域这样严重。非产业受到的自然影响一般也不会波及到全社会。农业生产活动所面临的自然风险发生率难以准确地预计，风险发生中也没有有效的抵御方法。农业生产的自然弱质性决定了政府对农业生产要予以特殊的关照。

2. 农业生产活动中的市场失灵与政府管制

农业生产活动是利用各种生产要素投入形成各种农产品的过程。就农业生产活动的这两个方面与市场机制调节作用而言，市场机制对农业生产要素调节和农产品调节都存在着市场失灵现象。

一是农产品供求关系对农业生产调节的失灵。根据产品的替代性程度以及用途，与一般商品需求比较，农产品属于需求价格弹性缺乏和需求收入弹性缺乏的商品（见表 3-1）。农产品需求弹性缺乏表明价格机制对农产品需求调节作用是有限的。

表 3-1 日本、韩国和台湾粮食需求的价格和收入弹性（1981~1990 年）

项　目		日　本	韩　国	中国台湾
收入弹性	大米	−0.22	0.05	−0.10
	小麦	0.14	0.10	0.20
	粗粮	0.96	0.51	0.70
价格弹性	大米	−0.23	−0.18	−0.20
	小麦	−0.60	−0.36	−0.36
	粗粮	−0.60	−0.22	−0.70

资料来源：［澳］基姆·安德森、［日］速水佑次郎：《农业保护的政治经济学》，天津人民出版社 1996 年版，第 186~190 页。

从表 3-2 中的日本、韩国和中国台湾的大米、小麦和粗粮的短期和长期供给价格弹性变化趋势看，农产品属于供给价格弹性缺乏的产品。1985~1994年我国的粮食供给价格弹性 0.364 也验证了这个结论。[①] 在农产品缺乏供给价格弹性的条件下，农业生产活动与农产品市场价格之间的变化关系形成了农产品供给二元性的逆价格反映现象。

表 3-2　日本、韩国和中国台湾粮食供给价格弹性（1981~1990 年）

国家或 地区	长期供给弹性			短期供给弹性		
	大米	小麦	粗粮	大米	小麦	粗粮
日本	0.5	0.6	0.6	0.2	0.3	0.3
韩国	0.14	0.45	0.5	0.1	0.3	0.14
中国台湾	0.14	0.45	0.5	0.1	0.3	0.25

资料来源：［澳］基姆·安德森、［日］速水佑次郎：《农业保护的政治经济学》，天津人民出版社 1996 年版，第 186~190 页。

在完全竞争的市场条件下，当农产品价格上升时，农业生产遵循供给法则，农业生产规模扩大，农产品的产出量增加；当农产品价格下降时，农业生产不遵循供给法则：农业生产规模减少的很少甚至是不减少乃至增加。在农产品价格下降后，农业生产规模并不缩小的原因是"踏轮效应"，即在农业生产收入＝产量×价格条件下，如果农产品市场价格下降，农业生产者收入维持或增加只能依靠产量的增加。这样，在农户为了获得稳定的农业生产收入动机下，农产品市场价格变化对农业生产规模的调节作用是有限的，甚至是无效的。图 3-3 所表示的农产品二元供给曲线具体地表明了农产品市场价格变化对农产品供给变化的影响过程。

当农产品市场价格从 P_0 上升至 P_1 时，根据供给定理，农产品供给量从 OQ_0 变化为 OQ_1。因为农产品供给量的上述变化，可以使得农产品收益从 OP_0AQ_0 增加 OP_1BQ_2。当农产品价格从 OP_1 下降为 OP_0 时，农户为了使得收益维持在 OP_1BQ_2 的水平，农户必须把农产品供给数量从 OQ_2 增加到 OQ_3（设图 3-3 中的 OP_1BQ_2 与 OP_0CQ_3 的面积相等）。这样，农产品市场价格变化

[①]　参见隆国强：《大国开放中的粮食流通》，中国发展出版社 1999 年版，第 52 页。

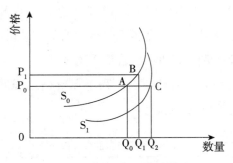

图 3-3　农产品二元供给曲线

时，农产品供给量出现了二元性：当市场价格上升时所引起的农产品供给量符合供给定理，当农产品市场价格下降时，那些产品供给量违背供给定理。图中的曲线 S_0 是农产品市场价格上升时的供给曲线，S_1 则是农产品市场价格下降时的农产品供给曲线。

二是农产品市场供求关系变化对农业生产要素投入调节失灵。农产品市场价格变化对农业生产要素调节失灵的关键在于农业生产要素供给调整的"黏滞性"。农业生产要素的"黏滞性"就是指农产品市场价格变化对农业生产要素调节的"沉淀成本"。这种"沉淀成本"具体表现为：当农产品市场价格上升时，会吸引和刺激农业生产要素投入；当农产品市场价格下降时，由于受到农业生产要素用途的限制或者是由于农业生产要素机会成本的偏低，使得农业生产要素转入非农业不可能或者是经济上不必要。农业生产要素的"黏滞性"只是表明了市场机制调节农业生产要素存在一定的时滞，并不是说农产品市场价格变化对农业生产要素投入没有任何影响。所以，农业生产要素的黏滞性表明了市场机制自动调节农业经济活动能力的有限性和市场机制的缺陷性。

3. 农产品的公共性与政府调控作用的必要性

农业经济活动的首要职能是提供充足的农产品以满足人类生存和发展的需要。尽管人类认识世界和改造世界的能力有了突破性进步，但人类生存需要的产品依然主要依赖于农业。一个国家农产品供给数量和质量不仅直接决定着这个国家人民生活水平提高的程度，也直接决定着这个国家政治上的稳定和独立。所以，农业生产不单单是农民的生计问题，也是独立社会安全体系的重要组成部分，尤其是国家粮食安全的核心问题。尽管农业产业属于竞争性产业，农产品也不具有消费上的完全非竞争性和完全非排他性，但从一个国家的角度看农产品消费，尤其从政府责任的角度看农产品消费，农产品则除了具有竞争性产品特点外，还具有社会公共产品的属性。农产品的公共性在不同的国家是有所区别的。从农产品安全的角度看，农产品供给数量充足国家政府关注农产品的公共性重点在于农产品的质量安全方面；农产品供给数量约束国家政府对农产品公共性关注的重点则集中在农产品供给数量的安全和质量安全两个方面。因此，无论是发达国家政府，还是欠发达国家政府，农业经济都不是完全的市场机制调节领域，政府对农业经济活动都予以特别的关注。市场经济越是发达的国家，政府出于政治经济利益的考虑，对农业经济活动的影响越突出，所采取的影响措施也越复杂。

4. 农业生产活动的外部性与政府宏观调控与管制的必要性

农业产业首先源自于人类生存和发展所需要的食品俱给。农业产业提供农产品的经济功能是任何其他部门都无法替代的。随着人类社会的不断进步，人类对农业经济活动的功能要求和认识也在不断地进化。这种进化就是农业经济活动的功能已经从提供农产品的最原始的经济功能逐渐地发展为经济功能、生态环境功能、社会生活和文化功能为一体的具有多元功能的产业。农业经济活动的经济功能主要是为社会提供充足的农产品，从而提高人民生活水平，促进社会就业。农业产业在提供农产品的同时，还在保护国土和生态环境：对水资源的涵养和土壤保护，防洪，储备地上和地下水；净化空气和水质量，防止噪音和臭味；提供自然景观等。农业的社会生活或文化功能则是指农业经济活动具有的消除社会单一性和不稳定性，保持世界多样性、创造性和永续性、提供社会交流和有利于身心健康的休闲空间、培养国民的创造性、教育以及市民人性回复等功能。农业产业的生态功能和社会生活或文化功能都属于农业产业经济功能的正外部性表现形式。

农业产业的这三种功能彼此之间并不完全一致，存在着对立性。在这三种功能中，对农业生产者具有直接意义的是经济功能，即追求更多的农产品产量。生产的农产品数量越多，经济收入或者生活水平的提高也就越有保障。但农业产业追求经济功能时可能影响了其他功能的发挥，形成农业经济

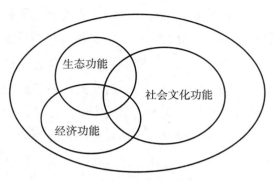

图 3-4 农业产业的功能结构

活动的负外部性。追求农产品产量中的过度施用化肥、农药污染了土壤、空气和水质，甚至灭绝了一些动植物，破坏生态平衡；大量农药使用污染了农产品，危害人类身心健康；过度的森林砍伐和放牧破坏了自然资源，加剧地球温室效应；地下水过度使用引起盐害；掠夺经营引起土壤流失和地力下降等。① 如果农民不使用化肥、农药，其收入就可能减少。随着人类社会的发展和进步，人类对农业产业的生态和社会生活和文化功能需求日益突出。因此，欧盟、日本等经济发达国家的政府为了充分发挥农业产业的生态功能、社会生活和社会文化功能，不仅以农业多功能性为依据实施本国农业保护，还制定了许多措施鼓励扩大农业产业的正外部性扩张和抑制农业产业的负外部性蔓延，实现农业产业的经济功能、生态功能、社会生活功能和文化功能的高度统一。

二、农业经济转型中政府行为的确定

（一）政府行为目标

农业经济发展中政府行为的必要性源于农业经济在国民经济中的地位、作用及农业经济的产业特征。在部分经合组织国家所公布的 11 项农业政策目

———————

① 参见〔日〕福田修：《农学原论》，中国人民大学出版社 2003 年版，第 90~91 页。

标选择中，前5位的顺序依次是：农业效率与竞争力、食品伝给、公平和满意的农民生活、稳定国内农产品价格、维持健康的农村社会和公平的消费价格等。① 虽然这些目标的权重在不同国家不一样，但这种目标选择的确是农业经济运行中政府行为目标选择偏好显示的大体框架。

1. 农产品供给目标

无论对经济发达国家还是对经济欠发达国家而言，农产品供给安全是农业经济活动的首要目标。社会为小麦、牲畜等等所需要的时间越少，它所赢得的从事其他生产，物质的或精神的生产的时间就越多。② 农产品供给安全依赖于农业生产率的高低。农业生产率的高低可以通过全部生产要素生产率、土地生产率和劳动生产率来反映。全要素生产率是农业经济活动中总产出与总投入的比率，它表明了农业生产要素效率和农业技术进步水平。农业劳动生产率是一单位农业劳动投入的产出效率。土地产出率是一单位土地投入的产出效率。农业劳动生产率决定于农业劳动力投入水平、土地投入量以及土地生产率。土地投入的有限性限制了农业劳动力投入的产出水平。1979～1989年间，世界粮食单位面积产量和总产量增长率分别是 2.02% 和 1.79%。而土地生产率对世界粮食增长率的贡献是 113%。③ 这充分说明了，无论是土地资源丰富与否，还是劳动力资源丰富与否的国家，提高土地生产率是保证农产品供给安全的最主要途径。农业技术进步是提高土地生产率的主要途径。所以，不断地促进农业技术进步，进而增加农产品供给能力是农业经济发展中政府行为的着力点。

在维持农产品供给方面，由于发达国家已经从供给数量约束转向了质量需求，这些国家农产品供给安全目标的核心内容已经从农产品的数量安全转为卫生安全，食品添加剂、残留物以及营养方面的关注日益成为农产品安全的重中之重。保证农产品质量安全已经成为经济发达国家政府行为中一项特别重要的职责。虽然农产品供给的数量安全还占据发展中国家农产品供给安

---

① 参见 A. J. 雷纳、D. 科尔曼：《农业经济学前沿问题》，中国税务出版社 2000 年版，第 16～17、28 页。

② 参见《马克思恩格斯全集》第 46 卷上，人民出版社 1975 年版，第 120 页。

③ 参见郭熙保：《农业发展论》，武汉大学出版社 1995 年版，第 184 页。

全目标的很大权重，但这些国家农产品供给安全目标也已经从单纯的数量供给安全转上了数量与质量并重的双重安全轨道。维护农产品的数量与质量安全已是当代世界绝大多数国家政府行为的必然选择。

2. 农民收入目标

由于农业产业的经济效益低和社会效益大特点，美国、欧盟以及 OECD 其他成员国政府虽然进行了削减贸易壁垒、发挥市场机制作用的一系列改革，但政府对农民收入支持依然没有改变。如果说有所改变的话，也只是支持手段选择以及支持力度上的调整而已。政策支持依然构成这些国家农民收入来源的较大比例。OECD 成员国农民收入来源的 35%来源于政府支持，其中，日本农民收入的63%、韩国农民收入的66%来源于政府支持。[①] 农业生产性收入水平的高低，不仅直接决定着农民的生活水平的提高与否以及提高的程度，也直接决定了农业再生产的资本投入能力和对非农业产业产品市场贡献的大小。因此，稳定与提高农业生产收入水平是世界各国政府农业政策选择的相当重要的目标。在政府支持农民收入上，经济发达国家一般把农民的农业生产收入水平维持在与非农业收入水平大体平等的程度上，比如美国的农业生产直接补贴政策的补贴标准就是根据"农民收入平价"原则而确定的；而农产品、尤其是粮食供给安全紧张的发展中国家为了保证粮食供给安全而把农业生产收入维持在不影响粮食生产的临界水平上。但可以肯定的一点是，随着各国经济发达程度的不断提高，尤其是对农业正外部性被认识程度的日益提高，提高农业生产者收入水平在政府农业政策中的地位会日益上升。保证农业生产收入与非农业收入的平等化是各国农业政策选择的最终趋向。

3. 农业经济的可持续发展目标

农业经济活动直接的使用价值就是已经被广泛地认同了的农业经济对整个社会经济发展产品贡献、市场贡献、要素贡献和外汇贡献。农业经济活动在给人类提供生活需要的产品的同时，还能够给人类带来满意的或能够提高生活质量所需要的清洁的空气、美好的自然环境等多方面的使用价值。农业

---

① 参见农业部软科学委员会办公室：《促进农民增收与全面建设农村小康社会》，中国农业出版社 2005 年版，第 111 页。

经济活动的使用价值是由多种使用价值构成的完整体系，即农业经济活动的使用价值=直接使用价值+间接的使用价值+选择价值+遗赠价值。[1] 但农业经济在进入到现代农业阶段以后，为了追求高产出，农业生产中广泛地使用了化肥、农药、薄膜等现代工业品。长期的"石油农业"已经把农业经济发展带入到环境污染与资源枯竭的困境。可持续农业就是人类试图摆脱这种困境的有益抉择。为了实现可持续农业发展战略，世界上最先实现农业现代化的国家政府纷纷通过一定的手段干预农业经济活动，以实现可持续农业发展目标。如美国从 20 世纪 80 年代初期起就已经开始注意农业生产与环境之间协调性问题，并制定了一系列旨在发展可持续农业的耕地、水等自然资源以及生态环境保护的法规和长期计划，2002 年美国新农业法把这种精神体现的更清晰。经济发达国家政府不仅把促进农业经济可持续发展作为农业政策选择的一个重要理论依据，甚至还作为新农业保护主义的理论衣据。

（二）政府行为的领域

人类经济活动所利用的各种经济资源的配置方式有计划配置和市场配置两种形式。计划配置就是依靠计划和行政权力在经济活动主体之间以及生产项目之间分配经济资源。市场配置就是通过市场机制的作用实现经济资源在生产主体之间以及生产项目之间的分配。由于市场配置经济资源的过程中存在市场失灵，因此，市场配置资源中还需要政府行为参与各种经济资源配置过程，纠正市场失灵现象或领域，提高经济资源利用的效率。农业经济属于典型的市场失灵领域，通过政府行为调节农业经济活动中的各种经济资源配置已经成为普遍性现象。根据经济发达国家市场经济运行体制下农业经济发展中政府行为的基本规律，政府行为的领域主要包括农业信息体系构建、农产品市场体系建设和农产品供求平衡机制建设以及发达的农业支持系统建设等。

1. 农业信息体系构建

市场配置农业经济资源分配过程的实质就是市场机制调节农业资源生产

---

① 参见韦苇、杨卫军：《农业的外部性及补偿研究》，《西北大学学报》（哲学社会科学版）2004 年第 1 期，第 149 页。

什么、生产多少和为谁生产这些最基本的问题。市场机制的核心是价格机制。农产品价格直接调节农业资源分配方向和数量。农业经济活动中价格机制配置各种经济资源的过程是：产品供求关系→产品价格→资源配置→产品供求关系→产品价格→资源配置……由于农业生产周期长、农业资本转移"黏滞性"等特点，市场机制调节农业生产具有明显的滞后性，不仅容易出现农业资源利用低效率现象，也影响农业生产的稳定性。收集与发布一切与农业生产有关的市场信息（主要是农产品价格信息），引导农业资源的分配，帮助农业生产者的生产决策与农产品市场需求保持一致就成为了政府稳定农业生产，尤其是提高农业资源利用效率的重要职责和行为领域。

2. 农产品供求平衡机制

农业经济活动的直接目标是提供农产品。对于不同的国家而言，由于农业生产发展水平高低不同，尤其是人均农业资源占有量的不同，农产品供给目标的压力是有很大差异的。一般而言，人均占有农业资源丰富的国家，农业经济问题不是农产品供给压力，而是如何促进本国农产品出口，维护国内农业生产者的经济利益；人均占有农业资源少的国家，尤其是人均占有农业资源少、农业生产发达程度又低的国家，农业经济主要问题就是保证农产品供给安全。由于农业生产受自然因素影响大，生产的波动性明显。一旦出现自然灾害，农产品供给安全就受到威胁，国内社会稳定也因此受到影响。所以，农业生产脆弱的国家政府大多都拨出一定量资金，建立粮食等主要农产品的储备系统，以稳定农产品供求和平抑农产品的价格波动。即使是农产品主要出口国，这些国家的政府也建立了完善的农业储备系统，维护农产品市场价格的稳定与农产品供给安全。

3. 农产品市场体系

市场是生产与消费的纽带或中介，是再生产得以正常进行的基础。"哪里有分工和商品生产，哪里就有市场"。① 因此，农产品市场是农业经济活动市场化的必要前提，也是农业经济活动市场化的必然产物。农业生产物收获具有集中性和容易腐烂的自然特点。这两个自然特点要求发达的农产品市场体

---

① 《列宁全集》第 1 卷，人民出版社 1975 年版，第 33 页。

系为农产品提供便捷、迅速的交易平台，保证农产品以最快的速度实现其价值。另外，农业生产具有区域性特点。集中生产与区域性消费的市场容量矛盾也需要发达的市场体系实现农产品生产与消费的区际平衡。农产品市场还具有信息发布与传递作用。农产品期货市场则有回避市场风险的作用。可见，发达的农产品市场体系建设是市场经济条件下保持农业经济活动稳定发展的必要条件。因此，市场经济越是发达的国家，政府越重视农产品市场体系建设，同时充分发挥政府的宏观调控作用，重视农产品市场体系建设，不仅建设了种类完善的各类现货市场和发达的期货市场等产品市场体系，还形成了规范市场进出规则、市场交易规则和市场仲裁规则，保证了农产品市场管理体系高效运转。

4. 农业支持系统

在农业经济发展不同阶段上，农业投入的来源结构是不同的。传统农业的生产要素投入主要来源于农业部门内部和自然界，而现代农业的生产要素投入大部分都依靠农业外部门。农业外部门对农业的机器投入、化肥和农药投入以及新品种投入能力和规模直接决定了现代农业的发展深度。因此，许多国家为了促进本国农业经济的持续发展，都建立了以扶持农业科研、农业生产资料生产等为重点的农业支持体系，不断地加快农业生产技术进步。政府支持农业发展的体系除了包括农业科研和农业生产资料生产外，还包括了农产品加工支持。农业产品所具有的体积大价值低特性决定了农产品的运输、销售以及储存难度都很大，效率也低。因此，世界上大多数国家普遍通过多种手段支持农产品加工业发展。通过农产品加工，不仅改善了运输和销售效率，也提高了农产品价值，改善了农业经济的比较利益（如美国农产品加工后增值情况：肉类和牛奶是48%，家禽屠宰整理后约是46%，动植物油增值约是68%，果蔬加工后是81%，小麦制成面包约增值85%），扩大了社会就业（美国农产品加工就业占农业就业的60%），① 也提高了食物的安全性。农业经济发达的国家农产品加工业也发达。发达的农产品加工业是这些国家政府长期大力支持的产物。

---

① 参见王文清：《世界各国农业经济概论》，中国农业出版社1991年版，第157页。

（三）影响政府行为的主体结构

农业经济领域内影响政府行为的主体就是所有直接或间接参与农业经济活动的政府行为过程的组织、团体和个人。如果从狭义理解政府，则农业经济领域内政府行为就是所有涉及农业经济活动的政府行政机构及其公务人员履行其职责时所进行的各项活动的总称。如果从广义上理解政府，农业经济领域内的政府行为就是掌握国家公共权利的涉农机构实施其职能所进行的各项活动的总称，包括农业立法行为、农业司法行为和农业行政机关的行为。在了解政府行为的过程中，因要考虑政府行为的合法化的问题，观察农业经济领域内政府行为过程中的主体一定要涉及到国家的立法机关、司法机关和行政机关。另外，政府在实施一些具体的行为时，无论是政府机构，还是政府机构的公务人员，都要受到政府以外的社会组织、社会团体、个人以及大众传媒的影响。因此，尽管不同国家或者一个国家的不同时期政府行为所面临的环境（自然环境和社会经济环境）可能存在着很大差异，农业经济领域内影响政府行为的主体应当是一个包括了社会管理、社会组织、个人和社会舆论等众多因素的结构体系。借鉴美国公共政策研究权威专家詹姆斯·E. 安得森的政策制定者分类，我们可以把农业经济领域内政府行为的主体也划分为官方和非官方两类。[①]

1. 官方政府行为主体

官方政府行为主体就是在一定的政治体制内，依法代表政府作出某些行为的主体。这些官方政府行为主体最突出的特点是掌握国家公共权利，其行为代表了社会的公共法权。官方政府行为主体主要包括国家的立法机构、司法机构、国家行政机关以及执政党，他们直接影响政府行为的决策。

（1）立法机关

立法机关是一个国家的权力机构。西方的立法机构是国会、议会以及代表会议等国家权力机构。立法机构的主要任务是制定法律。立法机构制定的法律不仅规范着政府行为，也把政府行为上升为法律，确保政府行为的权威

---

① 参见詹姆斯·E. 安德森：《公共政策》，华夏出版社 1990 年版，第 44~48 页。

性。就农业经济领域内政府行为与立法机构之间的关系而言，立法机构对政府行为的影响，一是制定宪法和农业经济活动的法律体系，规范政府的行为，把政府行为限制在法律体系所许可的范围内；二是把农业经济领域内的政府行为合法化，通过各种农业法律的形式增强政府行为执行中的约束力。法制越是完善的国家，农业经济中政府行为的法律体系越完善，政府行为都有法律依据，与法律的要求比较，政府行为也越符合法律规范的要求。政府行为立法和农业经济立法不仅已经成为法制完善国家的重要标志，也是保证政府行为效率的重要前提条件。

（2）国家行政机关

政府履行其职能是必须要通过相应的国家行政机关的相关行为实现的，国家的行政机关是政府行为实施的重要载体。在政府全面干预经济生活的时代，行政权力的不断扩大，已经形成了"行政国家"或者"以行政为中心"的现象。在这种历史条件下，国家行政机构以及行政官员对政府行为的影响，一是执行国家权力的行政机构已经拥有了确定政府行为的权力；二是国家行政机构及其领导人还是立法和政策建议的重要来源。他们不仅经常提供法案，还通过各种途径，让立法机关采纳其建议，参与或影响政府行为的择定；三是国家的某些行政部门直接制定某些法规（尤其是行政法规），指导某些领域内的政治或经济活动；四是影响其他国家政府的行为。在发展中国家，决策体制和结构非常简单，这些国家的权力更为集中，主要决策权都掌握在行政部门的手中。① 政府行为受行政支配已经是一种必然的趋势。在政府全面干预经济的时代，更由于农业经济的基础地位和作用以及产业特征所决定的政府行为必要性，国家的行政机关不仅是农业经济领域内政府行为的确定者，也农业经济领域内政府行为的执行者。

（3）司法机关

虽然在不同的国家中作为国家政府重要组成部分的司法机关对政府行为影响的程度不同，但各国的农业经济领域内政府行为选择已经形成了立法、

---

① Yehazkel Dror, *Public Policymaking Reexamined*, Scranton. Pennsylvania: Chandler, 1968, p. 118.

司法和行政相互制约的体制。国家的司法机关已经成为影响政府行为选择的重要力量。司法机关对政府行为的影响是通过司法审查、司法解释以及司法审判来体现的。司法审查就是法院有权审查立法和政府行为是否违宪。如果立法或政府行为已经违宪，这些活动就是无效的。司法解释就是法院对那些表述抽象且容易引起歧义的法规涵义做出解释和规定，使得政府行为更明确化和更具体化。司法审判可以约束政府行为的合法性。司法机关不仅规定了政府不能做什么，能做什么，还能够对政府该做不做行为进行监督，提高政府行为的效率。在法制建设完善的国家中，农业经济领域内政府行为的每一个环节都是在司法机关视野内进行的。政府的行为选择必须通过立法合法化后才能实施，国家的司法解释和司法审判则不仅更明确了政府行为的具体细节，也为提高政府行为效率提供了保证。国家的司法机关已经成为了影响经济领域内政府行为的主要官方主体之一。

（4）执政党

现代国家的政治统治都是通过政党途径实现的。一个政党的政策主张成为政策实践的前提就是这个政党首先取得政权。一旦一个政党取得了政治统治地位，这个政党首先取得了把自己政党的主张优先上升为政府行为的可能性。从这个意义上讲，政府行为更多地体现了执政党的目标追求。政府行为选择就是执政党目标追求的具体体现，执政党对政府行为的选择具有核心影响力。

2. 非官方参与性政府行为主体

影响政府行为的主体除了上述官方主体外，还有一系列能够通过一定方式和渠道，积极地影响政府行为的非官方参与性主体。影响政府行为的非官方参与性主体主要包括利益集团、政治党派、选民（公民）、思想库以及大众传媒等。利益集团、政治党派、选民（公民）个人属于国家法律认可和保护的社会政治权利主体，对政府行为选择更有权利。思想库以及大众传媒等这些社会非政治法权主体对政府行为选择具有相当重要的影响力量。尤其是大众传媒已经成为了独立于立法、司法和国家休整权力机构外的"第四权力"，直接影响政府行为选择的力量越来越大。

（1）利益集团

利益集团就是由有相同利益倾向和共同价值需求的个人所组成的组织团体或组织团体之间的同盟。利益集团的主要职能就是利益聚合，以保障增进利益集团成员的利益为目标。为了保障和增进利益集团成员的利益，利益集团通常会向政府提出要求和愿望以期政府的行为更多考虑本利益集团的利益。虽然现实生活中的政府行为不能够完全符合利益集团理论所主张的政府完全被利益集团所操纵成为利益集团追求本身利益的转移工具，但在政府行为选择的政治市场化条件下，政府行为选择一定要结合利益集团的利益以实现政府的目标。利益集团对政府行为的影响途径包括向政府提供政策建议、舆论宣传以及政治活动。由于在不同国家之间的政治经济和文化发展等方面基础上形成的利益集团的发达程度的差别、不同国家的政治市场化程度的不同以及各国的政治制度和意识形态的差异，利益集团影响政府行为的影响程度是不同的。在政府行为选择高度政治市场化条件下，利益集团发达的国家，对政府行为选择的影响就要大。否则，则反之。利益集团对政府行为的影响程度或影响能力决定于这个利益集团的规模以及这个利益集团所能够支配的各种资源的能力。一个利益集团对政府行为影响的程度大小与本利益集团的规模和所能够支配资源的能力是成正比关系的。根据政府行为是各个利益集团之间政治市场化的结果，利益集团对政府行为选择的影响可显示为图 3-5 所示。

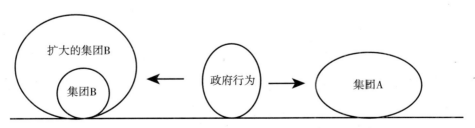

图 3-5 不同的利益集团对政府行为方向选择的影响

农业经济领域内的利益集团主要有农会、农业合作社以及各种农产品生产、流通等领域的联合会等。在西方国家，农业利益集团被认为是组织的最好且对政府行为影响能力最大的利益集团。在英国，超过 80% 的农场主属于全国农民联合会。全国农民联合会在爱尔兰和苏格兰的分会已经成为农业问题上可以胜任的团体。农民联合会在每个问题上有很激烈的看法，各个部门便有义务把它汇报给部长们。① 日本政府对抗美国农业贸易自由化冲击的主要力量源泉就是日本农协的抗争。由于农协强大的力量，任何涉及农业贸易自由化的问题都会自然地转化为日本社会重大的政治问题。2000 年 5 月美国农场局联盟、60 多个农产品协会和 200 多名农民从其自身经济利益考虑在国会山举行的两天游说活动对美国会通过中国"入世"议案具有直接的促进作用。由此可见，利益集团是影响政府行为的特别重要力量。

（2）政治党派

现代社会中的任何一个国家都同时存在着多个政党派别。在多党派的政党制度结构中，占据执政地位的政党是执政党，其余党派就是在野党。尽管执政党比在野党有优势把其政治主张转化为政府行为，但在野党对政府行为也不是没有任何影响。就农业经济领域内而言，首先，在野党对执政党领导下的农业经济领域内的政府行为是一种有力的监督。也就是说，在政治选择的国家中，掌握政府行为权利的执政党要考虑在野党及其所代表的农产品生产者或消费者的利益。其次，在野党可以通过合法的活动以及提出一系列建议，促进有关农业经济议案的通过，也可以通过反对的形式影响农业经济领域内的政府行为选择。

（3）选民（公民）

选民（公民）是影响政府行为的最广泛的非官方参与性主体。政治权利是公民身份的最主要标志。从公民的政治权利讲，公民依法享有参与国家政治生活、管理国家以及在政治中表达个人见解和意见的权利。② 公民的政治权利，既构成了实现人民主权原理及其各种具体的民主制度不可或缺的前提条件，同时又反过来体现了人民民主原理及其各种集体的民主制度的必然要求。③ 可见，只有保障公民享有参与权且能实际行使，人民群众才真正当家做

---

① 参见 A. J. 雷纳、D. 科尔曼：《农业经济学前沿问题》，中国税务出版社 2000 年版，第 16~17、28 页。

② 参见《中华法学大辞典》（简明本），中国检察出版社 2003 年版，第 961 页。

③ 参见许崇德：《宪法学》，中国人民大学出版社 1999 年版，第 159 页。

主了，国家一切权利属于人民的宪法法则也就实现了。公民的政治权利理论说明了公民不是被排除于政府行为之外的，而是影响政府行为择定的主体。现代民主社会中的农民影响政府行为的途径包括：以国家主人的身份通过直接行使政治权利影响政府行为；通过选举自己的议会或者是人大代表方式影响政府行为；通过参加利益集团方式影响政府行为；通过不合作或者利用各种可能的威胁性方式影响政府行为。农民影响政府行为的广泛方式是集体方式，以个体方式影响政府行为的现象比较少见。

（4）大众传媒

大众传媒是主要指人类能够借以表达其思想和意愿、传播各种信息的广播、电视、报纸、信息网等各种舆论工具。大众传媒是现代社会的产物。在现代社会，大众传媒已经成为社会政治化的有效手段，与社会政治结成了紧密的联系。就农业经济领域而言，它对政府行为的影响，一是把农民的意愿及时地传达到社会的各个地方和政府，促进政府行为尽快地符合其意愿；二是通过"焦点效应"把农民的意愿诉求及时、有效地反映到政府行为的决策层，为政府行为的选择提供客观依据。所以，大众传媒已经是现代社会中最直接、最方便的沟通工具，对政府行为过程的影响也越来越重要，被普遍地誉为立法、司法和行政以外影响政府行为的"第四种权力"。所以，从这个意义上讲，农业经济领域内政府行为也必然地要受到大众传媒的影响，大众传媒已经是影响农业经济领域内政府行为选择的一支相当重要的社会力量。

（5）思想库

思想库是由专家、学者和社会贤达所组成的跨学科、综合性的现代政策研究组织。思想库既从事理论研究，也从事应用研究；既关注学术问题，也关注社会问题。思想库的目标除了为政府决策提供依据，为改善政府决策制定方案外，还通过向政府输送官员、甚至直接参与政府行为的决策。思想库已经被誉为生成可靠的、可以被有关部门接受的政策研究成果的主要机构。① 思想库总是站在制定国家政策的最前沿，政府依靠来自思想库的建议进行决策。思想库已经是现代国家政府行为决策链条不可缺少的纽带性环节。② 思想

---

① 参见［美］S.S. 那格尔：《政策研究百科全书》，科学技术文献出版社 1990 年版，第 10 页。

② 参见陈振明：《公共政策分析》，中国人民大学出版社 2003 年版，第 92 页。

库影响政府行为的途径主要表现为：第一，私人企业和私人财团通过基金会为政策研究提供资金支持，形成有关政策方案；第二，思想库把研究出的政策方案转化为可以操作的具体政策；第三，思想库一方面通过大众传媒把已经制定出的政策方案向社会宣传，另一方面把政策方案提交给政府和立法结构；第四，政府分析和综合评价各种政策方案后进行政策选择，最终产生正式的政府行为或法律。①

科学决策离不开科学思想。思想库总是站在国家政策的最前沿。思想库的出现有利于科学决策和民主决策。中外农业经济领域内政府行为选择受思想库影响的事例很多。美国农业部的经济研究局（ERS）聚集了 500 多名从事各专业的研究专家。美国的农业政策正式提出前，ERS 专家设计了多个方案进行决策前的理论研究，为农业政策的科学选择奠定基础。美国所有的农业政策无一例外地要经过专家的论证过程。政府农业政策的选择及其理论依据是专门的思想库研究结果的实际运用。② 思想库已成为经济发达国家农业经济领域内政府行为选择的理论思想的重要来源。

（四）政府行为的确定

政府行为的确定就是政府根据本国农业经济发展所面临的自然环境、农业经济发展现状和未来趋势以及其他的社会经济状况，通过整合各种不同的政策方案所代表的利益目标而确定政府行为的领域以及政府行为的工具选择。根据公共政策过程组成环节研究所提出的政府行为的确定是政府行为过程的首要阶段理论观点，③ 政府行为的选择或确定就构成了观察经济发达国家农业经济领域内政府行为过程的逻辑起点。

1. 政府行为确定的模式

农业经济领域内政府行为的确定就是政府行为的谋划与择定。而农业经济领域内政府行为的谋划与择定的首要问题就是要明确政府应该做什么、能

---

① 参见［美］托马斯·戴伊：《谁掌管美国》，世界知识出版社 1980 年版，第 261 页。

② 参见李向勇：《外国政府如何管理农业》，江西人民出版社 2004 年版，第 35 页。

③ 参见陈振明：《政策科学——公共政策分析导论》，中国人民大学出版社 2003 年版，第 78 页。

够做什么、怎么做等问题。一般而言，在政府行为能力既定的条件下，政府要做什么以及怎么做都是由影响政府行为的主体所决定的，是影响政府行为的主体之间利益综合的产物。由于各个国家政治、经济、文化以及历史传统的差异，在各个国家中影响政府行为的主体对政府行为影响能力上存在很大的区别。对政府行为影响能力大的主体所代表的利益能够更容易地列入政府行为议程，左右政府行为选择的方向或直接表现为政府行为。根据影响政府行为的各主体对政府行为影响程度的差异，可以把农业经济领域内政府行为确定的方式简单地划分为两种模式：外在提出模式和内在提出模式。

（1）外在提出模式

外在提出模式就是指农业经济领域内政府行为的确定主要是根据执政党或政府系统以外的个人、政治组织、利益集团或思想库等非官方主体所提出的主张或者意愿而确定的。不同的个人、政治组织、利益集团以及思想库研究专家等非官方主体因其价值观的不同、所追求的利益不同以及其知识背景的不同，他们对农业经济领域内重要问题的认识及认识程度存在区别。这些非官方主体会根据其认识对农业经济领域内政府行为的趋向以及手段的选择提出自己的意愿和主张，并要求政府行为选择尽可能地符合其意愿和主张，实现其潜在利益的最大化。为了让政府行为选择符合其意愿和主张，这些非官方主体会通过单独的或联合行动，利用游说、宣传、助选以及抗议等等各种途径向政府诉求其意愿和主张，并把这些意愿和主张转化为政府行为。非官方主体、政府系统之间进行的政府行为选择所形成的政府行为外在提出模式的基本步骤：第一，政府系统外和执政党外的非官方主体向政府行政机构或者国家的立法机构提出农业经济领域内的政府行为选择的意愿和主张。第二，政府行政部门对代表各利益集团的政府行为选择主张进行比较分析和选择后提交立法机构审议。第三，立法机构对政府行为选择通过合法化的形式确定。政府行为确定的外在提出模式具体过程如图3-6所示。

（2）内在提出模式

内在提出模式就是农业经济领域内政府行为的确定是由执政党或政府系统内部的官方主体根据农业经济发展所面临的自然和社会经济环境确定政府行为选择的趋向以及政府行为手段的选择。由于各国的政治体制、社会经济

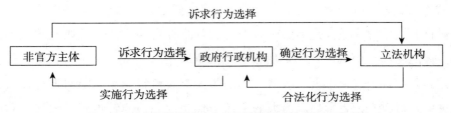

图3-6 农业经济领域政府行为外在提出模式的确定过程

发展水平以及文化传统的差异，农业经济领域内政府行为确定的内在提出模式可能是由执政党领袖或者领导集体首先提出，也可能是政府内部农业经济管理机构首先提出，再经过法律程序把政府行为选择合法化并予以实施。农业经济领域内政府行为内在提出模式的基本过程如图3-7所示。

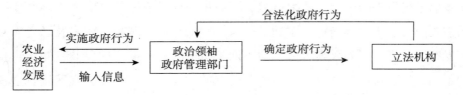

图3-7 农业经济领域内政府行为内在提出模式的确定过程

（3）政府行为确定模式的比较

第一，无论是内在提出模式还是外在提出模式，政府行为最终决策主体都是政府，但外在提出模式与内在提出模式比较而言，政府内部和政府外部力量对政府行为确定的影响程度有重大区别。外在提出模式中政府行为的确定主要是外力驱动的产物，政府外部力量对政府行为选择具有决定性的影响；而在内在提出模式中政府行为的确定中，虽然政府行为的确定也需要考虑政府外部的力量，但政府外部力量对政府行为选择并不具有决定性的影响，政府内部因素则是影响政府行为选择的决定性力量。由此可见，在农业经济中政府行为确定的两种模式中，如果农业利益集团有足够力量影响政府行为选择，那么，外在提出模式更有利于维护农业利益集团的经济利益。

第二，为了便于理论分析，根据农业经济领域内政府行为确定的最初提出者不同，我们把政府行为确定划分为外在提出模式和内在提出模式两种。由于现代社会的政府行为确定采取了广泛授权这种普遍形式，更由于农业经济领域问题的专门化以后，农业生产空间分布广泛导致收集农业信息相对困难，收集成本高；农业生产的长周期性使得农业信息反馈滞后。这样，农业经济管理机构就相对地获得了影响政府行为确定的更大能力。执政党的领袖人物提出的农业经济领域内政府行为选择所依据的信息也是依赖于他们。所以，农业经济行政管理机构具有确定该领域内政府行为所需要的比较完备的知识和信息优势，决定了他们自然要成为农业经济领域内政府行为的初步设想提出者以及各种农业法案的提供者。农业管理机构对政府行为确定的作用地位举足轻重。从这个意义上讲，农业经济领域内政府行为确定的模式更多地表现为内在提出模式。

第三，内在提出模式与外在模式日益高度统一。虽然根据政府行为确定提出者不同，而把农业经济领域内政府行为的确定划分为外在提出模式与内在提出模式。但值得注意的是，由于利益集团已经与国家政治紧密地结合在一起了，内在提出模式与外在提出模式有时又有日益统一的迹象。绝大多数利益集团都是在政府的支持下形成和发展的（如美国农场主协会）。比较重要的各利益集团已经有自己的代表参加国家或政府的各种咨询委员会或管理委员会，不仅影响政府行为的决策，而且直接参与政府行为的决策与实施。因此，即使是在农业经济领域内政府行为确定的内在提出模式中，专门的政府行政管理机构提出政府行为的准则或方向也都是在充分协调各利益集团要求的基础上而做出的，内在提出模式的外在性日益突出。

第四，农业经济发达的程度直接决定着政府行为选择模式。政府行为的确定是各利益集团对政府决策影响的产物。利益集团的影响能力与利益集团人数的多少并没有必然的联系。在利益集团影响能力大小与其集团人数多少的关系上，人数少的集团，其影响能力还大一些。大集团影响力小的主要原因是大集团中个人从集团利益中所得比重小，大集团的组织成本高。这样，大集团中存在"搭便车"倾向，大集团的内聚力差于小集团。所以，农业经济越发达的国家，虽然农民人数少，但农业利益集团对政府行为的决策具有相当大影响力，政府行为的确定受农业利益集团影响的程度越来越大。

三、农业经济转型中政府行为的执行

（一）政府行为的工具

农业经济领域内的政府行为一经确定后，就要在取得了合法性后并被具体地应用于农业经济发展的实践。政府行为在农业经济运行中的实践就是政府行为的执行。政府行为的执行首先要根据政府行为的目标选择政府行为的手段或工具。西方经济发达国家政府行为的工具选择，主要包括了价格支持、收入支持和一般服务支持三大类型。

1. 市场价格支持

市场价格支持是世界各国政府支持本国农业经济发展的基本手段。从世界各国实施价格支持的实际过程看，尽管在名称、操作方式、实现手段和具体做法上不同，但价格支持方式的类型基本上包括支持性收购和差价补贴两种。支持性收购就是保护价格收购。政府首先根据稳定和增加农户收入目标对一些农产品价格水平作出规定。当市场价格低于这个价格时，政府按照已经确定的价格收购农产品；当农产品市场价格水平高于这个价格时，农户可以把农产品按照市场价格在市场上出售。差价补贴的做法是政府首先确定农产品的目标价格，然后根据实际市场价格与目标价格的差额对农户补贴。价格支持是经济发达国家、准发达国家和发展中国家政府稳定或增加农户收入行为中应用时间最长、应用范围最广泛的一种手段。

自1929年经济危机以来，价格支持一直都是美国政府稳定和增加农场主收入政策的基本手段。1929~1933年经济危机使得美国几百万农民濒于破产。为了支持农业经济，保护农民的利益，美国政府通过了《1933年农业调整法》。该法提出了支持价格或贷款率，即由政府设定一个最低价格，即使农产品的市场价格再低，农产品价格也要保持在这一价格水平上，以稳定和保护农民利益。支持价格由联邦政府的农产品信贷公司（CCC）实施，实施的主要手段是政府购买和无追索权贷款。无追索权贷款是由农产品信贷公司给参加农产品计划的农场主提供10个月短期贷款。贷款率是单位农产品抵押可以从政府获得的贷款额，实质上就是政府设定的支持价格或最低价格。如果农产品市场价格高于贷款率，农场主可以在市场上按照市场价格出售农产品，以现金归还贷款本息；如果农产品的市场价格低于贷款率，农场主可以不归还贷款，把农产品交给农产品信贷公司并不承担任何费用和罚款。如果农产品供给超过需求，农产品价格下降，那么，农产品信贷公司代表政府在市场上收购多余农产品，把市场价格维持在支持价格水平上。在实行支持价格的同时，必须控制农业生产以防止农产品过剩的加剧和政府支出增加。因此，1933年在实行价格支持的同时，美国政府实施了限制生产计划。凡是按照计划生产和销售农产品的农场，都可以得到较高的价格支持，凡是超过计划限额的农场，都要受到处罚。1996年美国联邦政府对价格支持政策进行了一些调整，无追索权贷款以营销贷款形式进行。只要是签订了生产灵活性合同，就可以获得无追索权贷款。当农产品市场价格低于农产品信贷公司规定的贷款率，农场主可以把农产品交给农产品信贷公司，以当时的市场价格归还贷款，也可以归还贷款而获得贷款差额补贴。2002年美国新农业法的价格支持同1996年农业法没有实质变化。价格支持仍然通过农产品营销贷款率操作，按照农产品的市场价格与贷款率差额补贴，是无追索权贷款的继续。与1996年农业法所不同的是对营销贷款的农产品范围的扩大和贷款率的提高。

1973年美国农业法提出了目标价格以保证农场主收入。最初的目标价格是在成本基础上加一定利润确定的。但由于不同利益集团对成本的计算方法不同，1981年农业法中的目标价格在原基础上每年提高6%。1985年又降低了目标价格。当市场价格低于目标价格时，参加政府生产限制计划的农场主可以获得差额补贴。差额补贴率是目标价格与市场价格或贷款率二者中较高者。2002年农业法提出的反周期支付中，单位农产品的反周期支付由各种农产品的目标价格与有效价格差额确定。当有效价格低于目标价格时，农场主可以获得反周期支付；当有效价格高于目标价格时农场主不能获得反周期支付。2002年农业法对目标价格做了适当降低的同时，把目标价格范围扩大到了花生、大豆和其他油料作物。

1962年欧共体（2002年改为欧盟）的法、德、荷、比、意、卢六国通过了"建立农产品统一市场折中协议"这个欧共体农业政策的原始框架。由于欧共体的农业政策是在欧洲缺乏食物性农产品的背景下为解决食物短缺而制定的旨在维护欧盟内部农产品价格和收入的稳定性，因此，价格支持构成了欧盟农业政策的主要工具。欧盟的价格支持主要包括目标价格、门槛价格和干预价格。目标价格是最高限价。它是根据农产品在欧盟内部最稀缺地区或供不应求地区所形成的市场价格而确定的，包括了储藏费和运费。门槛价格是对欧盟外的第三国家设立的。是第三国家的农产品进入欧盟港口时的最低进口价格。如果第三国家农产品的到岸价低于门槛价格，就征收两种价格的差价税，即"撇油税"，以保护欧盟内部成员国的农民免受低价进口的农产品冲击。干预价格也就是保护价格，即农民出售农产品的最低价格。它一般比目标价格低6%~9%。干预价格可以保证生产者收回生产成本并获得微利。当农产品的市场价格低于干预价格时，生产者可以在出售农产品后从欧盟设在各成员国的干预中心领取市场价格与干预价格差额补贴，或是以干预价格把农产品卖给干预中心。从1962~1988年欧盟一直是实行高于国际市场价格的内部市场价格支持政策。1988年欧盟在内部财政压力和美国、加拿大等农产品出口国的出口补贴影响下，对共同农业政策做了一些适当的调整，开始启用预算稳定机制，对大多数农产品实行最大保证数量，超过最大保证数量时，将自动实行价格调整机制。此外，还实行了其他的调整农产品供求关系的政策，如休耕、多样元化经营等。1992年是欧盟共同农业政策最为激进的一次改革，在分阶段地降低干预价格，使欧盟农产品市场价格接近国际市场价格的同时，实行了限制生产的措施，实施直接收入补贴。2000年议程在继续1992年农业政策所确定的降低农产品价格保持直接收入补贴，把收入补贴的重点从生产环节转换为一般服务领域，实现补贴的黄、蓝转绿，并把农业多功能性作为政府支持的理论依据。

第二次世界大战把日本农业拖入了崩溃的边缘。第二次世界大战结束时，日本农业产量只是战前的60%。所以，第二次世界大战后日本政府颁布了一系列法律、采取了一系列行为支持农业发展。其中，1961年农业法以及"过渡时期"对农产品价格支持形式就有6种。一是对大米、烟草实行管理价格制度，政府直接制定价格。烟草价格由政府根据财政需要直接规定，实行专卖。大米是日本国民的主食。其收购和销售以及价格都由政府决定和管理。

大米价格包括收购价格、批发价格和销售价格。收购价格按照生产成本和工农业劳动平等收入原则确定。大米购销价格倒挂的差额由政府补贴。二是对猪肉、牛肉、生丝和蚕茧等实行上位价格和基准价格的安定带价格制度。三是对加工用的土豆、甘薯、甘蔗、甜菜和麦类实行最低价格制度。当市场价格低于最低价格时，政府按照最低价格收购。四是对大豆、油菜籽和加工用牛奶规定基准价格。当生产者实际出售价格低于基准价格时，政府予以差额补贴。五是对指定的蔬菜、肉用小牛、鸡蛋和加工用水果实行稳定价格基金制度。但市场价格低于一定水准时，由国家和生产者提供基金补贴差额部分。六是对进口农产品实行了以赢补亏的稳定价格制度。即低价进口销售价格高于安定的下位价格时的盈余留做安定基金，以补充因出售价格低于进口价格的差额。在新基本法体制下，日本更强调市场机制作用。取消了政府对大米等粮食作物生产和流通的直接管理，允许大米的自主流通，允许流通商自由进入粮食流通市场。虽然政府收购大米的价格也已经接近了生市场价格，但日本的大米价格仍然高于国际市场价格很多。

韩国政府为实现促进粮食增产增收目标。由于韩国 80% 农业人口参与大米生产，全国 54% 的耕地用于稻谷生产，因此，大米的价格支持构成了韩国政府价格支持政策的核心。在 20 世纪 60 年代末实行了大米高价格买入，低价格卖出的"双重价格"政策，即政府以高价格收购农民生产的大米，以低价格卖给市民，价格差额由政府补贴。韩国政府根据其在乌拉圭回合谈判中的承诺，1997 年实行约定收购制度，即实现约定的收购价格，按照约定价格提前向签订合同的农户支付收购款。2005 年颁布《大米收入保全保障法》，设定大米的目标价格，如果大米市场价格低于目标价格，政府向农户补贴差价的 85%。除此以外，韩国政府对国内的畜牧产品也实行了价格支持，致使国内牛肉的市场价格远高于国际市场价格。[①]

印度农业的首要问题是粮食供给，为了保证国内粮食生产自给，印度政府首先对主要的粮食品种小麦、大米、玉米等实行了最低保护价政策，即根

---

① 参见郭宏宝：《中国财政农业补贴：政策效果与机制设计》，西南财经大学出版社 2009 年版，第 75~77 页。

据生产成本和有关要素确定最低收购价格，以防止农产品价格波动对农民收入的影响，保护农民生产粮食的积极性。在 20 世纪 70 年代中期实现了粮食基本自给后，印度政府将这种政策的范围扩大到了包括经济作物的 24 个品种。使得印度受最低保护价的农作物产值占到了全农业产值的 2/3。[①]

2. 收入支付

价格支持对农产品生产和贸易产生了严重的扭曲作用。为了完成乌拉圭回合谈判农业协议的承诺，世界各国逐渐地把农业支持从价格支持转向了收入支付，以弥补削减价格支持而带来的损失。收入支付已经成为政府对农业经济发展支持的主要手段，但各国收入支付具体的执行方法区别很大，有的国家还相当复杂。

美国政府对农业直接收入支付包括了休耕补贴、直接支付和反周期补贴等方面。为了控制农产品过剩，美国实行的限制生产计划最初是播种面积配额和销售配额。1956 年农业法中提出自愿退耕计划，鼓励农场主短期或长期休耕一部分土地。短期休耕目的是限制面积和产量，长期休耕的主要目的是保持水土。1961 年实施的紧急饲料作物计划要求农场主在停耕 20% 耕地可以从政府获得停耕土地正常产量的 50% 补贴，停耕超过 20% 可以获得 60% 补贴。停耕土地必须土壤保护。1965 年又实行了饲料谷物双停耕计划。1983 年开始实行作物补贴计划，在 1982 年宣布停耕 20% 基础上，要求小麦、玉米、高粱、稻谷和棉花种植的农场主再停耕基本面积的 10%~30%，停耕损失由政府按照基准产量的 80% 补贴。农场主必须对休耕的土地负责水土保持。1985 年对水体流失严重的土地实行"土壤保护储备计划"。1996 年才取消了小麦、稻米、饲料和棉花种植的减耕计划，解除大部分作物种植限制。2002 年新农业法对耕地保护依然十分重视。可见，土地休耕补贴是把农民收入、生产控制与资源保护紧密结合在一起的行为。直接支付起源于 1996 年农业法的代替价格支持的生产灵活性合同。生产性灵活合同是不与产量挂钩的直接补贴。支付额＝支付率×支付单产×支付面积。2002 年农业法对支付率、支付面积和

---

① 参见郭宏宝：《中国财政农业补贴：政策效果与机制设计》，西南财经大学出版社 2009 年版，第 75~77 页。

支付单产做了调整。反周期补贴是 2002 年农业法提出的。与目标价格操作原理一致。单位产品反周期支付额由产品的目标价格与有效价格差额确定。反周期补贴实质上是有效的出口补贴。

1992 年欧盟农业政策调整后，价格支持改为直接收入补贴。欧盟实施的农业的直接收入支付是分种植业和畜牧业分别进行的。对种植业补贴是欧盟的一贯做法。2000 年议程把与产量挂钩的价格补贴改为与产量脱钩、与面积挂钩的直接收入补贴。具体实施上根据符合补贴的作物面积和休耕面积发放。因此，欧盟对种植业面积补贴包括了作物面积补贴和休耕面积补贴。按照作物面积补贴首先是确定四种作物补贴：谷物作物、油料作物、蛋白作物、纤维作物，其他作物不补贴。然后是确定可享受补贴的作物面积，再以生产区平均单产折合为谷物后确定面积补贴额。欧盟作物面积补贴基本思路是单位面积补贴额基本相等。休耕补贴就是对符合条件的休耕面积数量予以补贴。具体操作时，根据休耕的类型、面积、地块和补贴金额进行。每公顷耕地的休耕补贴与当地的谷物（包括玉米）产量的作物敏捷补贴支付额相当。畜牧业补贴就是把原来与产量挂钩的价格补贴改为与饲料面积挂钩的直接收入补贴。具体操作时，首先是确定牛和母羊享受补贴，其他牲畜不享受补贴，然后是具体地界定牛和母羊的具体补贴种类：粗放化经营补贴、公牛补贴、母牛补贴、牛屠宰补贴、补充款项补贴和母羊补贴。

日本政府对农业直接收入支付形式和额度都比较少。收入支付形式，一是 2000 年《针对山区、半山区地区等的直接支付制度》对该地区农户收入实行直接收入支付。对山区和半山区生产成本的 80% 予以补贴，补贴上限是每个农户 100 万日元。二是转产补贴，以促进农业结构调整。对水田转向小麦、大豆、饲料作物、绿肥作物以及多年生植物予以补贴。

3. 一般服务支持

农业产业的高社会效益和低经济效益特点决定了世界各国政府对农业经济发展的支持，除了价格支持、直接收入支付外，还在很大程度上使用了一般服务支持政策。政府的一般服务支持主要包括以下内容或项目：

（1）加强农村基础设施建设

政府支持农村基础设施建设分为政府完全投资和政府负担一部分投资两

种类型。

美国联邦政府向农业地区提供或资助发展交通运输、供电和电讯事业，资助兴建和维修水利设施。农业生产中灌溉设备则是政府投资大型灌溉设备，中小型灌溉设备由农场主投资或与政府联合投资，政府给予一定的资助。

欧盟规定，凡是购买农业机械、土地改良、兴修水利，欧盟提供25%资本，其余由本国政府解决。

英国政府对农业机械、农田水利和农村道路建设等承担费用的2/3。

法国政府承担农村基建工程总费用的25%以上。

日本政府对农业基础设施建设进行大量投资。20世纪80年代前，日本政府承担了农田基本建设费用的70%，90年代后增加到90%左右。对一般的农田改造项目，只要通过了审批程序并达到了一定标准，其费用的50%由中央财政从农业预算中补贴，都道府县和市町村财政补贴25%和15%①

（2）农业科研、教育和推广体系建设

为了加快农业技术成果转化过程，提高农业生产技术水平，各国政府都一直注重农业教育、科研和推广体系建设的投入规模。

早在1862~1917年美国就已经构建了由农学院、农业试验站和合作推广站组成的完整体系执行农业教育、科研和推广政策。1950~1985年美国农业部的预算用于农业科研和推广投入年均增加幅度8.3%，政府对农业科技投入占投资总额的45%左右。

日本农业科研和推广体系中科研机构由国立和地方公立科研机构、大学、民间科研机构组成，推广体系则由政府和农协组成。日本的中央和地方政府对农业科研投入占农业GDP的2.2%。日本政府坚持把农业科技推广组织建设和提高推广人员业务和服务水平放在重要位置上并予以逐年增加的财力上支持。乌拉圭回合谈判后，日本又重新调整农业科技发展政策，既要提高日本农业的国际竞争力，还要培养农业"接班人"。此外，经济发达国家的政府还大多实行了农业技术咨询的免费服务政策支持本国农业经济发展。

---

① 参见冯涛：《农业政策的国际比较》，经济科学出版社2007年版，第127页。

（3）农业信息建设

市场信息是市场经济有效运行的基础。在市场经济条件下，没有市场信息，或者是市场信息失灵，农业生产就失去了方向。所以，各国政府特别注意从信息服务建设的角度支持农业经济发展。

美国大多数农场主都是依靠联邦政府提供的市场行情与预测安排农业经济活动。美国政府提供的农业市场信息是十分及时、全面的。农业部以及各州的市场局每分钟都免费为农场主、批发商、经销商提供农产品的价格、供求关系的最新信息。政府农业信息系统覆盖了全美国农产品主要产区和集散中心。

欧盟通过培育多元农业信息服务主体、采用灵活的服务方式为农民提供各种市场信息、销售和技术服务信息。

（4）扶持合作社发展，加强农业社会化服务体系建设

农业合作社是农户规避市场风险的有效手段。所以，各国政府对农业合作社是十分重视的，对合作社发展都予以各种各样支持。农业合作社在美国分布于农业生产、销售、农业信贷以及农村生产和生活的许多领域。80%的农场主都参加了各种农业合作社。农业合作社是促进美国农业经济发展不可缺少的重要中介。因此，美国政府对农业合作社发展给予了税收、财政和技术等方面的巨大支持。

在欧盟，农业合作组织为农民提供了市场信息、销售和技术服务。法国政府对创办服务于农业的各种合作社给予25%的投资补贴，并免除平时应交的工业利润税、商业利润税、营业税和地产税。

日本政府虽然对农业经济管理比较严格，但对农业协会却是支持有佳。它是通过扶持农协间接地支持农民收入的。1947年农协法颁布后，为了支持农协发展，政府规定农协不交所得税、营业收益税和营业税，同时对农协建设仓库、增加固定设施以及进行固定资产投资等方面还予以80%的补贴。1993年乌拉圭回合谈判后，日本政府已经接受了农协新的农业预算和政策要求。这说明政府支持农协的力度更大了。

（5）其他收入支持

第一，贷款优惠支持。

农业生产现代化程度越高，农业投入水平也越高。农户自有资本难以满足现代农业的高投入需求。农业生产的高风险和低利润，使商业金融机构也不愿意提供贷款。为了提供现代农业高投入资本供给，各国政府不仅组建了发达的农业信贷体系，还实施了优惠的农业信贷政策，鼓励商业资本投入农业领域。

美国政府成立了包括12家联邦土地银行及地方联邦土地银行协会、12家联邦中间信贷银行、12家生产信贷公司以及由它们组成的地方生产协会、13家合作银行所构成的规模庞大的农业信贷组织体系，分别向农场主提供抵押贷款、农产品生产和销售的中、短期贷款以及向农业合作社提供贷款等。此外，为了资助某些农业信贷机构按照有利条件给农场主提供农业信贷，政府还通过农产品信贷公司、农场主家庭管理局和小企业局等机构予以农业方面贷款的担保和直接贷款。这些多渠道的农业贷款资本，不仅增强了农业扩大再生产能力和农业收入的增加，而且还有效地引导和控制了农业经济发展的方向。

运用银行信贷手段为农业生产提供优惠的资本支持一直是欧盟农业现代化所需资本的重要途径，也是欧盟利用间接手段增加农业收入的重要措施。法国政府成立的农业信贷银行和地区农业互助信贷银行等专业农业信贷机构给农业提供短、中、长期信贷，其信贷利率一般只是非农业贷款利率的50%，农业机械贷款和土地的中、长期贷款利率仅为3%～4%。农业信贷利率差额完全由政府补贴。

日本政府对农业资本信贷支持的方法主要是利息补贴制度，即制度贷款。制度贷款就是依据法律、政令、条例以及纲要，国家、地方公共团体或相当于地方公共团体的机构成为贷款的当事者，通过利息补贴、损失补贴、债务担保以及其他类似优惠措施进行干预的那部分贷款。制度贷款的期限一般都是长期低息贷款，贷款的领域主要包括农村的渔业贷款、农业改良贷款以及农业现代化贷款等生产领域。这些制度贷款按照政策干预的方式不同可以划分为三种类型。一是对吸收的各银行农业贷款予以担保。二是利用农协资金，政府对利息补贴、损失补贴和债务担保。三是政府通过金融机构直接发放财政资金贷款。

第二，税收优惠。

农业税赋的高低直接决定农业生产活动的可支配收入水平的高低。由于农业经济的比较利益低，社会效益高，世界上绝大多数国家政府都对农业经济予以税赋优惠政策。

美国政府对农业的税赋优惠主要包括延期纳税、减税和免税三种方式。延期纳税就是通过对农业部门采用现金记账法，农场主将一部分未出售或已经出售尚未收到现金的农产品收入延至下期纳税，同时也可以从当年收入中扣除提前购买下年使用的化肥、农药、种子以及其他物资的办法减少应纳税收入，从而减少税赋。减税就是通过资本开支扣除法，把购买机器设备、生产用房、饲养一年以上牲畜的开支从当年收入中一次性扣除，并进而减少税赋。免税是欧盟对农民的税赋优惠。

欧盟的税赋优惠主要方式有低税赋政策和减免税赋政策。如德国的农业税赋率低于其他产业，税赋种类只有土地税和所得税。法国政府对购买农业机械予以 10% 的税赋回扣，对安置青年务农土地 5 年内减免 50% 的土地税。意大利对农业机械进口减税 11%，新开辟的橄榄园在规定年限内免税。日本政府对农业免征所得税、营业收益税和营业税。

第三，农业保险和灾害补贴。

农业生产活动自然风险很高。一旦发生风险，农业收益和再生产将大受影响。为了稳定农业生产收入，保证农业再生产的顺利进行，世界上大多数国家都实行了农业灾害补贴和农业保险制度。

1938 年美国农业法就开始了主要农作物产量保险。1980 年农作物保险法对农作物的范围又扩大到更多地区的更多作物上。1996 年农业法又推行了作物收入保险，把保险从作物产量扩大到价格因素。目前，美国已经形成了为遭受各种自然灾害而减产的农作物提供的全风险保险、区域单产保险和气候作物风险保险所组成的农作物保险体系。[①] 其次，美国联邦政府对非保险作物的干旱、洪涝等自然灾害而不能播种或严重减产的饲料谷物、大米、玉米、小麦等作物生产者的灾害予以补贴。再次是美国联邦政府对农业保险费予以补贴。从 1980 年起美国联邦作物保险公司对投保农场主提供所交保险费的 50%~80% 的予以补贴。

---

① 参见唐正平：《世界农业问题》第五辑，中国农业出版社 2002 年版，第 148 页。

日本的农业保险制度是由政府直接参与的强制性保险，即凡是生产量超过规定的农民和农场都必须参加农业保险，政府对农作物保险费的50%~80%予以补贴。① 由于日本是一个自然灾害频发国家，自然灾害不仅损害农业收益，还损害农业生产设施。为了保证农民收入和农业生产不会过度受自然灾害的影响，日本政府对被灾害损害的农地和农业设施等予以灾害补贴。

限于国力和地区经济发展的不平衡性，巴西主要在较为发达地区实行了以生产成本为上限、政府分担农业保险费50%的农业保险制度，促进农民以参加保险方式降低农业生产风险。②

第四，农业生产资料补贴。

农业生产成本的高低对农业收入水平具有决定性影响。为了从降低生产成本的角度稳定或增加农业生产收入，世界各国实施了农业生产资料补贴政策。在农业生产资料补贴方面，各国的具体做法有所区别。美国主要是通过农业基础设施建设支持体现，欧盟通过农业生产机械、土地改良、农田水利建设等方面体现的，而日本则是通过农用机械、农用设施方面投入予以财政补贴的方式实现的。

（二）政府行为的执行模式

农业经济领域内政府行为的确定与执行的目标都是促进本国农业经济达到满意的发展水平，确保国家的粮食安全和农民收入稳定增长以及农村社会经济全面发展。根据农业经济运行体制的区别，农业经济领域内政府行为的执行模式可以划分为两种模式：一是国家垄断经营或准国家垄断经营模式，二是在国家保护和支持下的市场经济模式。③

1. 国家垄断经营（准国家垄断经营）模式

国家垄断经营或准国家垄断经营政府执行模式的主要代表是苏联。十月

---

① 参见秦富、王秀清、辛贤等：《国外农业支持政策》，中国农业出版社2003年版，第140、148页。
② 参见秦富、王秀清、辛贤等：《国外农业支持政策》，中国农业出版社2003年版，第140、148页。
③ 参见陈秀山：《当代美国农业经济研究》，武汉大学出版社1996年版，第25~29页。

革命前，俄国经济一方面是落后的土地占有制和最不文明的乡村，另一方面又有最先进的工业资本主义和财政资本主义。① 所以，十月革命胜利后，列宁就提出了国内外政策的首要问题就是发展全部经济。要发展全部经济，首先必须发展农业经济，提高农业生产率。农业生产率的提高必然会促进俄国工业的发展。② 在这一思想的指导下，苏联在无外援和遭遇自然灾害的情况下，用社会主义原则改造农业，用了近4年时间就把农业经济恢复到战前水平。而比苏联遭受破坏还轻的德国、法国恢复农业经济则用了10年以上时间。20世纪30年代初期实现农业集体化后的苏联农业经济存在着国营农场和集体农庄两种形式。集体农庄与国营农场虽然有一定的差别，但也实行指令性计划运行，是准国营农场。从20世纪50年代以来，随着苏联工业化水平的不断提高，国家增加了对农业投入量。1951~1960年农业生产性投资比重是14%以上，1961~1965年则是15.5%。1966~1980年15年期间农业投资比1918~1965年48年农业投资总和多2.55倍。③ 长期的、巨大的农业投资迅速地提高了农业生产的现代化程度。1960年苏联春播植物翻耕和谷物收割的机械化程度分别达到了98%和94%，基本上实现了机械化。同时，农业生产的良种化和化学化程度也取得了明显成效。1981年苏联农用拖拉机在世界名列前茅，谷物收割机居世界第二；化肥消费量也居世界第二；其农业生产水平也相当高（据FAO统计）：小麦、甜菜、向日葵、土豆、牛奶产量居世界第一，分别占世界总产量的20%、29%、35.2%、28%和20.6%。棉花和肉蛋类产量居世界的第二，谷物产量居世界第三。④

2. 市场经济模式

市场经济下依靠政府支持和政府保护实现农业经济发展模式主要是西方发达国家和波兰、南斯拉夫。与苏联所不同的有两个方面：一是这些国家农

① 参见《列宁全集》第13卷，人民出版社1975年版，第419页。
② 参见《列宁全集》第23卷，人民出版社1975年版，第105~106页。
③ 参见金挥、陆南泉、张康琴：《苏联经济概论》，中国财政经济出版社1985年版，第199、197~198页。
④ 参见金挥、陆南泉、张康琴：《苏联经济概论》，中国财政经济出版社1985年版，第199、197~198页。

业经济发展是以家庭农场经营为基础实现的；二是这些国家农业经济转型不是依靠国家指令计划，而是依靠市场机制调节来实现的。在农业经济转型中，政府根据农业经济的产业特点，对农业经济转型实施了一系列保护和支持行为，矫正市场失灵以加速农业经济发展阶段的转型。

如果比较上述两种农业经济转型模式，第一种转型模式的效率是偏低的。效率偏低的主要原因就是这种转型模式所选择的农业经济经营体制与农业经济活动的自然特点不一致。而第二种转型模式尽管速度慢，但转型效率要好。转型效率好的根本原因是其所选择的农业经济经营体制符合农业经济活动生产力特点，农业经济资源配置的基础是市场机制，政府不直接干预农业经济资源的配置活动，政府行为的领域和范围只是矫正市场失灵的领域和范围。

（三）发达国家农业经济发展中政府行为的基本规律

由于农业部门在国民经济中的基础地位和作用以及农业产业的特征，经济发达国家的农业现代化都是在政府的有效支持下实现的。这些经济发达国家进入了现代农业阶段后，政府仍然继续着有效的支持行为选择。尽管不同国家之间的政府行为存在着一定的差别，但政府支持行为还是存在可寻的基本规律。

1. 政府行为的目标偏好决定政府行为手段选择的偏好

世界范围内各国政府支持本国农业经济发展的目标不外乎收入目标和农产品供给目标以及促进农村和农业经济的可持续发展等方面。尽管世界各国政府选择的支持本国农业经济发展的手段基本相似或者是相同，但由于各国农业经济发展所面临资源约束以及本国农业经济发展中存在的主要问题的差异，世界各国政府支持本国农业经济发展的行为目标的顺序选择以及由此所决定的支持手段侧重点也有所不同。以支持本国农业经济发展的主要目标选择为维护本国农产品市场占有率并维护农民收入为首要目标的国家（如日本和欧盟），政府支持手段的首选是维持国内高支持价格政策和抵挡国外农产品进入政策，以保护国内农业产业的安全和农民收入。而以支持本国农产品市场竞争力、扩大出口农产品的国家政府行为手段选择则主要偏好出口补贴政策以及提高国内生产率政策。

　　从世界范围内农业经济发展目标选择的变化趋势看，发达国家政府行为的目标选择已经在农产品供给、农业与非农业收入平衡基础上更为突出了农业经济的多功能性方面。虽然农业经济发展水平越高，对现代农业资源的依赖性越强，但传统资源仍然具有不可替代的作用。随着多年石油农业发展所带来的农业资源破坏、农业生产水平提高，尤其人民对生活质量追求的逐渐增强，农业产业的生态安全日益重要。农业经济可持续发展就是这种需要下所诞生的新农业经济发展观。农业产业不仅具有提供农产品的经济功能、同时还具有社会功能、政治功能和生态功能。因此，农业经济发达国家的政府行为选择不仅包括了着眼于增加现期农业生产者收入的各种行为，更包括了着眼于本国农业经济长期持续发展和农村社会发展的各种行为。美国政府的2002年农业新法对保护农场环境质量激励计划的财政支持从1996~2002年的13亿美元增加到2002~2007年的46亿美元。欧盟出于对环境保护的需要对畜牧业实行了粗放化经营补贴。日本1999年的《粮食、农业、农村基本法》删除了旧基本法中制约农业的自然因素、经济因素和社会因素的规定，确立了食品稳定供给、农业多功能性、农业可持续发展和农村振兴的新理念。农业的多功能性已经成为世界范围内政府行为选择的新理论基础。

　　2. 政府行为的边界是保持市场机制的基础性作用

　　农业部门在国民经济中的地位、作用以及农业产业特征是农业经济活动中政府行为的理论依据。政府行为可以从某种程度上弥补市场缺陷，推动农业经济迅速发展。如苏联用社会主义原则改造农业后仅用4年就把苏联农业恢复到第二次世界大战前水平，而战争破坏更小的德国和法国却用了10年。从20世纪50年代起苏联的计划体制推动了苏联农业经济现代化的成功。但政府行为也可能形成政府失灵。苏联农业经济现代化成功中也存在着低效率问题。[①] 农业经济发展中政府行为低效率的关键就在于政府行为的超边界所形成的政府失灵。所以，农业经济发展的实践表明，尽管市场机制有一定的不足，市场经济体制下农业发展中的政府支持是以不破坏市场机制基本作用下

---

　　① 参见陈秀山：《当代美国农业经济研究》，武汉大学出版社1996年版，第25~29页。

的有限行为为边界的。无论是政府的价格支持、收入支持、生产与经营支持等，都是在市场机制发挥基础性调节作用的前提下进行的。政府行为选择不是替代市场机制的基础性作用，只是纠正市场失灵。

3. 政府行为的力度以本国经济发展水平为限度

由于生产周期、技术进步以及自然的原因，工业经济部门的劳动生产率增长高于农业经济部门，工业经济部门的比较利益也高于农业经济部门。政府选择支持手段促进农业经济发展是在国民经济发展到一定阶段的产物。当国民经济发展到一定阶段以后，在市场机制的作用下，如果政府不对农业部门实施一定的支持，农业比较利益的急剧下降会使得农业经济资源不断地从农业经济部门转向工业经济部门，不仅导致农产品供给的日益短缺，也会加剧社会收入的分化和城乡分化，引发一系列严重的社会问题。为了平衡部门之间的经济利益、稳定社会秩序，当一个国家的社会经济发展进入工农业平等发展阶段以后，政府都会逐渐地采取必要的支持性行为扶持农业部门的发展。所以，农业经济发展中政府行为的产生是本国经济发展到一定阶段后的内在要求和必然产物，与此同时，政府行为的力度也与国民经济发展水平具有一致性。一个国家政府支持本国农业经济发展的行为力度的大小是依据本国社会经济发展水平而作出的。社会经济发展状况所形成的政府行为能力的大小是农业经济领域内政府支持行为选择的经济基础。只有与经济发展水平相一致的行为力度，这些行为所需要的物质条件才能被保证。任何超越经济发展现实水平的政府行为选择都是不可能的。如美国 2002 年新农业法与 1996年农业法比较：2002~2007 年政府对农业投入和补贴能力增加了 519 亿美元；其目标价格品种也在原来的基础上扩大到了大豆、花生和其他油料作物；农业保险的范围也在扩大。如果没有国民经济整体能力的上升，根本不会出现政府行为的这种选择。

4. 政府行为以完善、系统的农业经济法律规范体系为依据

早在 17 世纪西欧国家农产品供给不足时，为了严格限制农产品出口维持国内农产品价格稳定，一些国家的政府就已经开始制定了许多农产品贸易法令。18 世纪后期随着产业革命后英国经济增长加快和人口增加，国内粮食需求迅速扩大，粮食价格也急剧上升。在英国粮食已经不具有比较优势的条件

下，为了保护地主经济利益，英国议会于 1773 年和 1885 年分别通过了《谷物法》，限制谷物进口。与此同时的德国、法国和美国也都实行了不同的政府行为支持国内农业经济发展。农业经济运行中政府行为从 17 世纪开始以来一直在持续着。从政府行为的历史过程看，无论是哪一个国家的政府行为都是在严格的法律框架下进行的，每一项政府行为选择都有法律依据。如第二次世界大战后美国政府为了给农产品寻找出路，支持农业经济发展，曾经制定了一系列法案。其中影响较大的有 1951 年的《共同安全法》、1954 年的《农业贸易发展与援助法》、1975 年的《国际开发与粮食援助法》和 1977 年的《食品和农业法》等。日本政府为了农业经济恢复从 1945～1953 年曾出台了近 20 部法律。在当今世界依法行政的背景下，不仅是政府对本国农业经济管理要依法进行，政府行为选择也要有法可依。完善的农业经济法律框架是政府行为选择的准绳，也是政府行为实施的依据。政府行为选择没有合法性，政府行为也就不会实施并发挥其效力。

5. 政府行为涵盖了农业经济活动的所有环节和领域

从农业经济所包括的环节而言，世界各国政府行为已经覆盖了农产品的生产、流通、消费等所有的环节和领域。在农业生产领域内，政府行为的主要范围是农业基础设施建设支持、农业生产资料补贴。这些支持行为的目的是减少农业生产者的成本支出以使增加农业生产收入或者是提高农产品竞争力以使增加农业生产收入。如日本政府对农业生产资料补贴、欧盟对农业机械、土地改良和兴修水利的资本支持、美国政府对农业灌溉设施补贴等就是明显的证明。据经济合作与发展组织的估计，20 世纪 80 年代政府对农业生产者补贴占农业生产者收入的比例，日本是 74%，欧盟是 46%，美国是 34%。[①]农产品流通中的政府行为主要是价格支持与关税保护。就农产品国际竞争保护而言，为了限制国外农产品进口对本国农业冲击，增加本国农产品出口能力，尽管具体做法有不同之处，但各国政府都运用了关税与价格配套性政策。如美国政府采取了出口补贴方式增强产品出口竞争力、扩大农产品出口。欧盟通过"门槛价格"征收差价关税保护农产品免受外部低价农产品进口的冲

---

① 参见冯胜利:《农业保护与农业稳定发展》,《学习与探索》1996 年第 6 期, 第 18 页。

击。就农业生产收入稳定和与其他产业收入平衡而言，政府对农产品价格干预或直接补贴等行为则更是突出。可以说，农业支持政策越是完善的国家，收入支持越是不可缺少，农业经济发展越是脆弱、农产品竞争力越弱的国家，政府对农产品价格干预行为越是明显。传统农业改造为现代农业主要不是依靠劳动力和土地投入的增加，而是依靠现代生产要素投入的增加。现代生产要素包括外源性物质要素以及农业技术等。这些现代生产要素投入之间存在互补关系，即一种生产要素投入增加要求其他生产要素按照一定比例增加。在现代农业生产要素中，技术是关键。从农业经济现代化的成功经验看，农业技术进步的道路主要有节约劳动的机械技术进步道路和节约土地投入的生物技术进步道路两种。没有农业技术进步，就没有土地高产出率、没有现代农业。农业技术进步是现代农业中提高农产品竞争力的关键。因此，美国、欧盟和日本等发达国家政府对农业技术进步的支持相当高。或者说，在这些国家政府行为的选择中，农业技术进步支持都是特别重要的方面。政府对农业技术进步支持程度已经是判断政府支持本国农业经济发展的行为选择强弱的指示器。

6. 财政政策和货币政策是政府行为的基本手段

无论政府对农业经济发展采取什么样的支持方式，都最终表现为财政政策与货币政策。没有财政政策与货币政策的具体实施，任何政府行为都不可能发挥其真正的支持效力。政府对农产品价格补贴、直接收入补贴、税收优惠、农业资料补贴、农业生产设施补贴以及农业技术进步支持都是以一定规模的财政支出来实现的。财政政策是政府支持行为的基础，也是政府行为的核心。为了引导农业生产投入，提高农业的现代化水平，尤其是降低农业生产成本，信贷支持是有力的协助工具。所以，农业经济发展中政府行为比较完善的国家，政府都实行了一定的货币政策，对农业生产活动中的投入予以信贷支持。这也是弥补农户投入能力的有限性，满足现代农业的高资本投入规律的有效办法。

7. 农业利益集团的利益要求对政府行为的确定举足轻重

无论是农业经济领域内的外在提出模式下的政府行为确定，还是内在提出模式下政府行为的确定，都涉及农业利益集团的利益以及政府对农业问题重要性的认识程度。农业利益集团通过各种途径对政府行为的确定起到外在的压力作用，但这些外在压力转换为政府行为还必须依靠政府的行动体现。政府决策追求政治支持最大化必然要对农业利益集团的要求予以尽可能的满足。政府以对农业产业的特征认识和农业在国民经济中基础地位与作用的认识为基础而确定了有利于农业利益集团的行为选择也是在寻求政治支持的最大化。从这个意义上说，农业经济领域内政府行为的确定虽然是农业利益集团的要求与政府对农业经济重要性自觉认知相结合的产物，但农业利益集团对政府行为决策的影响举足轻重。

第四章 中国农业经济多重转型中的政府行为过程

一、农业经济转型中政府行为的目标及其现状

农业部门在国民经济中的基础地位和作用以及农业产业的特征决定了农业经济领域内政府行为的必要性。我国农业经济多重转型中政府行为的目标选择包括粮食安全目标、农民收入目标、农业和农村社会经济可持续发展等方面。从我国农业经济发展的现实看，这些根本问题虽然已经有了本质性改善，但我国粮食数量安全还有隐患，质量安全更需要引起高度重视；城乡收入差距严重；农业和农村社会经济可持续发展的环境问题急剧恶化。我国农业经济多重转型中政府行为的目标还面临着严峻的挑战。

（一）粮食安全存在隐患

农业产业的首要功能是为国民提供充足的农产品供给，保障国内粮食安全。在 1972 ~ 1974 年世界粮食危机的背景下，1974 年联合国粮农组织（FAO）第一次世界粮食首脑会议提出了"保证任何人在任何时候都能够得到为了生存和健康所需要的足够食品"的粮食安全（Food Safety）概念。1996 年 FAO 重申"人人都有权获得安全而富有营养的粮食"则把粮食安全的内涵从数量足够扩展到了安全和营养的层次。从 FAO 对粮食安全的定义以及众多学者对粮食安全的研究看，粮食安全的范围包括粮食的数量安全、质量安全和生态安全三个层次。[①] 在粮食的数量安全获得保证后，粮食安全就从数量安

---

① 参见翟虎渠：《粮食安全的三个层次》，《瞭望》2004 年第 13 期，第 60 页。

全演化为营养安全和卫生质量安全。① 因此，一般而言，经济发达程度低的国家的粮食安全层次主要表现为满足生存需要和温饱需要的数量安全，而经济发达程度比较高的国家的粮食安全层次主要表现为粮食的营养、卫生等质量安全。我国社会经济发展整体水平还处于工业化的中期阶段，而经济发达地区工业化水平则已经比较高了。所以，国内的粮食安全的内涵已经包括了生存需要和温饱需要的数量安全层次以及卫生、营养等质量安全层次。因此，我国目前的粮食安全内涵已经是一个包括了数量安全、营养安全和质量安全的结构体系，三方面安全中缺少了任何一个方面都将使粮食不安全。从粮食安全的层次关系看，数量安全是基础。粮食的数量安全的关键在于供给安全的程度。数量供给安全由国内生产供给和国际市场供给组成。对于我国这样的人口大国而言，国际粮食贸易具有典型的"大国效应"，依靠国际市场供给实现我国的粮食安全会对世界粮食安全构成严重威胁，导致粮食贸易价格上升，损害国民利益。② 因此，我国粮食安全的基点是国内生产。但从国内粮食生产的现状而言，我国的粮食安全还存在着值得高度注意的隐患。

1. 人均粮食占有量仅达温饱水平

从数量安全角度观察一个国家的粮食安全采用的标准有生产波动系数、安全依存度、人均占有量以及脆弱度等。③ 这些标准都与粮食数量的多少有关。由于粮食安全涉及国内的每一个人，所以，可以从人均粮食占有量判断国内粮食安全程度。根据国内居民生活水平不断提高的事实以及内在逻辑，以人均占有粮食的标准观察我国粮食安全，应选择以满足人民生活标准为基础的人均粮食占有量为标准。如果人均粮食占有量达到了该生活标准就说明粮食数量安全已经实现。

根据我国历史情况的分析，人均占有量的粮食安全标准分别是：人均粮食占有量 300 kg 是生存安全标准，350 kg 是营养安全标准，420 kg 是小康安全标准。④ 如果根据这个标准，新中国成立以来我国粮食数量安全的实现程度则

---

① 参见刘平宇：《创新粮食安全观》，《农村改革与发展》2002 年第 2 期，第 23~25 页。

② 参见吕新业：《我国粮食安全的现状及未来发展战略》，《农业经济问题》2003 年第 11 期，第 45 页。

③ 参见王雅鹏：《粮食安全保护与可持续发展》，中国农业出版社 2005 年版，第 16 页。

④ 参见刘小梅：《我国粮食安全战略与粮食进口规模》，《宏观经济研究》2004 年第 9 期，第 17~18 页。

具有明显的两阶段特征。

第一，1949~1979 年期间除了 7 年以外的 20 多年中，我国粮食安全处于生存安全以下的状态。

第二，自 1979 年以来，除了 1983 年以前的年份外，我国的人均粮食占有量都维持在 350 kg 以上，个别年份已经超过了 400 kg。1979 年以来我国的粮食安全已经从生存安全阶段进入到了营养安全阶段。

尽管我国的粮食安全已经进入营养安全的阶段，但此期间的人均粮食占有量历年数据的变化也显示出了我国的粮食数量安全隐患还不容忽视：从 2000 年开始，我国人均粮食占有量已经呈下降趋势，特别是 2003 年已经低于 1979 年水平。由于人均粮食产量的下降，国内粮食的供求缺口总体上处于上升的趋势。尽管目前的这种情况并不会从总体影响我国粮食安全问题，但值得注意的是，在我国粮食需求持续增加背景下，国内的耕地减少、环境恶化等粮食生产资源的有限性在不断地强化。我国粮食的单产水平已经处于世界高位水平上了，常规性的再上升空间已经不大。因此，从人均粮食占有量看我国的粮食安全，全面小康社会建设中的粮食安全的前景还不容过于乐观。

2. 粮食质量安全隐患严重

粮食安全包括数量安全和质量安全。数量安全解决的是生存问题，质量安全解决的是营养和健康问题。因此，粮食安全的动态演变规律是：随着一个国家人民生活水平的提高，粮食安全也就从数量安全转换为质量安全，质量安全在粮食安全中地位日益突出。我国未来的粮食安全目标包括数量安全与质量安全两个层次的内容，质量安全更重要。但从我国粮食生产资源和环境而言，粮食质量安全的隐患是相当严重的：一是工业生产排出的大量有害物渗入到农地、农用水以及空气中，使得粮食含有许多有害物质，粮食卫生受到严重威胁；二是粮食生产中过量或不当使用化肥、农药，使得生产的粮食含有过高的农药残留量，粮食中聚集了过多的有害物质；三是粮食加工过程中大量使用添加剂、生长素以及各类激素，这些粮食加工品严重地危害着消费者的生命和健康。粮食生产的质量安全是我国未来的粮食安全中的重中之重。

（二）农民收入增长步履艰难

1. 城乡收入差距拉大

在农产品短缺的历史条件下，保证粮食等主要农产品的安全供给一直是我国农业经济政策选择的第一目标。在粮食等主要农产品供给的生存安全危机已经解除后，农业政策的目标选择就要转换为农民收入增长上来了。从这个意义上说，我国1979年以来的农业政策目标就应该从粮食等主要农产品供给安全逐渐地转换为保证农民收入稳步增长，即我国农业政策的目标从粮食数量供给安全转换为农民收入增加和粮食供给数量安全并重的轨道。

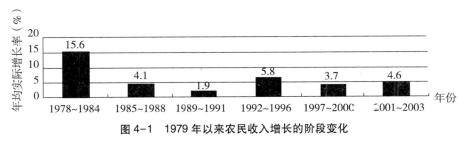

图 4-1　1979 年以来农民收入增长的阶段变化

资料来源：《促进农民增收与全面建设农村小康社会》，中国农业出版社 2005 年版，第 15 页。

根据 1979 年以来农民收入增长的阶段变化（图 4-1）的数据，1984 年以后我国农民收入虽然在 1992~1996 年间出现了恢复性增长，但此后就一直处于低速增长之中。2005 年、2006 年、2007 年、2008 年和 2009 年农民收入实际增长率分别为 6.2%、7.4%、9.5% 和 8.0%、8.2%，呈增长率高于 1984 年以来的平均数，但与城镇居民收入增长和与 1978~1984 年间相比，我国的农民还仍然以比较低的收入水平在为国家的粮食安全做贡献。关于农民收入低增长的解释有多种原因，但从政府行为选择的角度而言，政府促进农民增收的行为选择中所存在的"缺位"或者"空位"是绝对不能忽视的。

无论是选择农业产业的国内生产总值比重指标，还是选择农业产业的劳动力就业比重指标衡量我国的工业化程度，结论都是工业化程度在稳步上升。20 世纪 80 年代我国的工业化进程就已经进入了中期阶段。根据库滋涅茨的收入与经济发展之间的"倒 U 型曲线理论"，我国工业化进入中期以后的收入分配差距应该出现缩小的趋势。但我国收入分配的实际差距却是逐渐扩大的（见表4-1）。

表 4-1　1990 年以来农民人均纯收入与城镇居民人均可支配收入比较

		1991~1995	1996~2000	2000	2005	2010	2011
农民	总量（元）	5212.9	10641.6	2622.2	3254.93	5919.01	6977
城镇居民	总量（元）	14083.8	27558	84772.2	10493.03	19109.44	21810
农民/城镇		1：2.71	1：2.54	1：2.79	1：3.22	1：3.22	1：3.13

资料来源：《中国统计年鉴》。

表 4-1 显示了我国城乡居民收入差距在逐渐加剧。如果再结合 1990 年以来的农业产值和农民就业比例数据所显示的国家工业化水平的提高程度数据，可以看出我国的农民收入水平与国家工业化进程是非对称的，农民分享工业化成果的份额急待提高。

2. 农民低收入严重影响社会协调发展

农民收入增长的持续下降，首先影响的就是国民经济的持续发展。第一，农民收入增长持续下降严重地制约了农业扩大再生产，从而制约农产品贡献程度。农业再生产投入的主体是农民。农业再生产投入能力取决于农民收入水平。农业再生产能力扩大，可以稳定和增加社会的农产品市场供给规模，为社会提供更多的农产品。农民收入的长期持续低下，直接影响农业再生产规模，实际上影响的是农产品贡献能力。第二，农民收入的持续低迷严重地制约了农村的市场贡献程度。在农业大国内，农村消费市场一直都占国内市场消费的重要比重。多年的经验数据已经证明了，农村市场消费能力直接决定着我国国内市场的规模。但从农村消费比重份额的变化而言，自 1990 年以来，农村消费比重从 50% 的水平上持续下降到 2002 年的 36.7%。如果从城乡居民消费水平比较而言，目前的农民消费水平还只是 20 世纪 80 年代的城市居民消费水平。本应该具有相当大潜力的农村产品市场因农民收入的低下而丧失了，影响了产品市场的"出清"。其次是农民收入水平的持续低迷也严重地影响了我国社会的协调发展。随着社会经济的发展，城乡差别应该是逐步缩小的，农村人口的生活水平要逐步改善。没有 80% 以上农村人口生活改善的社会不是协调发展的社会。我国长期以来的城乡收入差别的拉大，进一步地加剧了城乡差别。广大的农村人口还没有分享社会进步所带来的文明成果，城乡协调发展进程受到了严峻挑战。

农民收入长期持续偏低，不仅严重地抑制了农民生活水平提高，与我国经济社会发展的目标背离，也严重地影响了农民生产积极性，成为困扰我国农业生产发展和社会经济可持续协调发展的重要因素。

（三）可持续发展的环境问题日益严峻

在政府行为目标中，维持农业经济的可持续发展的目标日益突出。首先是因为农业经济可持续发展目标直接影响着粮食供给安全和农民收入水平的稳步提高。农业经济可持续发展的基本条件是农业资源的数量与质量保证。就农业资源的数量保证而言，最基本保证是土地数量保证。没有合意数量的土地资源，农业经济活动也失去了依托或载体。随着城市化发展以及风蚀和荒漠化等原因，农地数量在不断地减少。1996～2003 年，我国减少耕地 1 亿亩，平均每年是 1429 万亩。人均耕地不足世界平均水平的 40%。① 全国 2300 多个县中，已经有 666 个县区人均耕地低于 FAO 确定的 0.05hm² 警戒线水平，其中，463 个县已经不足 0.03hm²。由于风蚀和荒漠化等自然原因，全国荒漠化土地已经占国土面积的 27.3%，且还以每年 2460km² 的速度递增。② 严重的荒漠化损失了大量耕地。因各种原因而引起的大量耕地资源的流失已经把我国农业经济活动的范围带入到了安全值的临界范围。我国属于世界上 13 个贫水国家之一。在我国农业用水和农地资源都已经陷了入安全临界范围的同时，农业资源的质量也在严重地威胁着我国农业经济可持续发展。这些问题具体表现为：

1. 农业资源贫瘠化制约农业经济发展

我国农业资源贫瘠化主要表现为两个方面：一是农地资源中的中低产田

---

① 参见《中国人口·资源与环境》2004 年第 3 期，第 48 页。

② 参见吴波、卢奈:《我国荒漠化基本特点及加速荒漠化地区发展的意义》,《中国人口·资源与环境》2002 年第 1 期，第 99 页。

比重占 2/3。如果按氮、磷、钾三大主要土壤养分观察我国的耕地质量，有30%省份耕地缺氮，有 63.3%省份耕地缺磷，有 76.7%省份耕地缺钾。[①] 二是耕地的水土流失面积已经占国土面积的 38%，年水土流失中地表土丧失的养分相当于全国化肥产量。

2. 农业资源污染严重危及农产品安全

农业资源污染主要表现就是耕地资源和水资源两个方面。农地资源和水资源污染的主要原因是工业"三废"以及农业生产自身污染。全国每年因工业"三废"污染的耕地达 266.7 万公顷，每年因此而减产粮食 500 亿公斤之多。[②] 农业生产自身污染农业资源主要是不合理或过量使用农药、化肥所造成的。在我国粮食生产的土壤中，农业自身污染已经占 35%~40%。[③] 过量使用农药和化肥不仅会逐渐导致土壤理化性质改变，减退地力，使得水体富营养化，而且还会增加农产品中有害物含量，严重地影响农产品质量安全。因土壤污染形成的污染物超标的粮食每年就有 1200 万吨。如果考虑其他农产品，那么，我国的农业资源污染引起的农产品质量安全问题是比较严重的。

3. 频繁的灾害限制了可持续发展能力

由于农业生态环境日益恶化，我国的农业自然灾害的受灾和成灾程度日趋严重。1980~1984 年间，全国农业年均受灾面积为 3680.9 万公顷，成灾面积 1926.4 万公顷。2000~2003 年间年均的受灾和成灾面积分别为 5208.7 万公顷和 3148.8 万公顷，平均增加了 41.51%和 63.46%（见表 4-2）。从 1997~2003 年全国受灾面积的成灾率连续超过了 50%，而此前的 17 年中全国受灾面积的成灾率只有 7 年超过了 50%。

农业自然灾害长期的高发生率，对我国粮食供给安全、农民收入增长和农业环境安全都带来了威胁，势必影响我国经济社会的可持续发展进程。

---

① 参见王雅鹏、杨涛：《试论农地资源的稀缺性与保护的必要性》，《调研世界》2002 年第 9 期，第 18~19 页。
② 参见王雅鹏、杨涛：《试论农地资源的稀缺性与保护的必要性》，《调研世界》2002 年第 9 期，第 18~19 页。
③ 参见卢良恕、孙君茂：《从食物安全的高度审视粮食问题》，《农业经济导刊》2004 年第 5 期，第 165 页。

表 4-2　1980 年以来我国农业自然灾害发生情况的时段统计

年份	受灾面积 （万公顷/年）	成灾面积 （万公顷/年）	成灾率（%）
1980~1984	3680.90	1926.40	52.34
1985~1989	4629.00	2303.00	49.75
1990~1994	4983.00	2520.90	50.59
1995~1999	4927.30	2514.50	51.03
2000~2003	5208.70	3148.80	60.45
2004~2010	4151.96	2114.47	50.93

资料来源：根据历年《中国统计年鉴》整理。

二、农业经济转型中政府行为的确定

（一）政府行为的体制结构及其特征

无论是把政府理解为国家机构或是理解为非国家机构即公共权力机构,[①]一个国家的政府都是以国家为了实现其职能而产生并存在的。农业经济领域内政府行为的确定过程与执行过程都是在一定的农业经济管理体制框架下进行的。由于特定国家的政治、经济、文化和历史传统的差异，农业经济管理体制并不相同。农业经济管理体制对政府行为的确定过程与执行过程都有明显的影响。因此，分析我国农业经济发展中政府行为就要从由特定国情所赖以形成的农业经济管理体制入手。我国目前的农业管理体制是计划经济体制下农业经济管理体制的延续，尽管经过了多年的市场化改革，但在许多方面还保持着计划经济管理体制的痕迹。我国农业经济管理体制中残存的计划经济管理体制痕迹主要表现为以下几个方面。

1. 分层运行的农业经济管理体制

我国农业经济管理的组织结构由中央政府农业管理机构和地方政府农业

---

① 参见乔耀章：《政府理论》，苏州大学出版社 2003 年版，第 5 页。

管理机构两部分组成。在由中央政府和地方政府所组成的两层农业经济管理机构中，分别形成了中央政府农业管理机构运行体系和地方政府农业经济管理机构运行体系。中央政府层次的农业经济管理机构主要包括了国务院中涉及农业经济活动的各部、委、局等单位。按照 1998 年政府机构改革对中央政府涉及农业经济职能部门职能权限的规定，农业部是农业和农村工作的主管部门。实际上中央政府中涉及农业管理的部门还包括了国家发展和改革委员会、财政部、农业发展银行、科技部、国土资源部、水利部、国家林业局、国家粮食局和国家质量监督检验检疫局、国家工商总局、卫生部、国家税务总局、国家经济贸易委员会以及国家环保总局等。

这些中央级的农业经济管理机构的工作运行规则是：凡是涉及本部门职能范围内的事项，这些部门独立完成。对于分工尚未明确的事项或重大的政策以及管理方式的变动，这些事项的主办部门提出意见，如果此事项还涉及其他部门，则主办部门主动与其他部门协调，形成一致意见后，再上报国务院批准。此外，在日常的农业管理活动中，凡是涉及几个部门的管理事项，通常以一个部门为主，几个部门联合行动。[①]

地方政府就是指除了中央政府外按照国家行政区域而建立起来的地方各级行政机关。按照我国宪法和地方组织法关于省、自治区、直辖市、自治州、市、市辖区、县、自治县、乡、民族乡、镇设立人民政府的规定，我国的地方政府包括省级政府、地（市）级政府以及县级政府和乡（镇）级政府等四级政府。全国各级地方政府都是中央政府统一领导下的国家行政机关，都要服从中央政府领导。各级地方政府在管理本区域内社会经济发展的同时，实行下级政府服从上级政府的直接领导原则。农业经济领域内地方政府行为是通过其农业经济管理体制实现的。地方政府农业经济管理体制运行的突出特征是上下对应，即地方政府的农业经济管理机构设置与中央政府的每一个涉农管理部门都是对应的；地方政府体系内上下级政府中的农业经济管理部门也是一一对应的。上级政府有什么样的农业经济管理部门，下一级政府中就

---

① 参见冀名峰：《我国农业管理体制调查与分析》，《经济研究参考》2003 年第 43 期，第 33~35 页。

设置了与之相对应的农业经济管理部门，上下级地方政府之间的每一个农业经济管理部门的具体职能也都是相同或相似的。唯一有所不同的是在地方政府体系内政府行为中，越是下一级政府，承担的管理职能越具体，但其所能够支配的人、财、物能力却越弱。各级地方政府之间存在着"事权"与"财权"不对称现象。

由中央政府和地方政府组成的二级政府组成农业经济管理体制运行中，政府行为之间形成了复杂层次关系：一是中央级政府内部各个农业经济管理部门之间的平行关系；二是中央与地方政府之间的领导与服从关系；三是地方政府内部上级政府与下级政府之间的领导与服从关系；四是同一地方政府中的农业经济管理部门之间的平行关系。这种关系的具体情况如图4-2所示。

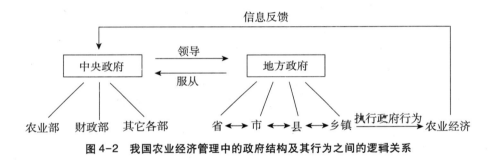

图4-2　我国农业经济管理中的政府结构及其行为之间的逻辑关系

2. 非一体化的产业分割型管理结构

在由中央政府和地方政府所组成的农业经济分层管理模式中，每一个级别的政府内部都设置了众多的农业经济管理部门管理着农业经济活动的某一个方面或者领域，把农业产业的生产、流通等环节分割为众多的部门共同管理。这些同一级别政府内各农业经济管理部门彼此之间所承担的管理职能重复交错。下面以中央政府各农业经济管理部门之间所承担的职能为例，说明彼此之间所承担的管理职能的重复交错现象。

农业部是中央政府的农业和农村经济发展的专业管理机构。农业部的主要职能是研究拟订农业和农村经济发展战略、中长期发展规划、农业的产业政策，引导农业结构合理调整、农业资源的合理配置和农产品品质的改良；提出有关农产品和农业生产资料价格、关税调整、大宗农产品流通、农业信贷、税收以及农业财政补贴政策建议；组织起草种植业、畜牧业、渔业、乡镇企业等农业各产业的法律、法规草案。研究提出深化农村经济体制改革的意见；指导农业社会化服务体系建设和乡村集体经济利益关系，指导、监督减轻农民负担和耕地使用权流转工作。研究制定农业产业化经营的方针政策和大宗农产品市场体系建设，促进农业产前、产中和产后一体化；组织协调农业生产资料市场体系建设；预测并发布农业各产业产品及农业生产资料供求情况等信息。组织农业资源区划、生态农业和农业可持续发展工作；指导农业用地、渔业水域、草原、宜农滩涂、宜农湿地、农村可再生能源的开发利用以及农业生物物种资源的保护和管理；负责保护渔业水域生态环境和水生野生动植物工作；维护国家渔业权益，代表国家检验渔船和管理、监督渔政、渔港。制定农业科研、教育、技术推广及其队伍建设与发展规划和有关政策，组织重大科研和技术推广项目的实施，指导农业教育和农业技能开发，拟订并实施农业产业技术标准，实施农业各产业绿色食品的品质监督、认证和农业植物新品种的保护工作，组织协调种子、农药、兽药、有关肥料等农业投入品的质量检测、鉴定和监督，组织、监督国内动植物的防疫、检疫工作，发布疫情并组织消灭以及承办政府之间农业涉外事物，组织有关国际经济、技术交流与合作、承办国务院扶贫开发领导小组的日常工作等。

水利部拟订水利工作的方针政策、发展战略和中长期规划，统一管理水资源；组织、指导和监督节约用水工作；拟订水资源保护规划；拟订水利行业的经济调节措施；管理和保护水利设施，组织指导大江、大河、大湖及河口、海岸滩涂的治理和开发；指导农村水利工作；组织农田水利基本建设、农村水电电气化和乡镇供水工作；组织全国水土保持工作等。

国家林业总局拟订森林生态环境建设、森林资源保护和国土绿化的方针、政策、国家林业发展战略、中长期发展规划以及组织开展植树造林工作，防治水土流失，指导各类商品林（用材林、经济林、薪炭林、药用林、竹林和特种林）和风景林的培育工作等。

国家粮食总局受国家发展与改革委员会的委托，提出国家粮食宏观调控、总量平衡以及粮食流通的中长期发展规划、进出口计划和储备、动用国家储备粮食的建议，拟订全国粮食流通体制改革方案，起草全国粮食流通和中央储备粮食的管理法规草案以及有关的规章制度并监督执行；编制全国粮食流通以及仓储、加工设施的建设；提出粮食订购价格以及保护价格政策等。

国家改革与发展委员会涉及农业的领域主要是提出农村经济发展战略以及平衡农业、林业、气象、水产、畜牧和农垦发展规划与政策，编制和实施全国生态环境建设的规划，监测和分析全国农业和农村经济发展，安排重大项目等。

财政部涉农职能主要是拟订财政支农政策、农业财务制度；管理中央农业、林业、水利部门的事业经费以及支农专项资金，参与管理和分配财政扶贫资金。

科学技术部的涉农职能主要是研究促进农村和社会发展的科技方针政策；组织实施农村与社会发展方面的国家重大科技攻关计划和社会发展计划，指导农村重大科技产业的示范等。

国土资源部涉农的职能主要是拟订耕地特殊保护和鼓励耕地开发政策、农地保护和整治政策、农地转用管理办法，拟订未利用土地开发、土地整理、土地复垦和开发耕地规定，指导农地用途管制，组织基本农田保护等。

国家质量监督检验检疫总局涉农职能，一是研究拟订进出口食品安全、质量监督以及检验检疫的规章制度和出入境动植物检验检疫的规章制度以及对出入境动植物及其产品的检验检疫和监督；二是管理出入境的转基因生物及其产品的检验检疫。

从我国中央政府中不同的农业经济管理机构所承担的农业管理职责和范围的描述中，就可以看出我国的农业经济管理体制是非一体化的农业经济管理体制：一是把一个农业产业分割为多部门共同管理局面，每一个部门管理一个环节；二是同级政府中的农业经济管理部门之间存在管理职能重复现象，同一管理事项被多部门交叉管理。多个部门管理一个事项看似是强化了管理，实际上更容易形成管理上的"空洞"，出现政府行为的"空位"现象。

3. 政府管理部门之间的权责不对称、管理效率低

在把农业产业分割为众多部门共同管理的体制下，凡是涉农管理部门都有管理农业和农村社会经济发展中某些方面的权力。这种管理体制运行中容易出现的问题：一是这些不同的部门在管理农业、农村社会经济发展中具体

事项的过程中，不管是独立管理还是与其他管理部门共同管理，不同部门都会从本部门角度出发制定农业经济政策，彼此的政策可能出现对立现象，形成了农业经济管理"政出多门"现象。二是多部门共同管理体制把管理资源分配到多个部门。制定农业发展规划部门实现其发展规划所需要的资金、技术、土地以及农村市场体系的建设等资源掌握在其他部门的手中，掌握这些资源的部门配合规划部门的行动与否以及配合的积极程度，直接决定了农业经济发展规划的实现以及实现的程度。可见，多部门共同管理体制运行容易滋生各农业经济管理部门之间的权与责非对称现象以及政府管理的低效率现象。此外，多部门共同管理体制中的"政出多门"以及彼此之间缺乏有效协调机制，还容易造成有限的农业资源利用中的低层次重复甚至浪费现象，降低了十分有限的农业资源的利用效率，延缓了我国农业经济转型进程的深化。

（二）政府行为的确定过程

1. 影响政府行为的主体结构

一个国家特定的政治、经济、文化和历史传统决定了该国家的政治制度，也决定了影响该国政府行为的主体结构。此外，在国际经济一体化背景下，国际经济秩序和国际规则也直接影响着政府行为的边界以及政府行为的手段选择。WTO《农业协议》以及我国加入WTO时的承诺是我国农业经济发展中政府行为的外在性约束。而赖于特定的政治、经济、文化和历史传统所形成的政治制度以及由此而形成的执政党、政府机构、民主党派、公民（农民）、民间组织和大众传媒等则是影响我国农业经济领域内政府行为的内在性主体。

（1）执政党

政治制度首先是指一个国家的政权性质。我国的政权性质是中国共产党领导下的人民民主专政，共产党是国家的领导核心。党对政治生活的核心领导具体表现为党委制、党组制、归口管理制度、党管干部制度、党委领导下的集体负责制以及有关案件的党内审批制度等。党的核心领导在政党与政府关系上表现为：上级共产党党委——→政府←——同级共产党党委。尽管经济体制改革的不断深化以及制度创新的不断增强，党与政府之间的关系也发生了一定的变化，但上述的党对政府的权利控制结构并没有多大变化。如果说有变化，也只是党对政府管理方式的调整而已。因此，影响我国政府行为的主体首先就是执政党。中国共产党是中国最大的政党，是中国政府的唯一执政党。共产党对国家政府行使一党专政的领导权，不与其他政党分掌政权。① 共产党的唯一执政党地位决定了共产党理所当然地要把自己的政治理念、路线和政策操作化为具体的政治和行政行动，从而形成特定的政治社会。共产党实现自己的政治和行政行动的方式，一是组织和领导国家的立法和执法活动，二是实行党管干部制度。通过党管干部，实现干部思想统一，步调一致，控制与监督领导干部工作的执行情况。共产党的特殊执政地位决定了共产党在影响政府行为的多个主体中的对政府行为具有绝对优势的影响能力。正是执政党的核心地位，才使得我国农业经济领域内许多政府行为都是通过共产党中央委员会颁布并通过党的领导而实施的。

（2）民主党派

当代的政党制度有一党制、一党居优制、二党制、多党制和多党合作制等类型。我国的政党制度是共产党领导下的多党合作制度。在多党合作制度中，共产党是执政党，其他的八大民主党派不是执政党，不是在野党，而是参政党，接受中国共产党领导，通力合作、致力于社会主义建设。参政党参政议政的主要形式是政治协商会议制度。各参政党通过对某些重要问题的政治协商，参与有关国家政府和地方政府管理农业经济行为选择的讨论，并通过建议或批评的方式对各级政府农业经济管理中各种已经确定了的行为的执行情况进行监督。此外，作为参政党的民主党派还在各级人大和政协中担任政府和司法机关的职务，参与有关农业经济中政府行为的确定过程。由此可见，民主党派的参政、议政行为是影响我国农业经济领域内政府行为的确定过程的相当重要的因素。

（3）政府行政管理机构

国家的行政机构对农业经济领域内政府行为影响最大。我国有关农业立法的提出以及农业政策方案的初步设想和政策的执行大都是各级涉农性政府行政管理机构作出的。2003 年我国农业部产业政策与法规司编制的我国农业

---

① 参见《斯大林全集》第 29 卷，人民出版社 1953 年版，第 58 页。

法律法规规章汇编中，汇集了我国农业经济法律法规体系——法律、行政法规、部门规章和相关法律法规 160 多项，涉农管理部门以规定、办法以及细则等字样颁布的部门规章有 110 项。由此可见，我国政府中农业管理机构对农业经济领域内政府行为影响的强度是多么的大。

我国的农业经济管理机构之所以对政府行为具有如此大的影响，可以从公共选择学派的观点和我国最高权力机构代表组成两个方面予以解释。

按照公共选择学派的观点，政府官员的偏好也直接决定他所代表的政府行为方向，政府官员的行为能力直接决定了政府行为能力。所以，各级涉农性政府管理部门的政府官员也就成为影响政府行为确定过程的相当重要的主体。行政官员在提出某些政策建议或立法建议以及制定某些法规或政策中，都会在不同程度上考虑其"薪金、职务津贴、公共声誉、权力、任免权"等目标。因此，政府的行政机构及其官员对政府行为影响的地位和作用就显得更加突出了。关于行政机构对政府行为影响的程度，德洛尔认为发展中国家要比发达国家大得多。"发展中国家存在的政策问题少，因而大部分政策问题都能够进入内阁的议事日程；发展中国家并未形成专业的文官制度，所以行政部门在绝大多数的公共政策的制定中起到更大的作用；发展中国家的权力更加集中，因此，政治的行政部门不必在建立联盟的前提下就能够达成政策"。[①] 发展中国家政府行为的决策权主要掌握在行政机关手中，行政领导人对政府行为的择定具有绝对的权利。

如果从我国政治制度看，政府行为的最高决策权力机构是全国人民代表大会。从人大代表组成的比例而言，自四届人大至九届人大，干部代表的比例从 11.2% 上升到 33.16%。在代表比例中位居第一，高出第二位十多个百分点。[②] 由此可见，我国的国家行政部门对农业经济领域内政府行为的确定具有特别大的影响能力。

（4）国家的法制机构

一个国家的政府机构包括国家的立法机构、司法机构和行政机构。就三

---

① Yehezkel Dror, Public Policymaking Reexamined, Scranton, Pennsyvania：Chardler, 1968, p. 118.

② 参见杨凤春：《中国政府概要》，北京大学出版社 2002 年版，第 96 页。

者的关系而言，立法机构界定了国家行政机构行为的许可空间，司法机构则不仅仲裁民众之间的纠纷，维护民众的合法权益，还能够监督国家行政机构的行为是否侵害了民众权益，维护了民众的权益。因此，国家的立法和司法机构对政府行为具有相当大的影响。法制越是完善的国家，越是讲究依法行政，把政府的一切行为都纳入法制的轨道。农业产业一直是各国依法行政的重要领域。农业经济领域内政府行为按照法律框架进行已经是世界农业发展的一般规律。我国是以农业文明著称世界的民族。中国的古代和近代农业立法的典籍不胜枚举。1978 年改革开放以后，加强立法工作，逐步把国家对农业和农村的宏观管理纳入法制轨道的步伐逐渐加快。到目前为止，已经形成了包括全国人大颁布的农业经济法律、国务院颁布的行政法规、农业管理部门颁布的部门规章以及其他相关的农业经济法律（法规、规章）所组成的比较完整的农业法律体系。这些农业法律体系的建立，不仅为政府行为提供规范的操作空间，促进了农业经济领域内政府的依法行政建设，有效地发挥了政府对我国农业经济发展的促进作用，也为保护农民权益提供了保障。因此，我国的立法和司法等法制机构是我国农业经济领域内政府行为的决策和执行中不可逾越的约束和维护农民权益的可靠保障。

（5）民间组织

民间组织是由具有共同兴趣或共同利益的人群所组成的共同体。民间组织包括经济利益组织、社会服务组织、民间自助组织、社会公益组织以及群体组织等。[1] 民间组织可以影响政府决策或直接改变政府行为，从而实现社会利益最大化。如一些专业学术团体依赖其丰富的专业知识，直接影响了政府决策；民间组织代表所在的组织或行业向政府部门反映问题，提出要求，使得政府部门制定相应的政策或措施；当政府政策损害组织成员的利益时，代表成员向有关政府部门交涉。[2] 在我国农业经济领域内影响政府行为的民间组织主要是各种专业学术研究团体。这些专业学术研究组织利用各种资源研究

① 参见杨光武：《中国政府与政治导论》，中国人民大学出版社 2003 年版，第 207、211~212 页。

② 参见杨光武：《中国政府与政治导论》，中国人民大学出版社 2003 年版，第 207、211~212 页。

我国社会经济发展中的各种问题，不仅发现了我国社会经济发展中所存在的各种问题，也提出了解决这些问题的政策建议。这些建议被政府机构采纳后，就演化成了政府行为。专业学术研究组织对我国农业经济领域内政府行为的确定与执行的影响主要通过两个途径：一是这些专业学术研究组织接受政府农业管理部门委托的专项课题研究，为政府行为的决策提供理论和事实依据；二是通过发表和宣传这些专业学术研究组织的研究成果影响政府行为。专业学术研究组织影响政府行为的这两个途径比较而言，前一个途径影响的速度更快，影响力度也可能更大一些，其共同点是都要首先得到政府有关部门的认可。因此，以专业学术研究组织为代表的民间组织对农业经济领域内政府行为的影响能力还是有一定限度的。

（6）公民（农民）

公民是具有某国国籍并依照该国宪法享有权利与义务的个人。公民身份最主要的标志是享有政治权利。公民的身份就是参政权利，即依法享有参与国家政治生活、管理国家以及在政治中表达个人见解和意见的权利，参与政府管理与影响公共政策的权利。① 公民参与影响政策的权利就决定了公民并不是被排斥在政府行为之外，而是对政府行为有影响的主体之一。越是现代民主社会，公民影响政府行为的途径就越广泛，对政府行为的影响力也越大。在现代民主社会，公民影响政府行为的主要途径可以概括为以下五种：一是公民以国家主人的身份或主权者身份，对国家或政府重大政策问题直接行使主权；二是用间接或代议方式，选择自己代理人制定或修改现行的政府行为；三是使用各种威胁方式反对政府的某一项行为；四是参加某利益集团，借助利益集团的力量影响政府行为；五是对政府的行为采取合作或不合作态度影响政府行为。② 在以上影响政府行为的五种途径中，我国农民可以参加利益集团影响政府行为；利用其生产决策的自主权影响政府行为；还可以利用国家主人的身份，通过间接或代议方式，选择自己代理人影响政府行为。

（7）大众传媒

在现代社会中，大众传媒是传播知识和信息、制造舆论和思想交流的最

---

① 参见陈振明：《公共政策分析》，中国人民大学出版社 2003 年版，第 83~84 页。
② 参见陈振明：《公共政策分析》，中国人民大学出版社 2003 年版，第 83~84 页。

直接、最方便的手段，是政府与社会之间的一个重要中介。它影响政府行为主要是通过它对社会性事件的报道引起社会的广泛关注以后，这些事件进入政府行为选择的议程之内而实现的。它对政府行为的影响被视为"第四权力"。大众传媒影响我国农业经济领域内政府行为主要途径是间接的，而不是直接的。这种间接途径基本上是首先把农民权益要求或者专业研究成果通过舆论宣传，引起社会的共鸣和政府的注意，再列入政府行为选择的议题之中形成政府决策，使政府行为选择符合农民和农业经济发展的客观要求。

　　归纳起来，影响我国农业经济领域内政府行为的主体结构以及这些主体对政府行为影响的逻辑关系如图4-3所示：

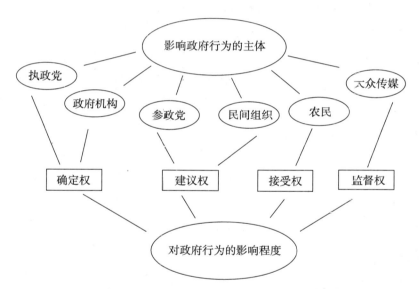

图4-3　影响政府行为的主体结构及其对政府行为择定的影响程度

2. 政府行为确定的模式

　　由于特定的政治制度、社会经济发展水平以及文化传统因素的影响，我国农业经济领域内政府行为的确定主要是由党中央委员会提出或者由政府的农业经济管理部门提出后，再经过合法化的途径而确定并自上而下地组织实施的，属于典型的内在提出模式。根据提出主体的不同，我国农业经济领域内政府行为确定的内在提出模式又可以划分为以政府行政管理机构为首倡的内在提出模式和以党（党委）为首倡的内在提出模式。

（1）以政府行政管理机构为首倡的内在提出模式

政府行为是国家各级行政机关及其公务人员为履行政府职能而进行的各项行政活动的总称，因此，政府行为的主体是国家各级行政机关及其公务人员。但这并不是说政府行为的确定就是由政府机构独立进行的。政府行为的确定是执政党、政府以及政府以外的各种社会力量共同作用的产物。只是不同的政治力量对政府行为确定的影响程度有所区别而已。国外农业经济领域内政府行为确定的模式可以划分为政府外部外在提出模式和政府内部内在提出模式两种类型，其主要原因是这些国家特定的政治、经济、文化和历史传统赋予了政府以外的政治力量具有充分表达其利益的机会和渠道，从而使得政府以外的代表农民利益的社会力量对政府行为影响程度相当强烈，能够对政府行为的确定施加强大的外在压力。执政党在追求政治支持最大化的目标驱动下，就必须要考虑农民利益的外在压力而确定政府的行为。否则，就会因丧失政治支持而退出执政地位。相比之下，从我国政治、经济、文化和历史传统而言，尽管法律赋予了农民表达自己利益的权利，但受到规则的限制，农民利益表达的机会少、表达的渠道也比较狭窄。尤其是在我国的政治体制下，农民并不是以对政府行为确定的外在压力集团形式存在。因此，在政府行为是代表整个社会共同利益的前提下，除了个别时期我国农业经济领域内政府行为的确定属于外在提出模式外，基本上都属于内在提出模式。这种内在提出模式的具体表现过程就是：国家的农业经济管理部门，根据对我国农业经济发展的现状以及未来趋势的认识，提出政府行为的趋向和手段选择，再通过国务院以行政法规、部门规章或者是实施办法、实施细则以及通知等多种形式确定了政府行为的方向、手段以引导和管理全国的农业经济活动。

（2）以党（党委）为首倡的内在提出模式

虽然我国的执政党不是国家的权力机关，也不是政府机构，特定的历史条件所形成的政治制度却决定了执政党是政府行为确定主体中最主要的力量，是政府行为确定的核心力量。共产党对政府行为确定的核心领导地位是以宪法的形式确定的。新中国政权是在共产党领导下建立的。新中国政权建立后，共产党的领导核心是以直接介入国家的公共管理事物实现的。在共产党一元化领导体制下，一切主要和重要的问题都要先由党委讨论决定。尽管在20世纪 80 年代曾经有过共产党对国家事物管理权力的相对弱化时期，但从 20 世纪 80 年代后期起，共产党对国家事物管理权力又进一步加强了。由于共产党对政府行为决策的核心领导地位，我国农业经济领域政府行为的内在提出模式就表现为以共产党为核心的内在提出模式。这种以执政党为核心的内在提出模式在我国地方政府行为的确定中表现得最为突出和典型。

我国地方政府行为的决策分整体决策和自主决策。一般情况下，整体决策的对象涉及的是重大问题，自主决策的对象则是非主要和非重要的问题。在整体决策中，人大、政府和党委对政府行为决策的影响程度是，一切主要和重要的问题是由党委讨论决定的，政府行政机构的影响是政府领导人以党委成员身份参与。政府的行政机构与党委的关系是党委决策后再由政府行政机构执行。①

三、农业经济转型中政府行为的执行

（一）政府行为趋向选择

农业经济是一国国民经济的重要组成部分。一个国家整体经济发展目标以及这个国家整体经济发展的外部和内部环境决定了这个国家的政府在农业经济领域内行为趋向的选择。另外，一个国家的农业经济发展阶段的不同也对这个国家政府在农业经济领域内的行为趋向的选择具有决定性影响。所以，观察我国农业经济领域内政府行为趋向的选择，不仅要从我国社会经济整体发展的目标出发，还要结合我国农业经济发展阶段以及农业经济发展所面临的国际环境。根据我国社会经济整体发展的目标和农业经济发展的不同阶段以及农业经济发展所面临的国际环境，我国农业经济领域内政府行为趋向选择具有明显的阶段性特征。也就是说，在我国经济整体发展的不同阶段、社会经济发展的目标以及所面临的内外环境的差异，农业经济领域内政府行为趋向的选择是不同的。

---

① 参见刘伯龙、竺乾威：《当代中国公共政策》，复旦大学出版社 2000 年版，第一章。

1. 工业化起步阶段农业经济领域内政府行为趋向选择

我国农业经济领域内政府行为趋向选择是与特定时期我国农业经济发展的目标结合在一起的。新中国成立后，我国社会经济发展所面临的国内环境是长期战争的破坏所造成的民不聊生景象，所面临的国际环境则是战争的威胁和严重的经济封锁。因此，当时的新中国政府所面临的主要任务就是在解决吃饭问题的同时，尽快地建立起比较完整的工业体系和国民经济体系，实现工业化。由于我国是农业大国，工业发展不足，实现国家工业化所需要的巨额资本不能不依靠农业剩余的积累。因此，在我国工业化起步阶段，我国农业经济领域内政府行为趋向选择就是要农业经济为国家的工业化做贡献：为国家工业化提供资本积累，为国家工业化提供廉价的原料，为国家工业化提供必要的粮食供给。为了实现农业经济的产品贡献和资本贡献，政府选择了工农产品价格"剪刀差"手段和农产品的统购统销政策。1950～1978 年，我国的农民通过低价出售农产品为国家工业化提供了 5100 亿元的资本积累，同期农业税收为 978 亿元，二者之和减去国家财政支农支出 1572 亿元后，政府从农业经济获得了 4500 亿元的净剩余，平均每年净剩余 155 亿元。[①] 为了实现农产品供给，一方面是"以粮为纲"，严格控制农业生产的范围和领域，另一方面则是在实施农产品统购统销政策的同时，采取了指令性计划方式管理农业生产活动。因此，我国工业化起步阶段的政府行为趋向选择就是要农业经济为工业化提供资本积累和农产品供给等贡献，农民收入目标被严重忽视。农民为工业化作出的资本贡献和产品贡献与农民从工业化中所获得的好处处于严重的不对称状态。

2. 社会经济多重转型期政府行为趋向选择

经过了长期努力，在我国经济整体发展水平从 20 世纪 80 年代中期起进入了工业化的中期阶段的同时，经济运行体制也从计划经济体制转换为市场经济体制；经济增长方式从粗放增长方式转换为集约增长方式；经济运行的环境则从封闭状态转换为开放状态。在我国社会经济全面转型的历史背景下，

---

① 参见徐彬：《中国农业发展中的失范现象及其纠正对策》，《农业现代化研究》2003 年第 5 期，第 322 页。

我国的农业经济发展也处于发展阶段转型、运行机制转型、增长方式转型、生产结构转型以及市场环境的转型等多重转型之中。在我国农业经济全面转型的新历史时期，政府行为趋向选择也发生了根本性的转换。政府行为趋向选择转换主要表现在以下几个方面：一是从保证工业化所需要的资本供给和农产品供给转换为农产品供给和农民收入的双重并重趋向；二是政府行为的手段从计划经济体制下的价格手段和行政手段转换为经济手段、法律手段和行政手段并用，尤其是突出经济手段的应用，充分发挥市场机制对资源配置的基础作用；三是从挤压农业剩余逐渐转换为工农业平等发展以及以工补农的道路，政府行为选择从多取少予转换为"多予、少取、放活"政策，提高农民收入，促进农业经济和农村社会的可持续发展成为新历史时期政府行为选择的主导方向；四是采取了一系列支持农业经济发展的政策，尤其是实施了一系列符合世界通行规则的支持性手段，提高我国农产品国际竞争力，保护农业产业安全和保护农民的生计。

（二）政府行为执行的过程

从过程角度看，政府行为的确定只是政府行为的起点。已经确定了的政府行为只有被具体地落实在政府的社会管理活动之中才能实现政府行为的预期目标。政府行为的落实就是政府行为的执行。由于政府行为的执行主体主要是政府，所以，分析政府行为的执行过程应该从政府及其结构入手。一个国家的政治制度、经济发展水平和文化传统等因素影响该国的政府结构以及政府行为的执行过程。因此，观察我国农业经济领域内政府行为执行过程要从影响政府行为执行的因素入手。

1. 影响政府行为执行的因素

由于我国特定的政治、经济、文化和历史传统因素的影响，更由于我国农业经济发展的特殊性，影响我国农业经济领域内政府行为执行的因素主要表现为以下几个方面。

（1）政府的级别和政府行为能力

虽然农业经济活动的主体包括政府、农户以及农户外的其他经济组织，但就农业经济领域内政府行为执行的主体而言，主要是国家各级农业经济管理部门。这些农业经济管理部门可以统称为政府。农业经济领域内的政府结构是一个由不同层次和级别的政府所组成的结构体系。不同单元的政府之间存在着事权与财权的区分。因此，不同级别的政府在执行政府行为过程的地位和能力存在着区别。在中央政府—省级政府—县级政府—乡镇政府所组成的政府结构体系中，一是越是高一级政府对低一级政府行为影响越大。上下级政府之间具有绝对的领导与被领导关系。在农业经济领域内政府行为的执行过程中，上级政府对下级政府就具有直接指挥和领导的权利。二是越高层政府掌握的资源越多，其行为能力也越大或越强，但掌握资源越丰富的政府与农业经济活动的距离越远，而越是低层政府虽然能够支配的行为资源有限，而与农业经济活动的距离却越近。这样，我国农业经济领域内政府行为执行过程中，政府的级别和行为能力与农业经济实际需要之间存在非对称性。级别越高、行为能力越强的政府与农业经济活动的距离越远；而级别越是低、其行为能力越弱的政府，却与农业经济活动的距离最近。

（2）地方政府损益的比较

现代国家政府的经济职能包括资源配置、收入分配和经济社会的稳定发展。一般而言，在市场经济条件下，地方政府的职能主要是资源配置，中央政府的职能是收入分配和稳定经济。① 在我国经济体制、政治体制改革不断深入的背景下，地方政府的政治经济基础是当地经济发展和人民生活水平的提高。地方政府官员的政治命运与当地经济发展成正比。在缺乏中央政府与地方政府行为关系调整的法律规范的约束下，财政分权所引起的经济至上主义必然严重地影响着地方政府行为选择以及对中央政府已经确定的政府行为的执行程度。高度统一的政治体制要求地方政府的行为一定要服从中央政府行为并维护中央政府权威，但出于行为损益的比较考虑，地方政府行为并不总是与政府的行为保持一致：如果地方政府执行中央政府行为能够促进其辖区内经济发展速度快，能够为政府提供更大的可支配资源时，地方政府行为就积极；否则，如果地方政府执行中央政府行为积极而又没有增加其所支配的

---

① 参见 P. M. 杰克逊：《公共部门经济学前沿问题》，中国税务出版社、北京图腾电子出版社 2000 年版，第 190 页。

经济资源，地方政府对中央政府行为的反映就消极，容易出现对中央政府行为执行不积极的现象。

由于农业经济比较利益差别和利益的外溢性，如果执行中央政府行为不是政治任务，只是出于经济收益的比较，地方政府行为的特点就是：不管是执行中央政府所确定的政府行为，还是地方政府所确定的政府行为，凡是近期内能够增加地方财政收入的政府行为即使对农业发展不利，也积极执行；凡需要地方财政支持的行为即使对农业发展有利，也不积极实施。

（3）政府行为执行的监督机制

依法行政是法制原则对政府行为的基本要求。按照依法行政的原则，我国农业经济领域内政府行为的确定过程与执行过程都必须体现依法行政的本质性规定，即政府行为一定要有法律依据、要依据法律实施行政行为、政府的权与责高度统一。从我国农业经济领域内政府的执行过程来看，政府行为是否是依法行政，不仅要看政府行为选择是否有法律依据，更要看政府是否执行了依据法律确定了的政府行为。如果从后一个方面看，无论是中央政府行为还是地方政府行为的执行过程都存在着没有严格落实法律所规定的政府职责现象，即没有做到依法行政。我国农业经济领域内政府行为执行过程中的非依法行政现象包括：一是中央政府和地方政府都没有履行其法律规定的行为。这种现象的最突出表现是农业法律中已经确定的政府行为选择执行中的弱化现象。《中华人民共和国农业法》第三十八条规定了"中央和县级以上地方财政每年对农业总投入的增长幅度应当高于其经常性财政收入的增长幅度"。但从各级政府每年农业财政投入的增长幅度与财政收入增长幅度的比较看，各级政府的农业财政投入都没有达到《农业法》的规定。二是地方政府执行中央政府行为中的弱化现象。地方政府出于本地经济利益考虑，对于中央政府已经确定了的政府行为，地方政府在执行的过程中采取了"层层截留"、"曲解规则"、"补充文件"、"改头换面"等各种"上有政策，下有对策"手段。

我国农业经济领域内政府行为执行过程中这些现象产生的根本原因就是对政府行为的执行过程缺乏有效的监督机制。如果没有高效、严格的政府行为监督体系，即使在政府行为确定科学、合理的前提下，政府行为的效率也不能够得到真正的发挥。因此，对政府行为的监督机制的健全程度是影响已经确定了的政府行为的执行效率的特别关键性因素。

2. 政府行为的执行模式

政府行为的执行就是已经确定了的政府行为选择的具体实施。在政府结构分级组成的体系下，农业经济领域内政府行为的执行主体包括中央级的农业经济管理机构和地方级农业经济管理机构。根据我国政府结构体系和农业经济管理体制结构，农业经济领域内政府行为执行过程中形成的执行模式概括起来有两种：纵向等级分层负责执行模式、横向事权负责执行模式。

（1）纵向等级分层负责执行模式

纵向等级分层负责执行模式就是根据政府的级别关系以及同级政府内部涉及农业经济管理的政府按照下级服从上级的原则，"自上而下"地执行已经依法确定了的政府行为。具体而言，纵向等级分层负责执行模式就是：共产党中央或中央政府确定了政府行为后，地方各级党委和地方政府具体地在所辖区内落实这些行为。因此，如果根据我国政府之间的等级关系，可以把这种"自上而下"的纵向等级分层负责执行模式的路径简单地描述为：党中央或中央政府——省党委或省级政府——地市级党委或地市级地方政府——县级党委或县级地方政府——乡镇党委或乡镇政府。

"自上而下"的纵向分层等级负责政府行为执行模式赖以形成的基础是我国政府之间的纵向行政隶属关系。不同级别的政府之间的纵向隶属关系主要是通过行政领导人的任免而实现的。政府领导人的任免是"自上而下"政府行为执行模式得已实施的制度性保障。在等级制度的政府结构体系中，政府级别的高低不仅决定了这个级别政府在政府行为执行中的地位，也决定了这个级别政府在政府行为执行中所能够支配的资源能力的大小。我国不同层次的政府之间的逻辑关系是领导与服从关系，即上级政府领导下级政府，下级政府服从上级政府。政府之间的这种领导与服从关系就决定了在"自上而下"的政府行为执行模式中，中央政府是政府行为执行的指令发出者，地方政府按照中央政府的指示在本辖区内落实中央政府行为。地方政府内部也是高一级政府支配低一级政府。由于不同级别政府的管理范围和所支配的资源的限制，在"自上而下"的政府行为执行模式中，政府行为能力表现为高一级政府比低一级政府有更大的行为能力。

在高度集中的计划经济体制时期，我国农业经济领域政府行为的"自上而下"执行模式是极其普遍的。在我国经济运行体制市场化的新时期，这种执行模式也被经常使用。如1994年中央政府为了我国粮食安全问题，决定建立粮食风险基金。在中央政府要求下，不仅中央政府建立粮食风险基金，各地方政府也按照一定比例建立本地区的粮食风险基金。与粮食风险基金有直接关系的就是粮食直接补贴政策。2004年中央决定每年从国家的粮食风险基金中拿出100亿元投入粮食重要产区用于粮食直接补贴，地方政府也要建立粮食补贴基金，补贴粮食生产。"自上而下"政府行为执行模式就是中央政府出政策，地方政府执行政策。在这种政府行为执行模式中，地方政府成为实实在在的中央政府的执行机构。

（2）横向事权负责的"领导小组"型执行模式

"自上而下"的分层等级负责是我国农业经济领域内政府行为执行模式的主流，但由于我国农业经济管理的非一体化管理体制特点，农业经济管理由许多部门共同进行，每一个部门都支配一定的管理资源。为了实现社会管理资源投入的同步性，保证这些农业经济管理部门在落实政府行为中的一致性，也就需要对这些农业经济管理部门的行为进行必要的协调。于是，我国农业经济领域内政府行为的执行过程中就形成了一种横向事权负责的"领导小组"执行模式。由此可见，横向事权负责的"领导小组"执行模式是我国农业经济管理体制上农业产业纵向分割的产物，也是农业经济管理非一体化管理体制的必然结果，更与农业经济管理中纵向分层管理有联系。但一般而言，横向事权负责的"领导小组"执行模式是在以下情景中广泛应用的执行模式：农业经济管理活动需要的资源涉及多个农业经济管理部门所支配或者是多个地区政府所支配，而每一个部门和地区所支配的资源不是数量有限，就是这些资源使用的效益具有外在性，需要统一协调利用资源。

四、农业经济转型中政府行为的历史描述与归纳

按照公共政策分析的方法，政府行为的过程包括政府行为的确定、政府

行为的执行以及政府行为的评估、监督和终结等多个环节。在对政府行为过程分析中，首先是把政府行为的过程抽象为政府行为的确定过程和执行过程。这样抽象的理由是：第一，由于政府行为的评估包括政府行为选择合理性评估和政府行为执行效果评估两个方面，所以，把政府行为的评估内嵌于政府行为的确定过程和执行过程是可以的；第二，政府行为的监督包括了政府行为选择合理性监督和政府行为执行情况监督两个方面的内容；第三，政府行为的终结在政府行为预期目标实现与否以及实现程度的观察中就是明了的。所以，对我国农业经济转型中政府行为的过程进行历史描述与归纳中就以政府行为的确定过程和执行过程为对象进行。由于政府行为的监督能够保证政府行为的合法性，能够促进政府切实履行其行为，保证已经确定的行为被执行，充分实现政府行为的目标，所以，在对我国农业经济转型中政府行为的过程分析中，把政府行为的监督环节列入政府行为的执行过程予以阐述。

（一）政府行为确定过程的历史描述与归纳

1. 政府行为目标择定的扭曲与摆动

农业经济活动的目标包括政治目标和经济目标。政治目标包括两个方面：建立社会主义生产关系和促进国家工业化。经济目标就是农业经济的产品贡献、资本贡献、市场贡献和劳动力贡献以及农民收入。收入目标是农业生产者的直接目标。而政治目标和其他的经济目标则是政府努力追求的目标。尽管经济目标是政治目标的基础，但对于政府行为的目标择定比较而言，我国农业经济领域内政府行为目标选择上，一是政治目标优先经济目标；二是贡献目标优先于收入目标。

如果把政府的目标选择的顺序与我国政府建立初期所面临的环境结合起来，我国政府行为偏好政治目标选择不仅是合理的，也符合工业化以前社会工业化的一般规律理论。新中国成立初期，农业经济的政治目标是在农村摧毁旧生产关系，建立社会主义生产关系。在以农村为主体的社会里，广大的农村不建立起社会主义生产关系自然不能称之为社会主义社会。对于一个国家的社会发展而言，没有一个国家能够在政治动荡与混乱中实现经济的稳定增长。政治稳定是社会繁荣的前提。为了实现政治稳定，农业经济主要就是提供安全的产品供给，为国家社会稳定提供资本贡献，迅速实现工业化。

在农村的社会主义生产关系已经牢固和国家的工业化体系已经基本建立后，工农业关系也就从农业支持工业转换到工农业平等发展以及工业支持农业发展的轨道。在工农业关系的演变中，农业经济领域内政府行为的目标选择也就转换为稳定地增加农民收入上来了。提高农民收入是农业经济领域内政府行为选择的核心目标，政府行为选择的路径是提高农民收入——调动农民生产积极性——促进农产品供给增加。从我国工农业关系变化的历史过程与农业经济领域内政府行为目标选择的比较而言，政府行为目标选择落后于工农业关系的变化。从 20 世纪 80 年代中期起，我国的工农业关系已经从农业支持工业进入到工农业平等发展时期，但政府行为的目标选择却仍然维持在农业的贡献目标上。首先，20 世纪 90 年代中期起，我国农产品供求总体关系已经从供给约束转换为供求平衡、丰年有余，农民收入应该成为我国农业政策的首要目标。自此以来，尽管农民收入在政府行为目标选择中的地位的确在上升，但农民收入依然没有列为我国农业经济内政府行为选择的首要目标，这期间的政府行为目标选择仍然在农民收入与农产品供给之间摆动。当农产品供给安全时，农民收入目标就被提高到比较高的位置，成为政府行为选择的最高趋向；当农产品供给安全受到威胁时，农民收入目标就退到了供给目标之后。其次，尽管政府行为目标选择已经趋向了收入目标的重要性，但现实中许多政府行为选择与增加农民收入目标之间还存在着"错位"和"缺位"现象。

2. 政府行为确定中农民影响能力弱势

由于特定的政治、经济、文化和历史传统等多方面因素的影响，我国农业经济领域内政府行为确定的决定性主体是党和政府行政管理机构，农民对政府行为选择趋向的影响途径十分有限，影响能力也相当小。因为农民利益要求要能够成为政府进行重大决策选择时充分考虑的对象，不仅要求农民具有参与农业经济领域内政府行为决策的意愿，还需要农民拥有足够的渠道或手段把这种要求完全送达到政府的权力机构以及要求农民有足够的影响能力让政府行为的择定体现农民的利益要求。在农民影响政府行为的决策中，农民影响政府行为决策的意愿、能力和途径缺一不可。

根据"经济人"假设，我国农民是具有影响政府行为决策并促进自身利益改进的意愿的。但我国农民影响政府行为决策的能力却由于途径的限制还相当弱。

首先，我国农民还不具备利用参加利益集团影响政府行为决策的现实条件。根据国外利益集团研究的结论，利益集团是在某些行业中对某些问题具有共同利益和主张的人为了使政府维护其利益或者采纳其主张而组织起来采取共同行动的集体。一个利益集合体要成为利益集团的必备条件有：有组织、有共同目标或利益、能够影响政府行为符合其利益需要。[①] 尽管 2005 年 3 月农业部代表政府出台了"关于支持和促进农民专业合作组织发展的意见"，我国的农民专业合作组织也有 140 多万，但这些农民专业合作组织只是经济组织，不是政治组织。农民虽然是国内最大的利益集合体，但还并不是一个利益集团。我国的农民目前还不能够利用利益集团影响政府行为。

其次，我国农民利益要求的表达渠道主要是通过自己的人大代表或者是政协会议的提案以及党和政府对我国农业和农民地位、状况的自觉认识所进行的决策。

根据《中华人民共和国宪法》规定，中华人民共和国的一切权利属于人民。人民行使权利的机关是人民代表大会。人民代表大会与人民的距离最近，它也是最直接反映人民利益和要求的形式。人民代表是由人民选出的自己的代理人。人民就是通过这些代表而行使国家主人的权利。各级人民代表对相应级别政府行为具有决定权，也具有监督权。所以，我国的公民对政府行为影响就是通过自己的代表实现的。在中国共产党领导下，人民代表大会是国家最高权力机关。人民代表能够通过提出议案、建议、批评和意见权利，通过罢免权、质讯和询问权等具有产生、监督和罢免国家政府机关领导人以及进行政府行为的决策。我国的人民代表由工农业代表、干部代表、知识分子代表、军队和归国华侨组成。一般而言，某一个阶层代表数量越多，这个阶层的利益和要求就越能够容易直接反映到大会上来，从而引起政府注意，并影响政府行为。由于农民人大代表分配原则（1954 年选举法规定农村与城镇

---

① 参见程同顺：《利益集团理论与中国农民的组织化》，《社会科学》2005 年第 3 期，第 17~18 页。

每一个代表所代表的人口数是全国人大为 8：1，省级人大是 5：1，县级人大是 4：1。1995 年改为各级人大代表数是 4：1）的限制，农民代表的比例明显偏少。一届人大到九届人大的农民代表占人大代表的比例分别是 5.14%、5.46% 和 6.78%、22.9%、20.59%、11.7%、9.4% 和 8%。农民代表比例虽然总体趋势是上升的。但如果在按照农村人口占全国人口的 70% 和农民代表比例是 8：1 计算，则农村代表比例应该是 30% 左右。① 全国人大是全国的民意和立法机构，而不同阶层人大代表的比例直接决定了这个阶层的利益能否被引入政策议程之中。我国人大代表分配比例的这种浓厚的城市色彩不仅减少了农民利益的表达机会，并有可能弱化了农民权益。我国农民数量优势与农民人大代表数量劣势表明了，农民对政府行为的影响能力与其人口比例并不对称。在我国农民还没有成为一个有利的利益集团背景下，农民更多的是政府行为的被动接受者。

最后，共产党和共产党领导下的人民政府性质决定了党和政府是我国最广大的农民利益代表。党和政府代表农民利益的机制是通过党和政府领导人的行为来体现的。这些领导人是农民利益的代表，也是我国其他阶层人民利益的代表。政府领导人对政府行为趋向的何种选择都是在代表人民的利益，但这种选择未必就一定能够符合或代表了最广大的农民利益要求。因此，农民利益的代理式表达对农民是不利的。也就是说，在目前的政治利益格局下，农民利益的诉求被列入到政府行为决策的议题，并从根本上影响政府行为决策还有一定的局限性。

3. 农业经济法律体系建设的薄弱性和滞后性

为了防止农业萎缩，缩小工农业之间的发展水平以及收入水平的差距，发达国家和地区都通过了比较健全的农业法律体系来保护农业和农民利益。我国政府农业立法和农业执法的历史是相当悠久的。《秦律》规定了对懒惰游民和不参加农业生产者的惩罚，把劝课农桑作为各级官吏的政绩标准。从新中国成立后，尤其是改革开放以来，尽管我国农业法律体系建设也取得了显

---

① 参见傅如良：《转型期农民政治权利探索》，《中国特色社会主义研究》2005 年第 1 期，第 34~35 页。

著成绩，但从我国农业经济多重转型需要以及横向比较而言，我国的农业法律体系建设还存在着明显的薄弱性和滞后性。

（1）农业法律体系建设的薄弱性

我国农业法律法规体系建设的薄弱性突出表现为：一是农业立法与农业大国地位不对称。从 1979 年以来我国立法中的农村法律、行政法规和行政规章分别是同期我国法律、行政法规和行政规章总数的 4.32%、5.29% 和 11.25%。① 这个比重与农业大国中的农业产值比重或农业就业比重及农村人口的比重是极不对称的。二是农业法律的约束力弱。现行的农业法律法规多为原则性和政策性规定。这些原则性和政策性规定都是"应该"的，很少是"必须"的。在这些农业法律"应该"的规定外，不完全履行"应该"的法定职责要承担什么责任的规定却鲜有体现，农业法律规定的约束力相当薄弱。三是农业管理部门制定的农业规章相当多。我们不能说农业管理部门制定与颁布的农业规章不是法律，但从执行的效力上看，农业管理部门制定与颁布的农业规章还是没有全国人大制定与颁布的法律法规更有效力。所以，相对而言，我国的农业法律法规制定与颁布的层次还是显得低了一些。我国农业经济法律法规制定与颁布的低层次性在一定程度上的确影响了该类法律法规的执行效力。

（2）农业法律体系建设的滞后性

判断农业法律体系建设的滞后性与否的主要依据就是该国家的农业法律体系构成是否完善。完善的农业法律体系都是由以农业法为基础，由多层次的专门性农业法律和与这些专门性农业法律配套的实施细则所组成的结构体系。我国在 1993 年就颁布了《农业法》，也制定与颁布了许多专门性的农业法律法规。目前的农业经济发展已经出现了多重转型，但与农业经济多重转型对应的一些专门性农业法律法规，如家庭承包法、农业支持法、农业安全与经营法等还处于空白状态。至于与专门性农业法律法规配套的实施细则就更罕见了。由此可见，我国还没有建立起以农业法为基础、由众多的专门性

---

① 参见丁关良：《中国农村法治基本问题研究》，中国农业出版社 2001 年版，第 65~67 页。

农业法律法规和与这些农业法律法规配套的实施细则所构成的完善的农业法律体系，我国的农业法律法规体系建设明显地滞后于农业经济发展的实际。

（二）政府行为执行过程的历史描述与归纳

尽管我国农业经济领域内政府行为选择中存在这样或那样的问题，但从政府行为的确定与执行两个环节的比较而言，政府行为执行过程中存在的问题似乎更为突出。

1. 农业依然继续着剩余贡献

农业在国民经济中的基础地位一直都是十分明确的。早在 20 世纪 60 年代我国政府就已经提出了农业是国民经济基础的观点。我们暂且不从理论上去讨论农业经济的基础地位，从农业经济发展中政府行为选择的实践看，农业的基础地位就是给国家工业化提供资本剩余、产品供给、产品市场和充足的劳动力供给等贡献。理论界普遍认为，在工业化初期，工业发展所需要的资本积累要依赖农业剩余的积累。[①] 工业化资本积累之所以要从农业剩余中取得，是因为工业化初期阶段的工业部门扩张还无法积累起所需要的足够资本，也无法通过境外资源的流入来获得所需要的足够资本。农业为国家工业化提供剩余的理论限度是，工业化发展到工业具备了依靠自身积累支持工业化的阶段或水平。工业化发展到什么水平才可以依靠自身资本积累能力获得所需要的资本的判断标准有：已经建立起相对完整的现代工业体系；工业部门在国民经济中的主体地位已经确立；工业劳动力份额已有大幅度上升；城市化程度已经达到一定水平；人均 GNP 也达到一定水平。从这些标准看，20 世纪中期我国就已经进入了应该结束农业给工业提供剩余阶段并进入了工农业平等发展阶段。[②] 这也说明了工农业平等发展阶段后，农业的基础地位也要从农业剩余贡献转换为农业是工业化基础的观念。没有农业现代化的工业化不是全面的工业化。要实现工农业平等发展首先就要彻底扭转农业剩余流出问题。

---

① 参见王耕今、张宣三：《我国农业现代化与积累问题研究》，山西经济出版社 1993 年版，第 37 页。

② 参见冯海发、李溦：《试论工业化过程中的工农业关系》，《经济研究》1989 年第 12 期，第 44~49 页。

农业剩余贡献方式有三种：赋税贡献、价格"剪刀差"和储蓄。因此，解决农业剩余贡献与否就可以从这三方面进行。价格"剪刀差"一直是农业剩余转移为工业资本积累的主要方式。1950～1978年间平均每年农业剩余转移规模是155亿元，1979～1994年间平均每年转移规模是811亿元。[①] 农业剩余通过储蓄方式转移与否可以通过存贷款差反映出来。从1978～2002年间，除了1984～1993年外都是正值。存贷款差在1993年前是平缓的，1993年后是急剧上升。2002年达到5473.16亿元。[②] 这说明了在国家工业化进行到了工农业平等发展的新历史时期，农业依然在承担着剩余贡献。储蓄转移则是新历史时期我国农业剩余转移的主要途径。我国是世界上少见的征收农业税的国家之一。由于农业规模的不断扩大，从20世纪中期以来也是逐年增加的。但值得欣慰的是农业收税的时代已经彻底结束了。但从价格和储蓄而言，我国农业经济还没有走上与非农业平等发展之路，我国的农业经济依然处于剩余贡献的地位。

2. 已经确定的支农性政府行为执行效果差

农业经济领域内政府行为确定以后，政府就要按照决策安排资源投入组织政府行为的实施。改革开放以来我国政府确定了许多支持农业发展的行为，但由于多种原因，这些已经确定了的政府行为执行得相当不理想。政府行为的执行主体是政府。所以，寻找这些行为执行差的原因也应该从政府入手。政府行为的执行涉及中央政府和地方政府。在农业经济领域内政府行为的执行中，有些行为是中央政府独立进行的，更多的则是由中央政府与地方政府共同执行的。无论是中央政府独立执行，还是中央政府与地方政府联合执行，政府不执行已经确定的政府行为现象比较普遍。在农业经济领域内政府不执行的环节最集中的就是财政和信贷。1993～1994年我国政府支持农业经济发展的价格政策、投入政策、税收政策、农业技术推广体系政策和农地保护政策的执行效果可以充分反映政府行为执行环节不是没有投入规模，就是没有

① 参见徐彬：《中国农业发展中的失范现象及其纠正对策》，《农业现代化研究》2003年第5期，第322页。

② 参见姚耀军：《中国农村金融发展水平及其金融结构分析》，《金融与保险》2005年第11期，第61页。

资本投入。政府执行能力的限制、宏观经济环境的不利、政策缺乏可操作性、政策本身的变化无常所带来的执行者无所适从以及政策"一刀切"在农业大省的无力落实等等的确都是政府不执行其已经确定的政府行为的原因。[①] 但如果换个角度看，从农业与非农业投入比较看，为什么在既定的执行能力下，农业产业中已经确定的政府行为执行弱于其他产业？我国农业经济领域内政府行为执行不力的根本原因是利益结构问题。在不能够触动既定的利益结构情况下，首先不保证执行就是已经确定的农业经济领域内的政府行为。

3. 地方政府的"上有政策、下有对策"性执行

地方政府执行中央政府行为中的变通是我国政府行为执行中长期存在的普遍性现象。"上有政策，下有对策"是对地方政府在执行中央政府行为的过程中各种变通的高度概括。不能一概地否定地方政府执行中央政府行为过程中的所有变通。如果地方政府执行中央政府行为时，坚持了灵活性与原则性的高度统一，"不求形似，只求神似"的变通，则地方政府执行中央政府行为时，不仅抓住了中央政府的精神实质，还创造性地落实了中央政府的精神；如果地方政府落实中央政府行为的过程中是"只求形似，不求神似"的变通，这至多是照办中央政府指示，不能够结合本地实际情况创造性地落实中央政府精神；如果地方政府落实中央政府行为中是"既不求形似，也不求神似"的变通，就是不执行中央政府行为。因此，地方政府落实中央政府行为上的变通，只要是"不求形似，只求神似"的变通，就应该鼓励，而不是否定。可惜的是地方政府落实中央政府行为中的这种变通并不多，尤其是农业经济领域内的变通基本上都是：你有政策，我有对策的替代性执行；曲解政策、为我所用的选择性执行；软硬兼施、拒不执行的象征性执行以及搞土政策的附加性执行。地方政府之所以会有这些变通方法执行中央政府行为，主要是由于农业经济比较利益低而对地方政府的经济收益最大化缺乏利益刺激，以及政府行为本身设计中还存在着不利于地方政府行为的内容。

4. 政府行为选择的"错位"与"缺位"

在我国农业经济多重转型时期，政府行为的领域以及手段也要发生相应

---

① 参见李成贵：《中国农业政策——理论框架与应用分析》，中国社会科学出版社1999年版，第185～187、194～198页。

的转型。根据经济发达国家政府行为领域、政府行为手段选择的一般规律以及我国农业经济多重转型时期政府行为领域和手段选择的横向比较，我国农业经济多重转型中需要政府支持的一些领域还存在着急待调整的"错位"与"缺位"现象。

（1）支持政策安排的"错位"与"缺位"

我国政府支持农业发展的政策主要由农业发展银行承担。农业发展银行支持农业的手段主要是贷款支持。农业发展银行贷款有90%以上支出用于农产品收购支持和大江大河治理，用于农业结构调整上的部分相当少。我国政府支持农业发展行为表现为严重的重流通、轻生产的倾向。政策支持的"错位"与"缺位"表明了政策支持还没有成为促进农业经济转型深化的有力手段。

（2）缺乏WTO规则中支持性制度安排

根据WTO农业协议，"黄箱"政策要逐步削减使用，而"绿箱"政策则是农业保护的通行证。"绿箱"政策中仅涉及农业结构调整支持的条款包括了生产者退休计划结构调整补贴、资源休闲结构调整补贴和投资援助结构调整补贴等三项。这些支持项目已经是发达国家政府农业保护政策的重要组成部分，甚至是最主要项目。政府的农业投资援助在"绿箱"支出中的地位，欧盟、美国和日本居前三位。① 我国特殊的国情决定了不可能使用这三项政策（我国的农业资源休闲不可能），但对农业结构调整具有特别意义的投资支持是可以使用的。但截至我国农业结构战略调整多年后的今天，农业结构调整支持的制度安排还处于空白状态。

（3）金融改革形成了农业金融供给抑制

农业结构调整也是增加农业投入的过程。没有高投入就不可能实现农业结构转换。现代农业的高投入主要依赖于农外资本的注入。农外资本的注入途径一是农业产业外的其他产业资本的直接投入；二是贷款——政策贷款和商业贷款。低下的比较利益不可能吸引农业产业外其他产业资本的大量直接

---

① 参见商务部国际经济贸易合作研究院：《WTO主要成员国绿箱支持实施情况》，《经济研究参考》2003年第57期，第7~11页。

投入，农业外部资本注入的主要渠道是贷款。由于我国的政策贷款 90% 以上用于农产品收购或大江大河治理项目，真正用于农业生产项目的部分很少，所以，商业贷款是农业生产资本注入的主要来源。1999 年国家关闭农村合作基金会，其他的民间金融组织也被严格限制。虽然我国的金融体系基本完善，但农业商业贷款主体只有农业银行和农村信用社。自 1990 年以后的农业银行商业化改革，农业银行出于成本和效益及资本安全的考虑，其经营战略、市场选择和业务范围表现出了明显的"离农"倾向，农村信用社贷款就成了我国农业生产资本注入的主要来源。在 1996 年农村信用社独立时，剥离给信用社的亏损挂账、不良贷款损失超过其每年贷款利息收入，这种现象极大地限制了信用社农业贷款能力。同时，信用社出于资本安全、效益和流动性考虑，其贷款结构也表现出了"离农"倾向。商业贷款出现了"离农"倾向后，政府并没有制定抑制这种现象的相关规则，从而出现了深化农业经济转型进程中的金融性资本供给抑制的现象。

（4）政府转嫁公共财政职责弱化了农户的扩大再生产能力

按照公共财政理论，公共产品的供给应该主要由政府承担，从政府的财政收入支出中安排。可目前的公共产品供给制度是"二元"格局。分布在城市的公共产品供给由政府承担，分布在农村的公共产品供给主要由农民承担。农民不仅承担本应该由地方政府承担的农村的道路建设、公共场所、小流域水利建设等公共产品费用，还要承担本应该由中央政府承担的分布在农村的民兵训练、义务教育、计划生育、农村环境保护、社会保障、大江大河治理、拥军优属等全国性公共产品费用。这一系列政府公共职责向农民的转嫁，加重了农民负担，弱化了农业扩大再生产能力，限制了农业三产的深度发展和广度发展。

（5）农业技术研究与推广体系薄弱

没有先进的农业技术及其在生产中应用就不会实现农业经济现代化。农业技术供给是农业经济现代化的关键。农业技术供给包括技术研究和推广两个方面。从技术研究所形成的农业技术供给看，长期以来，我国农业技术研究存在着重视增产技术研究，忽视优质技术研究；重视产中技术研究，忽视产前、产后技术研究；偏好高、精、尖技术研究，忽视实用（适用）技术研究等特征，这种技术研究导致了技术上的先进性与实际应用不可行性之间的矛盾。现有的农业技术供给难以有效地支持农业结构调整的深入。从技术推广看，虽然我国已经建立了遍布城乡的农业技术推广体系，但推广体系的效率很低。由于农业技术推广投入的严重不足，很多地区的技术推广体系已经陷入了"网破、线断、人散"境地。尚存的技术推广人员由于缺乏必要的技术培训，大多数人只能做一般性的介绍，不能示范或解决技术应用中出现的问题。农民的生产技术仍然是世代相传的经验。现行的农业技术研究与推广制度安排已经严重地削弱了农业技术的应用速度，限制了农业技术进步，从而阻碍了农业经济转型的深化。

（6）政府行为的确定与执行脱钩运行

为了保证农业投入水平，增强农业综合生产能力，《中华人民共和国农业法》和《九十年代中国农业发展纲要》等都有明确的规定。《中华人民共和国农业法》第三十八条规定了，中央和县级以上地方政府财政每年对农业总投入的增长幅度应当高于其财政经常性收入的增长幅度。《九十年代中国农业发展纲要》也规定"国家预算内农业基本建设投资、国家财政支农资金、银行的农业贷款资金、以工代赈资金等现有渠道的农业投资要长期稳定，并逐步增加。为了保证农业发展的需要，从中央到地方，计划、财政、信贷盘子都要优先保证农业资金，一定要下决心改变农业投资份额小的状况。"但是从国家财政支农支出比重的变化看，政府并没有真正执行自己的法定义务，政府的财政支农投入具有明显的随意性。

第五章 中国农业经济多重转型中政府行为机制的完善

农业经济转型中政府行为的合理与否，一是看政府行为选择与农业经济转型的实际要求是否一致；二是看政府行为执行过程中所选择工具是否符合国际规则、已经确定的政府行为的执行程度以及政府行为对深化农业经济转型的促进程度。因此，我国农业经济转型中政府行为机制的完善之关键环节就在于政府行为的确定过程和执行过程。从政府行为确定过程和执行过程两个环节探索政府行为机制的完善，首先要对我国农业经济转型中政府行为的目标、行为工具的选择、政府行为界限和领域等问题进行规范性的界定，在此基础上从政府行为的确定和执行两个环节，提出我国农业经济多重转型中政府行为机制完善的对策。

一、农业经济多重转型中政府行为的界定

（一）政府行为的目标选择

1. 目标选择的历史性和区域性

农业经济中政府行为的目标因国而异。[①] 各国农业经济目标的差异主要原因是本国农业经济资源禀赋、农业经济生产力水平、国内农产品的供给与需求关系以及影响政府行为选择的力量的差异。我国农业经济中政府行为的目标包括农产品供给安全目标、农民收入目标以及农村和农业经济可持续发展

---

① 参见钟甫宁：《农业政策学》，中国农业大学出版社 2000 年版，第 33~34 页。

目标等。在理解这些目标的时候，要注意这样两个问题：第一，上述目标是我国农业经济多重转型时期政府行为的目标。在我国工业化不同时期，农业经济发展中政府行为的目标追求是不同的。在工业化起步阶段，我国农业经济发展中政府行为所追求的目标是农业的资本、产品、劳动力和市场贡献。农民从事农业生产就是为国家工业化提供这四种贡献。这种目标选择在我国工业化已经迈入工农业平等发展时期还在继续着。只是到 20 世纪 90 年代末我国农产品已经丰年有余，供求基本平衡、尤其是农产品多次出现"卖难"后，农民收入目标的地位才逐渐上升，但还很难说农民收入已经上升为我国农业经济发展目标中的首位。也正是在这个时期，在城乡收入差距的不断扩大和我国环境问题已经引起了广泛关注的背景下，促进农村和农业经济可持续发展目标才被列入我国农业经济发展中政府行为目标的选择中。第二，不同级别政府行为所追求的目标之间存在差别。在上述三个目标中，就不同级别的政府、尤其是对不同地区的政府而言，其政府行为的目标追求是有差别的。根据区域农业资源的比较优势，东部沿海发达地区发展外向型农业、中部地区发展粮食安全农业、西部地区发展生态保护性农业的区域布局模式，实际上就已经道明了不同区域地方政府行为目标选择的差异。

由此可见，我国农业经济发展中政府行为的目标选择具有历史性，也具有区域性。

2. 目标选择的顺序安排

在我国农业经济发展已经进入多重转型时期，政府行为目标的结构体系包括农产品安全目标、农业收入目标以及农村和农业可持续发展目标。这些目标都是贯穿于我国农业经济发展始终的最终目标。首先，在这些最终目标体系中，农民最关心的收入目标，其他目标的收益主体是政府。其次，为了实现这些最终目标，还应该有一些中间目标。政府行为目标的选择既要解决农业经济发展中的现实问题，又要引导农业经济未来发展方向。据此，我国农业经济多重转型时期政府行为的目标选择应该有顺序安排。

（1）收入目标应上升到目标体系的首位

首先，农民收入目标的地位日益上升。我国农村人口数量具有绝对优势，但农村市场规模却是绝对劣势的。80% 的农村人口只占有 20% 的市场份额。

在人口规模既定下，农村市场规模的大小取决于农民收入水平的高低。在我国城乡收入差别多年以来持续拉大的情况下，农村市场的萎缩已经严重地影响了我国社会经济整体现代化进程。增加农业收入、提高农民生活水平、扩大农村市场对国民经济发展的促进作用已经是我国社会经济发展新阶段的关键。农村现代化源于农民收入增加所引起的生活水平的提高。没有农村现代化，就没有整个国家的现代化。所以，从我国社会经济发展新阶段的市场需求以及农村现代化而言，增加农民收入在我国农业经济发展的目标体系中的地位日益重要。

其次，长期以来，我国农业经济发展目标主要是增加农产品供给数量，确保国民有饭吃。由于农业生产力水平的提高，从 20 世纪 90 年代后期起，我国的农业经济已经进入了新时期：农产品供给数量从长期的绝对短缺转换为总量基本平衡、丰年有余。尽管还存在着数量供给不安全的隐患，但数量供给已经不是我国农业经济发展中政府行为的首要目标了。

（2）农业经济可持续发展目标要强化微观落实

受长期的粗放型农业增长方式影响，我国的农业资源的数量减少和质量下降都已经进入到强约束时期。我国的农产品质量安全状况存在着许多隐患。农产品质量安全隐患不仅影响了有竞争力的农产品出口，也危及国内消费者的身心健康。所以，转换农业经济增长方式，走可持续发展道路是我国农业经济现代化进程中的必然选择。另外，随着我国社会经济整体发展，国民的需求已经从物质生活需求逐渐地转换到精神文化生活方面。农业产业在满足国民的物质生活需求的同时，也能够满足其精神文化需求。因此，我国农业经济可持续发展目标不仅是要强化，而且要落实到农业生产的所有微观环节和领域之中。促进农业的可持续既是我国农业经济发展的最终目标，也是中间目标。

（3）提高我国农产品竞争力是手段性目标之关键

为实现上述三个最终目标，要确定一些手段性目标。实现最终目标的手段性目标也是一个结构体系。根据我国农业经济多重转型、尤其是国际化转型实际情况，提高农产品国际竞争力将是手段性目标体系之关键。

首先，农产品竞争力关系到我国农民的生计安全。在农业经济国际化背景下，我国农产品的内销和外销都要提高国际竞争力。农产品国际竞争力的强与弱不仅直接决定了本国农产品的生命力和农产品市场占有率的大小，也直接决定了本国农民生计安全和粮食供给安全。如果本国农产品没有国际竞争力，本国农业产业所丧失的不仅是本国农产品市场和国际市场问题，更重要的是因本国农产品市场的丧失而危及本国农民的生计和国家的粮食供给安全。

其次，提高农产品国际竞争力的最终目的不是把我国发展为世界农产品主要出口国，而是保护我国农民生计和保证国家的粮食供给安全。农产品竞争力包括价格竞争力、质量竞争力和信誉竞争力。① 从价格竞争力上看，我国农产品中的劳动密集型产品有比较强的竞争力，资源密集性产品没有竞争力。尽管如此，在国内人均农业资源禀赋约束下，我国也不能发展为这些有竞争力农产品的主要出口国。提高农产品竞争力的目的是增强我国农产品的国内市场占有能力，保护国内农业劳动者生计以及把国家的粮食安全建立在可靠的国内生产基础上。

（4）农业技术进步支持制度建设是手段性目标的基础

提高农产品国际竞争力是我国农业经济发展中手段性目标之关键。因此，我国农业经济中政府行为选择要以提高农产品国际竞争力为重点。提高农产品竞争力的根本手段是农业技术进步以及农业生产的标准化。农业技术进步具有一定的公共性或者具有外部性。根据经济理论观点，公共产品和具有外部性的产业都需要政府支持。所以，政府要创建有利于农业技术进步的制度安排。制度安排是促进农业技术进步、提高农产品国际竞争力的基础，也是实现我国农业经济领域内政府行为三大目标的保障。

（二）政府行为的界限

1. 市场与政府的双重失灵

尽管市场机制曾经创造了辉煌的经济业绩，但市场上的自由竞争也不是

---

① 参见柯炳生：《提高农产品竞争力：理论、现状与政策建议》，《农业经济问题》2003 年第 2 期，第 34~39 页。

万能的。首先，在自由的市场经济中，经济活动的逻辑顺序是：供求关系变化——→市场价格变化——→资源配置调整——→供求关系变化——→市场价格变化——→供求关系变化——→市场价格变化——→资源配置……在供求、价格、资源配置循环中，每一次资源配置的调整都属于事后调整。这种事后调整不仅引起资源配置中浪费现象，还可能引发了经济波动。当这种波动剧烈到一定程度就可能出现经济危机。其次，按照市场上的供求、价格进行资源配置调整是经济利益最大化动机的产物。即使这种市场调节是高效率的，市场机制的调节也不能引导资源配置实现社会的公共目标。所以，从现代政府所追求的目标而言，市场调节具有局限性。市场机制的这些局限性又是其本身无法克服的，克服市场机制局限性的职责是政府。经济市场化运行中的市场失灵是政府行为产生的逻辑起点。农产品需求弹性缺乏和农业生产要素流动的黏滞性、农产品的公共性以及农业产业的外部性等是农业经济领域内市场失灵的原因的主要表现。

农业经济市场化运行中的市场失灵、农业产业在国民经济中的地位、作用以及产业特征衍生了政府行为的产生。在商品性农业发展到一定阶段后，政府通过各种行为影响农业经济运行已经是一种必然现象了。不幸的是，政府通过各种行为影响经济运行中也同样存在着政府失灵现象。政府失灵的原因在于政府的缺陷，即政府行为的体制性、政府行为内生性和政府行为的外生性等方面。

2. 政府行为的界限

（1）以充分发挥市场机制的有效作用为界限

高度集权的计划性经济运行实践已经证明了这种运行方式是最大限度的无效益。与计划性经济运行比较，市场化经济运行的经济虽然是最有效率的制度，但也存在市场失灵问题。现代市场经济运行中政府与市场的关系是有效的市场与有限的政府相结合。即政府作用局限于市场失灵领域，政府的作用以充分发挥市场机制的有效作用为前提，政府行为的边界以不破坏市场的有效作用为限。

（2）以政府行为的最大能力为界

政府行为有效执行的前提条件是一定人力资源、财力资源和物力资源等执行资源。这些资源总量既是社会经济发展的结果，也是国民收入再分配的结果。一个国家的社会经济发展水平越高，政府能够投入到社会经济再发展中的资源总量越多，政府行为的能力也就越强。因此，政府行为要以社会经济发展给予政府的行为能力为边界。首先，随着国家工业化水平的提高，政府能够应用于农业领域内的资源总量会逐渐增强。在这种情况下，政府应该随着其资源支配能力的增强加大农业资源投入规模，保证政府投入规模与投入能力的一致，消除因政府"能作为"而"不作为"所产生的"政府失灵"对我国农业经济多重转型深化的影响。其次，根据工业化不同阶段中工农业关系理论，政府对农业经济运行的行为选择一定要随国内工业化进程中工农业关系的变化而调整国民收入再分配政策，绝对不能拖延应该实行的工农业财政投入再分配政策，从而延缓我国农业经济多重转型的深化。

（三）政府行为的领域

农业经济运行中政府行为产生于市场失灵，政府行为的领域就是市场失灵的领域。根据经济发达国家政府行为的领域选择和我国农业经济发展的目标体系，我国农业经济多重转型中政府行为的领域及重点环节体现在以下方面。

（1）市场信息及市场体系建设

市场机制是在经济市场化运行体制下经济资源配置的基本方式。市场机制调节经济资源配置的基本途径是市场信息。即市场化农业经济以市场信息为基础配置农业资源。市场信息具有公共产品性质，供给主体是政府。所以，市场信息建设是市场经济运行下政府行为的主要领域之一。虽然我国个别地区的农业现代化水平已经比较高了，但在广大地区的多数农民还是依靠经验决策，农民决策中从众行为和从众意识还比较强。这种经济决策方式不符合现代市场经济运行的基本规律。可见，完善我国农业信息系统建设的任务还比较艰巨。

在我国农业经济的市场信息系统建设中，政府行为的重点领域：一是完善市场信息收集与发布制度体系建设，提高信息的指导作用，引导农业生产决策，提高资源配置效率。农业市场信息系统建设的重点内容是与农业生产、流通、加工等有关的价格信息、供求信息、生产技术信息以及国家政策信息等方面。其中，重中之重是价格信息。因为价格机制是市场机制的核心机制。二是要对农民进行必要的信息利用培训，提高农民利用信息进行经济决策的能力。农产品信息依赖于农产品市场。所以，没有发达的农产品市场就不可能形成完善的市场信息。因此，为了完善农产品信息系统建设，必须加强我国农产品现货市场和期货市场体系建设以及市场规则建设，大政府的间接调控创造可靠的依托。

（2）农产品市场平衡机制建设

虽然我国的粮食生产已经实现了总量供求平衡、丰年有余的历史性跨越，但从人口与农业生产能力的比较而言，我国的粮食安全还存在着一定的隐患。所以，为了保证国家的粮食安全目标不受到威胁，政府必须完善农产品的储备体系建设。另外，粮食储备也可以调节粮食价格，防止"谷贱伤农"，保护粮农经济利益。农产品市场平衡机制主要由生产力储备和产品储备两项目组成。我国社会经济发展所取得的成绩为完善农产品平衡机制建设提供了比较强大的经济能力，农产品供求关系变化也为生产力储备提供了大好机会。

（3）农民收入支持

因农业比较利益低社会效益大的特点以及完全的市场调节的无效性，政府对农民收入进行支持已经是国际上的通行做法。从我国的实际情况看，一是我国的工业化水平已经进入到工农业平等发展和工业反补农业阶段，农民收入是这个经济发展阶段的核心目标。二是增加农民收入具有迫切的必要性。首先是农民收入长期偏低严重地制约了农业扩大再生产能力和限制了农村市场的启动，农村市场需求与社会产品供给脱节制约了社会总产品实现。其次是我国城乡收入差别已经严重地影响了整体社会协调发展进程。虽然我国已经整体性地进入了小康社会，但城乡差距并没有因整体社会的进步而缩小。我国的广大农民没有获得与城市居民同等的工业化好处。"三农"问题的核心是收入问题。支持农民收入是我国农业经济多重转型时期政府行为的重点领域。

（4）制度建设

制定和完善各种制度体系是政府的必然职责。早在自由资本主义经济时期，亚当·斯密就指出了政府的职责之一就是制定法律以维护社会秩序。在农业经济国际化背景下，严格的生产安全标准和技术标准，已经是限制国外农产品进口、保护国内农业免受进口农产品冲击的最可靠的保护主义形式。这也是在人类对农产品的卫生和质量安全要求提高后政府行为的必然选择。另外，市场经济是法制经济。政府行为不是任意的，也需要约束。因此，在我国农业经济多重转型时期，完善与农产品生产、流通、消费等经济活动有关法律制度体系建设是政府行为中不可缺少的重要领域。

（四）政府行为的手段选择

农业经济发展中政府行为的目标需要借助相应的手段来实现。尽管不同国家经济发展水平有差异，社会文化和历史传统也有区别，但就市场经济运行体制而言，在政府行为目标相同的条件下，政府行为手段选择的范围也是大体相同的，即政府行为的手段选择是中性的。所以，经济发达国家政府行为工具选择的经验对我国农业经济多重转型中政府行为手段的选择具有很大的借鉴和指导意义。按照性质划分，政府行为的手段包括经济手段、行政手段、法律手段；按照 WTO《农业协议》的标准划分，政府行为的手段包括价格支持、直接收入支持和一般服务支持。按照 WTO《农业协议》对政府行为的分类标准以及经济发达国家政府行为选择的基本做法，我国农业经济多重转型时期政府行为手段选择包括价格支持、直接收入支持和一般服务支持等。值得注意的是这些手段应用的重点一定要结合我国农业经济多重转型深化的需要以及农民收入、粮食安全和可持续发展等政府行为目标的需要。

1. 价格支持

价格支持是世界各国政府稳定农民收入、保护本国农业经济发展的最基本方式。尽管 WTO 农业协议已经把价格支持列入到了需要削减的"黄箱政策"。虽然经济理论研究中已经提出了政府使用价格支持的反面意见，但它很难退出政府支持方式的选择范围。根据我国加入 WTO 的承诺以及 WTO 的规则，在我国政府可以利用的价格支持空间很有限的条件下，如何发挥价格支持的最大效率是具有特别重要意义的现实问题。根据我国农业政策的目标选择，价格支持应该用于粮食生产项目，保护粮食生产者收入，而不能够用于流通或消费环节。

2. 直接收入支持手段

在直接收入支持上，我国政府行为选择中，一是从补贴范围、补贴标准、补贴资本等方面完善粮食直接补贴制度体系；二是加大良种补贴、环境补贴，鼓励农民应用技术含量高的新品种，依靠农业技术进步增加农产品产量和提高农产品质量。通过环境补贴支持促进我国农业经济可持续发展和农产品质量的不断提高。

3. 一般服务

一般服务的项目相当庞杂。根据经济发达国家政府对一般服务项目范围的选择以及我国农业经济多重转型的实际需要，我国政府要以突出重点，循序渐进的方式使用一般服务项目促进农业经济多重转型的深化：严格依法行政，切实增加农业投入，改善农业生产设施，提高农业生产能力；完善农业金融信贷支持的制度建设，增强农业融资能力；支持农民合作组织发展，提高农民的政治力量和经济力量；加大农业技术进步支持力度，促进农业技术进步，增强农业增收能力；完善农业风险防范体系建设，弱化风险危害，保障农民收入；改进农业生产资料补贴范围和方式，降低农业生产成本。

二、政府行为确定机制的完善

政府行为的确定是政府行为的逻辑起点。如果农业经济领域内政府应该履行的行为还没有被确定下来，政府行为也就没有了明确的方向，更谈不上政府行为促进农业经济多重转型的深化了。政府行为选择的议程是农业经济领域内政府行为的确定过程中特别关键的环节。只有进入政府行为决策议程的行为要求才可能成为实际上的政府行为。某些政府行为是否能够进入政府行为的决策议程，关键是影响政府行为选择的诉求力量。在其他条件一定下，诉求力量的强弱与政府行为确定之间存在着同方向关系。从这个意义上讲，强化农业经济领域内政府行为诉求的力量是矫正政府行为选择非农偏好的有效手段。强化农业经济领域内政府行为诉求力量的渠道，一是增强农民的政治力量；二是提高政府行为选择的理论认识；三是强化和谐社会理念；四是完善农业经济领域内政府行为的法律体系。

(一) 强化农民的政治力量

在政府行为的确定中，政府行为选择非农偏好的根本原因是影响政府行为选择偏好农业经济的诉求力量薄弱。影响政府行为选择偏好农业经济的力量包括社会各阶层中支持政府行为选择偏好农业经济的社会力量和农民影响政府行为选择偏好农业经济的农民力量。社会力量是影响政府行为选择偏好农业经济的外在力量，农民影响政府行为选择偏好农业经济则是内在力量。由于外在力量的不确定性，提高政府行为选择偏好农业经济的根本力量是农民力量。所以，要扭转政府行为选择的非农偏好局面、提高农业产业在政府行为选择偏好中的分量，首先要强化农民的诉求力量。强化农民诉求力量的途径，一是提高农民文化素质和组织程度，增强农民影响政府行为选择的能力；二是改革我国政治制度，提高农民的政治参与程度。

1. 提高农民文化和组织程度，增强其诉求力量

根据经济发达国家的经验，农民影响政府行为偏好农业力量薄弱的根本原因在于我国农业经济活动中生产要素配置上的劳动力过密性以及由此而产生的农民人数众多。关于一个多数劳动力在农业中就业而农民影响政府行为偏好农业的力量薄弱的解释包括以下方面：第一是从占少数的非农产业课征足够税收，付给每个农民一小笔同等补贴，财政上困难非常大；第二是受过良好教育和懂得政治的人集中居住在城市，他们对政府行为选择影响的成本比分散的农民低得多；第三是数量少的非农业产业者集体行动中免费搭车现象比数量众多的农民采取同样行动少得多；第四是城市中非农业产业顾主利益与农产品价格提高负相关。① 我国的农业扩大再生产实现方式一直囿于依靠劳动力和物质生产要素增加。虽然农业就业比重已经下降到50%了，但仍然处于过密性状态。另外，这些过密劳动力投入是分散地进行生产活动的。因此，我国农业劳动力人数众多、组织化程度低。借鉴上述论点，提高农民影

---

① 参见［澳］基姆·安德森、［日］速水佑次郎：《农业保护的政治经济学——国际透视中的东亚经验》，天津人民出版社1996年版，第16页。

响政府行为选择偏好农业的力量之根本首先是减少农民数量。减少农民数量，不仅提高了农业劳动生产率，也为从根本上提高农民的组织程度和增强农民集体行动力量创造了前提条件。

减少农民数量是一个长期的自然的历史过程。由我国农业资源禀赋所决定的生物技术型农业经济现代化道路则进一步延缓了减少农民数量的进程。所以，在当前的历史条件下，通过大力发展农民的各种专业合作组织提高农民的组织化程度则具有十分重大的现实意义。美国、欧盟、日本等农业经济发达的国家和农民组织化程度高的国家，也都是农民合作组织发达的国家。以发达的农民合作组织为支撑提高农民的组织化程度已经是提高农民组织化程度的成功经验。我国的农民合作组织发展经验已经证明了，农民专业合作组织发展在提高农民的进入市场能力，增加收入，维护自己权益等方面起到了极大作用。所以，农民合作组织，不仅是提高农民维护其经济权益的经济组织，也是提高农民政治参与程度的重要依托。

农民文化素质的高低对实现农业现代化相当重要。舒尔茨认为，改造传统农业的关键是引入现代生产要素，特别是技术要素。引入的现代生产要素对传统农业改造的作用一是取决于改造传统农业的制度，二是提高农民文化程度，对农民进行人力资本投资。舒尔茨从提高农民人力资本能力，促进农业生产技术进步的角度论述了农民文化素质高低对改造传统农业的重要性。农民没有文化知识，就不会利用现代农业技术，也就不会从根本上提高农业生产的技术水平并最终实现农业现代化。农民文化素质提高的经济意义在于促进农业现代化，而政治意义则是改变了农民的政治信仰、价值体系、社会意识以及政治态度。有了高水平文化以后，农民可以利用各种现代手段，通过多种途径更广泛地了解国家政治体系的决策过程、政府决策对自己利益损益的影响，进而最终形成开放和进取的价值趋向和积极的政治参与欲望，利用其所能支配的资源参与政治活动，增进自己的利益。

2. 拓宽农民利益诉求渠道，提高农民的政治地位

政治制度对农民利益表达的约束主要表现在农民参与政治活动的机会上的事实约束。《中华人民共和国宪法》规定：中华人民共和国是工人阶级领导的、以工农联盟为基础的人民民主专政的社会主义国家。人民依照法律规定，

通过各种途径和形式，管理国家事务，管理经济和文化事务，管理社会事务。只要是年满 18 岁的中国公民，除被依法剥夺了政治权利外，均平等地享有选举权和被选举权，参与国家事务管理。这些法律规定了农民与工人、知识分子、国家干部以及军人等城市居民具有参与国家管理的平等权利。农民与非农民没有参与国家政治活动的身份限制。农民具有平等的政治参与权利。

政治参与权利的核心是参与政府行为的决策过程。人民参与政府行为决策活动的主要途径和机会是全国人民代表大会。全国人民代表大会是制定国家大政方针的重要组织。参与代表大会的代表都是代议者，表达其选民的利益和要求。在人民代表所代表的利益根本一致中也存在利益差别。虽然不能绝对地说哪个阶层的代表多，哪个阶层利益就越容易通过政府行为选择进而更有保障，但在农民代表人数少、其他代表又不体察农民利益的现状和要求的情况下，国家大政方针的选择就可能偏好非农业、非农民，农民就可能承受了因制度性不公平而带来的权益损失。从我国人民代表参与政府的重大方针和政策确定过程的人数比例看，农民的平等政治参与权利和平等参与机会都还存在着问题：一是人大代表中农民比例与农民数量严重不对称。占总人口的 70% 农民代表只占代表的 9%。二是通过政治协商途径参与国家大政方针的确定权利与机会上，农民更是微乎其微（七届政协 1000 多名代表中农民只有 2 名）。三是政府官员（公务员）直接参与政府行为决策。但农民是很难进入政府官员序列的。因为国家公务员产生途径对农民是"不开放"的。[①] 在政府行为选择的决策阶层中，虽然不能说没有农民就不会考虑农民利益，但农民影响政府行为决策能力的微弱也在某种程度上显示了从农民利益出发确定政府行为选择的困难性。因此，提高农民政治地位，扩大农民参与国家重大方针和政策决策的机会和途径是矫正政府行为选择中忽视农业、忽视农民和忽视农村的制度创新。

（二）提高政府行为选择的理论认识

我国政府行为选择的非农偏好既有农民自身原因，也有政治制度原因，

---

① 参见傅如良：《转型期农民政治权利探析》，《中国特色社会主义研究》2005 年第 1 期，第 35~36 页。

更有政府行为选择的理论认识原因。因此，扭转政府行为选择的非农偏好须提高政府行为选择的理论认识，用系统性理论指导我国政府行为的选择。提高政府行为选择的理论认识主要包括两个方面：一是强化思想库对政府行为选择的影响程度；二是完善政府行为选择的系统性。

1. 强化思想库对政府行为择定的影响力度

农业经济领域内的思想库主要是由农业经济研究专家和社会学家所组成的专业性学术研究群体。在我国农业经济领域内政府行为决策的内在提出模式中，政府行为决策的优势主体是政府的农业经济管理机构，因此，农业经济领域内政府行为选择的决策具有明显的政治家垄断倾向，思想库对政府行为选择的影响并不明显。我们不能说以往的政府行为确定非农偏好的根本原因是思想库对农业经济领域内政府行为决策的影响能力微弱，但可以肯定的是，思想库影响能力的微弱的确丧失了纠正政府行为确定中所产生的偏差的机会。越是科学的决策，越需要思想库专家的意见。思想库的专家影响农业经济领域内政府行为决策的基本方式有三种：一是专家进入政府公务员行列或进入国家立法结构，对政府行为选择直接进行决策；二是以顾问的身份对政府行为选择施加影响；三是专家的理论观点和政策主张通过传播途径影响政府官员和民众后再渗入到政府行为选择的决策之中。从这三个途径比较专家影响政府行为选择能力而言，第一种方式对政府行为选择的影响最直接、最有效、影响能力最大；第三种方式对政府行为选择的影响最间接，影响能力也最弱。思想库能够发现某些政府所采用的思想，并使之实现。不能说忽视思想库对政府行为选择的影响就一定导致我国政府行为选择的非农偏好以及政府行为执行中的随意性，但我国政府行为选择的非农偏好则与忽视思想库的作用有直接关系。提高思想库专家对政府行为选择的影响能力，强化思想库专家对政府行为决策的影响程度，尽可能让更多专家进入政府公务员或国家的立法机构中去参与决策政府行为的选择，在一定程度上的确能够有效地扭转政府行为选择非农偏好。目前，我国农业经济研究的思想库发展已经形成了由中央政府的农业经济研究组织、涉农性管理部门的研究组织、国家级农业经济研究机构以及地方的这些部门的研究机构和分布在大学中研究专家所组成的完善的结构体系。思想库影响政府选择的能力也已经明显增强了，但在某些情况下，思想库还处于为政府行为选择注释的"御用工具"层次上，没有发挥思想库的真正作用。

2. 完善政府行为之间及每一种行为内部选择的系统性

从政府支持手段选择的实际看，提高政府行为选择认识的内容除了强化思想库对政府行为决策的影响能力外，还要注意各种支持手段之间的系统性及每一种手段内部的系统性，充分发挥各种手段的同方向作用，形成"乘数"效应。根据我国农业经济发展的历史与现实情况，完善各种支持手段之间的系统性及每一种手段内部系统性的主要环节体现在以下几个方面：

（1）农产品价格支持的系统性

实施农产品价格支持有利于改善农产品的交换地位，提高农业经济的比较利益。但农产品价格支持能否改善农业经济的比较利益还必须考虑农业生产成本变化以及非农产品价格变化。只有在农业生产成本以及其他的非农产品价格稳定的前提下，农产品价格支持才能改善农业经济的比较利益。如果农产品价格提高后，农业生产成本以及非农产品也"搭便车"，农业经济比较利益就很难改善了。以往的农产品价格支持恰恰走了这条道路。所以，要提高政府价格支持行为的效率，就应该从影响农业经济发展的一切价格方面入手，充分弱化可能影响政府价格支持效果的一切因素，不能一方面使用价格支持农业经济发展，另一方面又不限制弱化价格支持效果的因素对农业经济发展的影响，政府价格支持行为选择要系统化。

（2）农业金融支持的系统性

农业经济发展与农业外部融资规模是同方向关系。为了保证农业经济发展获得足够的外部资本支持，政府一般实行支持性金融政策。从我国工农业进入平等发展阶段以来，我国的金融支持内部存在着许多亟待完善的不协调问题。一是堵塞农村信用社和邮政储蓄是农业剩余的两大"漏斗"。二是农业金融机构的分工和功能范围的完善。为了提供农业发展所需要的资本支持，我国成立了农业发展银行、农业银行和农村信用合作社等专门性的农业金融机构。政策性金融机构只是负责粮棉收购资金问题，而农业基础设施建设、农业技术推广支持、农业生态环境建设等这些市场竞争难以获得资本支持的公益性、长期性和高风险项目则不在政策金融业务支持的范围之内。农业银行和农村信用合作社除了在业务上与其他的商业银行业务没有什么区别外，还承担了许多政策性业务。政策性业务与商业业务的混合严重地束缚了这些农业金融机构的正常发展。明确农业金融机构的分工和业务范围是政府金融支持中亟待完善的环节。三是完善农业金融补贴。在商业性运营原则下，由于农业经济的高风险性以及低赢利性，这些金融机构对农业信贷已经表现出多种惜贷现象。因此，要调动农业金融机构支持农业经济发展的积极性，不能够只是依靠行政命令或者其他的约束，要根据农业金融高风险性和低盈利性的特点，对农业金融信贷行为予以利息补贴，解除农业信贷的后顾之忧，并以此从根本上纠正农业金融机构对农业贷款上的惜贷行为。

(3) 农业风险防范制度的系统性

农业生产活动的自然特点决定了农业经济活动高自然风险性。所以，为了维持农业经济稳定运行，农业保险就显得相当重要。农业保险已经成为国家支持本国农业经济发展的有力工具。在我国农业经济活动面临多种转型形势下，农业风险的范围已经从单纯的自然风险演变为市场风险、技术风险、决策风险、信用风险和素质风险等多种风险。一旦发生了农业风险，轻则减产、减收，重则绝收，严重地影响了农业再生产的正常进行和农民生活。因此，建立有效的农业风险防范与化解体系，对于深化我国农业经济多重转型进程是相当重要的政府行为。根据农业保险的特点，完全的商业保险方式不合适，仅依靠农民的保险费收入也不能够应付高赔偿。目前世界上的农业保险都是政府主导模式。政府把农业保险作为公共产品，由政府提供或者是政府指定私人提供，给私人补贴或扶持。政府主导性农业保险模式的特点：一是建立了完善的农业保险法律体系规范保险主体的义务；二是政府建立初始资本的准备金并提供再保险，政府提供最后支持；三是政府给予农业保险业务费补贴和保险费补贴。但到目前为止，我国政府在农业保险的这些领域内的许多方面还处于探索或起步阶段，农业保险制度体系并没有完全建立起来，农业经济的风险防范与化解机制亟待完善。这既与农业大国的农业支持要求严重不对称，也是政府行为选择"缺位"的表现。

(4) "黄箱政策"与"绿箱政策"之间的协调及其内部完善

WTO《农业协议》根据政府支持行为对农产品的生产和国际贸易产生的

扭曲影响程度的差别，把政府支持行为归纳为三种：一是把对农产品的生产和贸易产生扭曲作用的国内支持行为列为需要削减的"黄箱政策"；二是把对农产品的生产与贸易不产生扭曲作用的国内支持行为列为不需要削减的"绿箱政策"；三是界于两者之间的"蓝箱政策"。尽管《农业协议》的实施标志着农产品国际贸易自由化程度进一步提高了，但世界各国的国内支持行为并没有根本改变，只是调整了政府支持行为的方式而已。

在这三种政策的利用中，我国的三种政策之间的协调内容就是用足"黄箱政策"、用好"蓝箱政策"、扩大"绿箱政策"；每一种政策内部的完善主要表现为，根据农业经济发展目标调整每种政策实施的领域，发挥每种政策手段的最大效应。

一是根据我国综合支持总量的允许程度，"黄箱政策"的利用要根据我国农业经济发展的目标，尽量用到与粮食生产有关的项目上。

二是"绿箱政策"的完善表现为增加投入规模和调整投入的项目结构两个方面。在调整"绿箱政策"投入结构方面，第一是继续加大直接补贴力度，在尽力逼近收入基准目标的同时完善直接补贴政策的依据选择、补贴范围、补贴成本分担机制等内容，充分发挥直接补贴政策的效率。第二是增加农田基本建设投入。虽然我国水利设施投入量很大，但这些投入的主要领域是大江大河治理等社会公益项目，中小型农田水利设施投入严重不足。小型农田水利设施的严重老化和长期失修已经构成了制约农业综合生产能力提高的"瓶颈"。在未来的农田水利投入上要向对农业生产直接见效的中小型项目倾斜。第三是增加农业劳动力培训投入。农业剩余劳动力转移的顺利与否，除了要有转移空间外，还需要农业剩余劳动力具有农外就业能力。因此，在转移农业剩余劳动力上，除了增加转移空间外，更要培训农业劳动力，让这些剩余劳动力能够胜任新工作岗位。第四是增加绿色壁垒投入。农业保护的最新措施是绿色壁垒。虽然我国不能成为世界上主要的农产品出口国，但如何保证有竞争力的农产品出口是我国农业国际化中政府支持行为的重要任务。另外，在我国主要农产品不具有国际竞争力的条件下，政府为了保护国内农业产业又可以规避《农业协议》约束的可靠办法就是建设完善的绿色壁垒体系。因此，增加农产品病虫害防治投入、增加农产品安全检测投入和质量认证体系投入等绿色壁垒投入，不仅能调整和增加我国"绿箱"投入的结构和规模，也能提高农产品质量竞争力、有效地保护国内农业产业。

（三）关注农民权益，强化和谐社会理念

人类社会是从低级到高级发展的历史过程。建立平等、互助、协调的和谐社会是人类美好的愿望和追求。人们对人类社会发展的认识经历了传统发展阶段、综合发展阶段、可持续发展阶段。在传统发展阶段，人们把经济增长视为社会发展与进步。因此，传统阶段的社会发展就是追求国民生产总值的增加。这种单纯强调经济增长的社会发展观致使许多发展中国家进入了"有增长而无发展"的陷阱。从 20 世纪 80 年代起，人们把社会发展理解为是伴随着经济结构、政治体制和文化变革的综合过程。综合发展观把社会发展理解为包括了政治、经济、历史文化、价值观等多种因素发展的过程。无论是传统的社会发展观，还是综合发展观，都没有包括社会发展中的人与自然之间的协调问题，尤其是没有涉及社会发展中地区之间、代际之间的平衡问题以及人的能力发展和人性自我实现问题。从 20 世纪 80 年代后期起，可持续发展的社会发展观在全球获得了共识。为了规划好本国社会发展这个直接关系国家和民族历史命运的大事，中国共产党在总结历史经验的基础上，在可持续发展观的指导下，十六届四中全会通过的《关于加强党的执政能力建设的决定》第一次提出了构建社会主义和谐社会的命题。从不同的角度出发，和谐社会的判断准是不同的：从经济结构判断和谐社会的标志是产业结构合理、城乡结构合理和区域结构合理；从阶层利益关系判断和谐社会的标志是社会各阶层的相互开放、平等与互利。和谐社会是包括了经济和谐、政治和谐、文化和谐以及人与自然和谐等多种和谐的统一体。根据和谐社会建设所包括的这些内容以及我国和谐社会建设的实际情况，我国的和谐社会建设必须高度关注农业和农民。从政治、经济和文化等方面看，农业、农民的景况都与和谐社会不和谐：农业的产值结构与就业结构严重不和谐；城乡结构严重不和谐。农业产值结构不和谐和城乡结构不和谐都表明农民的政治、经济和文化地位已经严重地落后于现实社会发展的步伐了。因此，在建设和谐社会的过程中，就要对农民予以特别的关注，从农民的政治、经济、文化等多方面给予农民平等的机会，在必要的情况下还要予以特殊的关

怀，从政府所支配的资源方面向农民倾斜。不把农民的政治、经济和文化地位提高到社会平均水平，就不是全面的和谐社会。因此，在政府行为选择上，要在法律、制度、政策等方面给农民创造公平的环境，保证农民享有与全社会成员平等的受教育权、就业权以及社会福利权利，让农民也享受平等的社会政治生活权利和法律保护权利、经济生活权利。当把社会发展所取得的成果惠及全社会每一个公民时，绝对不要忘记农民。关注农民不仅是要关注农业这个农民的职业，更要关注农民的政治权利。农民政治权利提高后，农民对政府行为决策的影响力就增强了，政府行为选择也就越有利于农业经济的发展和农民利益的增进。

（四）完善农业经济领域内政府行为的法律体系

农业经济发达国家的历史实践表明，政府干预是有效地克服农业经济活动自然风险和市场风险、促进农业经济稳定发展和保障农业生产者收入的重要保证。政府干预农业经济活动的手段体系包括经济手段、行政手段和法律手段。在现代市场经济运行体制下，除非特殊情况外，政府更应以完善的农业法律制度体系为依据偏好经济手段干预农业经济活动。在经济发达国家，农业立法许可是政府行为的依据、农业法律体系几乎涵盖了农业生产的所有环节、以农业法律体系的适时调整为依据不断扩大政府支持农业发展的能力和范围、依法决策的政府行为必须被严格、高效地执行。

因此，从国外依法治农历史的经验和我国农业经济法律体系实际看，完善我国农业经济领域内法律体系的关键环节表现为如下几个方面。

（1）以农业法为核心构建分层的农业经济法律体系

农业经济活动包括环节和内容的多面性决定了农业经济法律体系的复杂性，即不同的环节和方面应该有不同的法律制度。调节农业经济活动不同环节或方面的法律在整个农业经济法律体系中的地位是不同的。有的农业法律是对农业经济活动的基本制度以及农业和农村发展的基本方向进行原则性规定，而有的农业法律则是就农业和农村经济活动中的特定社会关系和某个领域的问题的规定。前者属于基本法，后者则属于专门性法律。因此，可以根据不同的农业法律所调节的具体内容把农业经济法律体系划分为基本法律、专门法律以及实施细则等类别。这样，我国农业经济领域内政府行为的法律体系完善工作的内容就是：以农业法为核心、完善各种专门农业法律制度的建设，为政府行为的决策程序和方式选择提供法律依据，为政府行为的执行提供法律依据，真正地实现农业经济领域内政府行为过程的"依法行政"。

（2）进一步完善专门性农业法律体系建设

虽然我国已经确定了一系列专门性的农业法律，但从农业经济活动的实际需要而言，这些专门性的法律法规还是不完善的。在某些领域内缺乏相应的法律规则，无论是从促进农业经济发展还是从保护农民利益而言，都存在着许多空白或不完善之处。因此，完善农业经济专门法律体系建设是十分迫切的。根据我国农业经济多重转型深化的需要，以下各项专门性法律亟待完善。

一是农业投资领域法律。改造传统农业为现代农业需要投入更多的农业外现代生产要素。现代生产要素都是资本投入的产物。现代农业的水平越高，资本投入需求也越大。没有足够的资本投入就没有现代农业。现代农业的水平越高，政府资本投入规模也越重要。农业生产的波动都是农业资本投入引起的。我国的农业资本投入主体包括农户、政府以及其他主体。根据农业投入领域的特点，这些投资主体的投资范围是不同的。农户投入的领域主要是日常性的生产投资；农业基本建设投资主要是政府投入。由于农业投资具有社会性、风险性、区域性、利益共享性以及规模大和经济效益不显著等特点，所以，尽管农户农业投资和政府以外的农业投资对农业生产的影响都很重要，但政府投入对农业生产影响更重要。一方面是政府对农业基础设施投入直接形成了农业扩大再生产的物质基础；农业科研教育投资促进了新农业生产力的形成；农业科研推广体系的建立加快了农业潜在生产力向现实性转化，强化了农业发展能力。另一方面，政府农业投资对其他主体农业投资具有引导作用，能够带动其他投资主体增加农业投资。所以，保障农业投资规模和水平首先是保障政府的农业投资规模和水平。正是这个原因，1979 年十一届四中全会通过的《中共中央关于加快农业发展的若干问题的决定》规定：今后三五年内，国家对农业的投资在整个基本建设投资中所占比重，要逐步提高到 18% 左右；农业事业费和支援社队的支出在国家总支出中所占比重要逐步提高到 8%左右。地方财政应主要用于农业和农用工业。自此以后的中央文件都一直强调增加农业投资。但各级政府的农业投资规模和水平却一直都没有达到文件上的要求，也没有达到《中华人民共和国农业法》的要求。各级政府农业投资不足的主要原因就是没有硬性的农业资本投入法律法规约束。因此，农业投入法律法规对于保证政府农业资本投入规模是相当重要的。政府农业投资的规范化、制度化和法制化是保障政府农业投资规模和水平的长远之策。建立农业投资法，用法律硬化各级政府农业投资的行为势在必行。

二是农业生产安全与经营安全法律。农业生产安全与经营安全是农业生产与经营正常进行的基础。农业生产安全与经营安全包括了农户具有安全和稳定的农业生产要素支配权，也包括农业生产要素质量安全、农业生产方法安全以及农产品的质量安全等内容。目前，对我国农业生产安全与经营安全威胁最大的是农户对土地支配权的不安全，农业生产资料质量不安全及农产品质量不安全等方面。因此，完善我国农业生产安全与经营安全的法律和法规建设也就集中表现在这些方面。围绕上述安全内容以及我国农业生产安全与经营安全的法律和法规体系建设实际，当前的重点工作是：在现有的农业法和土地法等基础上，尽快地制定农户的土地承包经营与流转法、农地非农化防治法、农业生产资料安全生产与安全供应法、农业生产资料安全使用法等相关法律和法规。用完善的农业生产安全与经营安全法律保护农业生产稳定发展的同时，确保农产品的质量安全。

三是农业收入保障法律。随着我国工农业关系进入平等发展阶段以后，农业生产的目标也就集中表现为农产品供给与农民收入提高两方面。受我国农产品生产资源约束和农产品需求约束，在大国效应的作用下，我国农产品供给安全的基础在国内。在市场经济体制运行框架下，农产品供给安全是以农户的农业生产性收入稳定与提高来维持的。如果农户的农业生产性收入水平没有保证，在经济利益驱动下，农产品供给安全也就要受到影响。为了保证农产品供给安全，首先要保证农户的农业生产性收入的稳定与提高。受到多种因素的影响，长期以来我国农民的收入水平与农业生产的贡献地位一直不对称。农民为国家做出的农产品安全贡献越大，农民收入水平越缺乏保障，农民与非农民之间的收入差距也越大。可见，制定专门的农民利益保护法律和法规已经是工农业关系进入新时期后必须提到政府行为议程的重要事情了。

（3）加强农业经济法律实施细则建设以提高农业经济法律可操作性

经济发达国家或地区依法治农的实践显示，这些国家或地区的农业法律都具有明显的层次性。即为了保证农业法律对农业经济的保护效率，农业法律体系是由农业基本法、与农业基本法律配套的专门性农业法律法规以及与这些农业法律和法规对应的实施细则或者是依实施细则而制定的施行规则、施行令等三个层次法律组成的。农业法律实施细则对贯彻农业法律、尤其是对防止、纠正各级政府执行农业法律不力的行为起到了不可替代的促进作用。我国政府制定的农业法律体系对农业保护的规定并不少，但这些规定都属于原则性规定，对于如何执行这些保护行为、不实施这些保护行为要承担什么后果等都没有进一步的规定。也正是因此，农业法律规定的农业保护行为很难落实到位。所以，为了充分发挥农业法律对农业经济的保护作用，在农业法律体系完善中，要制定与农业法和专门性农业法律配套的实施细则，用这些细则指导和约束政府行为、促进农业法律的具体执行，提高农业法律的效力。

三、政府行为执行机制的完善

政府行为的确定规定了政府行为的目标方向以及实现这一目标的手段，政府行为的执行则把这些已经确定的政府行为具体地落实。政府行为的执行程度直接决定着已经确定的政府行为的效果。因此，研究我国农业经济多重转型中政府行为机制完善的逻辑应该是以政府行为的确定为出发点，以政府行为的执行为落脚点。政府行为的确定与执行是政府行为的两条腿，缺一不可。农业经济领域内政府行为的执行也是一个涉及多方面的复杂过程。完善我国农业经济领域内政府执行机制建设，首先是从我国的农业经济管理体制入手，改革现行农业经济管理体制，建立一体化农业经济管理体制；其次是增强各级政府行为的执行能力以及提高其执行的积极性，促进已经确定的政府行为全面高效率地被执行。

（一）建立一体化的农业经济管理体制

我国农业产业管理体制存在着两个明显特点：一是农业产业的纵向分割式管理；二是农业经济活动所需要的资源是由众多管理部门分别支配一部分。

农业产业的纵向分割式管理就是把农业产业的产前、产中和产后被分割为不同部门：产前是工业环节、产后是商业环节。农民能够支配的环节只有产中环节。农业产业纵向分割为不同部门共同管理的直接后果是农民对农业产业占有的不完整性，形成了农民在农业产业利益获得上的"空洞现象"，[①]农业产业利益获得上的空洞现象使得农民收入以第一产业为主，失去了分享农产品加工和销售环节中增值利润的机会，即使能够偶尔参与农产品加工和销售增值利润的机会，农民获得的收入也相当少，农民不能获得农业产业的完整收益。

农业经济活动所需要的资源由众多管理部门分别支配一部分的模式则是把政府支持农业产业发展的资源被众多管理部门分散支配。中央级各部门分散管理容易出现的后果，一是由于众多管理部门之间缺乏有效的协调机制，容易造成农业资源利用中低层次重复现象，浪费了稀缺的农业资源，不能够把这些有限的资源用到最合理项目上去，降低资源应用的效率；二是不同部门共同管理农业经济活动某一环节时，由于部门职责划分不确定性，可能出现互相推诿现象，也容易出现农业经济管理中的真空地带。地方政府各部门分散管理的弱点除了有中央政府的相同之处外，更主要的是一些政府部门管理业务与农业经济发展实际不对称，浪费了行政资源。

国外农业经济管理的成功经验是农业管理体制的一体化管理模式。即政府农业管理部门的农业经济管理范围包括了整个农业产业链，涉及农业产业的产前、产中和产后各个环节，涉及农产品生产、加工、消费、销售以及农业生产资料的供应等方面。可见，国外政府把农业经济管理部门管理权利的范围延伸到农业产业的所有环节和领域的一体化农业经济管理体制模式对改

---

① 参见王雅鹏、郭犹焕：《有关农民收入问题的理论浅析》，《农业经济学》2001 年第 10 期，第 140~145 页。

革我国农业经济管理体制很有借鉴意义。在借鉴经济发达国家农业经济管理体制经验的基础上，我国农业经济管理体制创新的方向就是安照权责一致的原则，理顺国家专门性的农业经济管理机构与其他国家管理机构中农业经济管理上的职能交叉与重叠关系，调整现有的农业经济管理部门管理职责结构，把与农业经济活动有关的职能纳入专门性农业经济管理机构中，建立农业产业的产加销、内外贸一体化管理体制模式。这不仅能够降低政府管理成本，还可以堵塞政府管理漏洞、便于政府行为的执行和提高政府行为的效率。

（二）强化监督机制建设，促进政府依法行政

农业经济管理中政府行为执行的随意性现象比较普遍。而产生这些随意性现象的根本原因也并不完全在于法律体系的不完善。如前所述，有关政府行为的法律和文件都早有规定，可是无论是中央政府，还是地方政府都存在履行程度不够的问题。这种现象的长期存在不仅使农业经济管理中各种农业法律法规失去了约束力，亵渎了法律的尊严，损害了政府的形象，也严重地影响了我国农业经济发展目标的实现。彻底地扭转农业经济领域内政府行为执行中的随意性现象是我国农业经济领域内政府行为执行制度建设特别重要的内容。我国农业经济领域内政府行为执行中随意性现象，既有中央政府原因，也有地方政府原因。地方政府不履行农业经济领域内政府行为义务首先是中央政府不履行其行为义务的模仿。其次是农业经济对地方政府经济收入最大化的贡献程度不高。那么，各级政府缺乏履行其法定义务的原因是什么？其实，这一切的根源都在于缺乏对政府行为的监督机制或对政府行为监督的体系不完善，即没有完善的政府行为监督机制和监督体系。由于缺乏完善的政府行为监督机制和监督体系，各级政府也就缺乏履行其法定义务的约束机制，在利益平衡的过程中，出现了农业经济领域内政府行为执行上的随意性现象。所以，扭转农业经济领域内政府行为执行中随意性现象的着力点就在于硬化各级政府履行其法定义务的责任约束，通过硬化政府行为的约束机制促进各级政府履行其法定义务。

监督就是监察与督导。监察是检查、考察政府行为是否合法以及政府是否履行了法律法规对政府行为规定的义务。督导就是对政府行为督促和检查，

纠正政府行为的偏差。对政府行为的监督过程贯穿于政府行为确定和政府行为的执行过程中。根据监督主体，对政府行为的监督包括了三个类别：一是国家立法机构和司法机构对政府行为的法律监督；二是执政党系统对政府行为监督、上级政府对下级政府行为的监督等政府内部监督；三是利益集团对政府行为监督、社会舆论对政府行为的监督等外部监督。外部监督与内部监督是政府行为监督机制不可或缺的两个轮子。经过几十年的建设与运行，由人民代表大会、国务院以及地方人民政府、人民法院、人民检察院、中国共产党、人民政协、人民团体和社会舆论所构成的政府行为监督体系已经对政府行为的确定、执行等环节起到了积极的促进作用。政党系统和行政系统以外的其他主体对政府行为监督不仅在监督体系上还存在薄弱现象，在监督功能上也存在严重的弱化现象。因此，硬化农业经济领域内政府行为监督机制建设中，既要进一步完善政党内部、行政系统内部对行政系统的监督体系建设，更要强化政党外部、行政系统外部监督体系建设以及这些监督的约束能力建设。在政府行为监督体系建设过程中，首先要完善的就是加快政府行为执行情况的信息公开制度和"问责制度"、"质询制度"建设。按照相关法律规定，各级政府的行为都是明确的。在信息公开制度的基础上，如果某一级别政府没有履行其应该履行的义务，那么，这些政府都要面对监督主体对这些政府部门的"问责"与"质询"，促使政府部门履行法律规定的义务。其次，在农业经济领域内政府行为监督体系与监督约束力建设中，还要特别注意的是农民对政府行为的监督。我们不否认政党、政府机构以及其他监督主体能够对各级政府的农业经济领域内行为进行有效的监督，并对政府行为的修正提出很好的方案。但比较而言，虽然可能只有少数农民对政府法定义务比较清楚，但只有政府行为公开，多数农民不仅对政府行为（至少对当地政府行为）有一个比较清楚的了解，也对政府履行其法定义务的情况有更清楚的了解。另外，农民也最清楚政府应该做什么、怎么做。因此，在强化外部监督机制建设中，一定要发挥农民对政府行为监督的作用，不要用各种理由否定农民对政府行为监督的意义。

第六章　中国农业经济多重转型中政府行为机制完善的典型分析

政府支持农业经济发展的行为选择是由政府行为目标、手段和组织以及行为模式等多方面组成的结构体系。政府行为的整个结构体系都是以政府行为手段的选择与执行为核心。所以，研究我国农业经济多重转型中政府行为机制完善的核心就是政府行为的选择与执行。限于研究能力，笔者从中外政府行为择定的比较研究入手，选择资本支持、技术进步以及直接补贴等进行我国农业经济多重背景下的政府行为机制完善的典型分析。

一、政府行为择定研究

1. 政府行为的确定模式①

农业经济领域内政府行为的确定就是政府行为的谋划与择定。而农业经济领域内政府行为的谋划与择定的首要问题就是要明确政府应该做什么、能够做什么、怎么做等问题。政府行为的决策选择可以运用团队理论、精英理论、理性选择理论、制度理论等多种理论进行解释，但无论怎样，政府行为的决策都是政府系统对政府行为需求的反映。政府系统回应这种行为需求，可能是政府系统自觉地进行的，也可能是政府系统面对需求主体强烈压力的反映。据此，就可以将国外农业经济领域内政府行为确定的模式简单地划分为两种模式：外在提出模式和内在提出模式。

---

① 本研究主要部分已发表在《世界农业》2008 年第 4 期。

（1）政府行为择定的外在提出模式

外在提出模式是政府系统为了适应政府系统以外的个人、政治组织、利益集团或思想库等非官方主体所提出的主张或者意愿而对农业经济领域内政府行为的趋向和手段选择所进行的决策。不同的个人、政治组织、利益集团以及思想库研究专家等非官方主体因其价值观不同、所追求利益的不同以及其知识背景的不同，他们对农业经济领域重要问题的认识及认识程度等存在区别。这些非官方主体会根据其认识对农业经济领域政府行为的趋向以及手段的选择等决策提出自己的意愿和主张，并要求政府行为决策尽可能地符合其意愿和主张，实现其潜在利益的最大化。为了让政府行为选择符合其意愿和主张，这些非官方主体会通过单独的或联合行动，利用游说、宣传、助选以及抗议等等各种途径向政府诉求其意愿和主张，并把这些意愿和主张转化为政府行为。政府系统适应非官方主体需求所形成的政府行为择定的外在提出模式的基本步骤为：第一，政府系统外和执政党外的非官方主体向政府行政机构或者国家的立法机构提出农业经济领域内的政府行为选择的意愿和主张。第二，政府行政部门对代表各利益集团的政府行为选择主张进行比较分析和选择后提交立法机构审议。第三，立法机构对政府行为选择通过合法化的形式择定。政府行为确定的外在提出模式具体过程如图6-1所示：

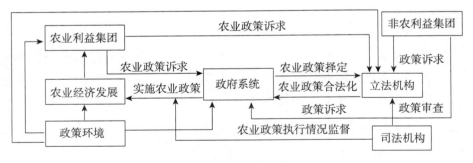

图6-1　政府行为外在提出模式的过程

（2）政府行为择定的内在提出模式

内在提出模式就是执政党或政府系统内部的官方主体自觉地适应农业经济发展所面临的自然和社会经济环境而对农业经济领域内政府行为的趋向和

手段选择所进行的决策。由于各国的政治体制、社会经济发展水平以及文化传统的差异，农业经济领域内政府行为择定的内在提出模式可能是由执政党的领袖或者领导集体首先提出，也可能是政府系统内部农业经济管理机构首先提出，再经过法律程序把政府行为选择合法化并予以实施。农业经济利用内政府行为择定的内在提出模式的基本过程如图6-2所示：

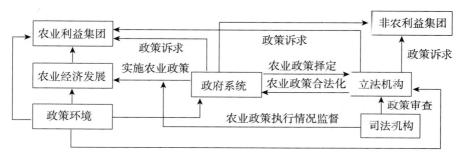

图6-2 政府行为内在提出模式的过程

2. 两种模式的比较

（1）无论是内在提出模式还是外在提出模式，政府行为决策的最终主体都是政府系统

但在外在提出模式与内在提出模式中，政府系统内部和政府系统外部力量对政府行为决策的影响程度有重大区别。外在提出模式中政府行为的择定主要是外力驱动的产物，政府系统外部力量对政府行为选择具有决定性的影响；内在提出模式中政府行为的择定，虽然也需要考虑政府系统外部的力量，但政府系统外部力量对政府行为的择定并不具有决定性的影响。政府系统内部因素则是影响政府行为择定的决定性力量。由此可见，在农业经济领域内政府行为择定的两种模式中，如果农业利益集团有足够力量影响政府行为选择，那么，外在提出模式更有利于维护农业利益集团的经济利益。

（2）为了便于理论分析，根据农业经济领域内政府行为择定的最初提出者不同，我们把政府行为择定划分为外在提出模式和内在提出模式两种

由于现代社会的政府行为择定采取了广泛授权这种普遍形式，更由于农业经济领域问题的专门化以后，农业生产空间分布广泛导致收集农业信息相

对困难，收集成本高；农业生产的长周期性使得农业信息反馈滞后。这样，农业经济管理机构就相对地获得了影响政府行为择定的更大能力。执政党的领袖人物提出的农业经济领域内政府行为选择所依据的信息也是依赖于他们。所以，农业经济行政管理机构具有择定该领域内政府行为所需要的比较完备的知识和信息优势，决定了他们自然要成为农业经济领域内政府行为的初步设想提出者以及各种农业法案的提供者。农业管理机构对政府行为择定的作用地位举足轻重。从这个意义上讲，农业经济领域内政府行为择定的模式更多地表现为内在提出模式。

（3）内在提出模式与外在模式日益高度统一

虽然根据政府行为择定提出者不同，而把农业经济领域内政府行为的择定划分为外在提出模式与内在提出模式。但值得注意的是，由于利益集团已经与国家政治紧密地结合在一起了，内在提出模式与外在提出模式有时又有日益统一的迹象。绝大多数利益集团都是在政府的支持下形成和发展的（如美国农场主协会）。比较重要的各利益集团已经有自己的代表参加国家或政府的各种咨询委员会或管理委员会，不仅影响政府行为的决策，而且直接参与政府行为的决策与实施。因此，即使是在农业经济领域内政府行为择定的内在提出模式中，专门的政府行政管理机构提出政府行为的准则或方向也都是在充分协调各利益集团要求的基础上而做出的，内在提出模式的外在性日益突出。

（4）农业经济发达的程度直接决定着政府行为择定的模式

任何一项政策选择都会使一部分人（或大部分人）受益，使另一部分人（或大部分人）付出代价，因此各个社会集团无不力求影响政策的制定，使之有益于自己或减少损害自己的利益。政府行为的择定是各利益集团对政府决策影响的产物。利益集团的影响能力与利益集团人数的多少并没有必然的联系。在利益集团影响能力大小与其集团人数多少的关系上，人数少的集团，其影响能力还大一些。大集团影响力小的主要原因是大集团中个人从集团利益中所得比重小，大集团的组织成本高。这样，大集团中存在"搭便车"倾向，大集团的内聚力差于小集团。所以，农业经济越发达的国家，虽然农民人数少，但农业利益集团对政府行为的决策具有相当大影响力，政府行为的择定受农业利益集团影响的程度越来越大。

　　3. 农业政策择定的政策环境①

　　农业政策议程的设定、政策趋向与手段的选择以及农业政策的立法通过和司法审查与监督是国外农业政策择定的基本环节。农业利益集团的政策诉求能够决定政府农业政策趋向和手段的择定是由这些国家农业政策环境所决定的，即由这些国家的政治环境、经济环境以及农业政策"惯性"等方面决定的。

　　（1）政治环境

　　农业政策择定的政治环境主要表现为既定的政治制度。从政治制度而言，国外农业政策的择定是这些国家政党政治中农业利益集团的政策需求与政府系统政策供给"博弈"的产物。

　　首先，政党政治制度为农业政策择定偏好农业利益集团提供了"通行证"。

　　根据工业化国家的政治制度，任何个人或团体都可以提出立法性的政策建议。这种政策建议能否进入政策议程的关键取决于政府行政管理当局和立法机构等政府系统中政治统治者的行为。农业利益集团通过游说议员、游说政府有关部门领导人、游行示威甚至通过政治选举中"金钱支持"等政治参与活动影响这些国家政治统治者的行为选择。

　　其次，政党政治是政府农业政策供给偏好农业利益集团政策诉求的政治基础。

　　在工业化国家的立法、司法和行政三权分离的政治制度中，政策择定经过立法环节成为法律是国家决策的基本途径。所以，在国外农业政策的择定中，无论是政府系统内部官方主体或政府系统外部非官方主体提出的政策诉求，都要通过立法审议和通过并以法律的形式确定后才能执行。国家的高级行政长官和议会议员等政治家都是通过选举政治产生的。国家高级行政长官定期选举执政；议会议员每年要改选一定比例。所以，由国家行政官员和立法议员等政治家所组成的政府并不总是按照公共利益的要求提供公共服务和

---

　　①　本研究主要部分已发表在《农业经济问题》2008年第7期。

公共物品，他们总是青睐那些能够保证其获得更多的政治支持而连选连任的那些选民所提出的政策诉求。虽然农业政策的立法择定中涉及农业以外社会利益集团的利益，但各利益集团对政府政策的最终择定之影响能力并不相同。政府的政策择定总是偏好于强势利益集团的政策诉求。一个利益集团政治影响能力的强弱并不总是决定于其规模大小，更重要的是决定于其组织化程度高低。工业化国家农业利益集团总体人数虽少，但其政治影响能力却相当大。20世纪50年代杜鲁门就指出：显然，一个像全美农业协会那样覆盖众多农业洲的团体，能比城市利益集团更容易地影响国会的决策。由于农业利益集团强势的影响能力，赢得了农业利益集团的选票就赢得或延续了政治统治、失去农业利益集团的支持就意味着政治统治的结束已经是西方国家政党政治中的基本规律。

在工业化国家政党政治统治制度的基础上，政治统治者已经在一定的程度上成为了农业利益集团的代言人，政府的农业政策供给是按照农业利益集团的政策诉求择定的。

（2）经济环境

农业政策择定的经济环境主要包括农业的经济作用及农产品国际贸易环境两个方面。农业的经济作用和农产品国际贸易中利益格局决定了政府农业政策安排的择定。

首先是工业化国家中农业"小部门大作用"。在社会经济工业化进程中，农业部门的产值地位和就业地位日益下降所形成的农业部门小型化是普遍规律。1987~1989年美国、英国、日本、法国、联邦德国等国家农业的产值比重和就业比重分别是2.2%（2.5%）、2.0%（2.1%）、2.8%（7.2%）、4.0%（5.8%）和1.7%（3.9%）。农业的小部门化并不意味农业作用的弱化。从20世纪后期美国农业经济进入新经济时代起，在2%的农业就业比重下全国总就业的20%左右、国内生产总值的15%以上都与农业有关，农业提供的原料仍占全国原料消耗总额的50%以上，许多工业部门完全或主要依靠农业部门而生存与发展。随着社会经济发展，尤其是国民生活质量的提高，农业的生态环境功能、休闲与文化传承功能等一系列非产品产出功能日益突出。由于农业部门的非产品贡献，欧盟、美国和日本政府都增强了对农业环境补贴支持力度。可见,虽然农业已经小部门化了,但由于农业部门的大作用,工业化国家的政府在资本、技术、服务以及收入等方面对农业予以特殊的政策支持,保护农业利益集团的利益、促进农业部门快速发展。

其次是农产品国际贸易中利益追求促使政府实施支持农业的政策。农业资源禀赋差异决定了国家之间农业部门国际竞争力的差别。在自由贸易下,农业国际竞争力强弱对农产品进出口国农业利益集团的利益影响是高度相关的。农业国际竞争力强的国家农产品出口扩大增进了国内农业部门的利益;而农业竞争力弱的国家从国外农产品进口则损害了国内农业部门的利益。所以,在农业利益集团特别发达的国家里,农业利益集团就充分地利用他们的政治选票,利用一切可能的形式和途径影响政府系统进行最大可能地维护本集团利益的农业政策择定。WTO 农业谈判中有关农业保护政策激烈不休的争论之根源就是各国政府对国内农业利益集团政策诉求的回应。

(3) 政策惯性

农业政策的历史演进过程所形成政策惯性是农业政策择定的政策环境之一。农业政策的趋向选择是与国家宏观经济政策主张紧密地结合在一起的。从 20 世纪 30 年代起,西方国家宏观经济政策主张从自由放任的间接促进农业发展转换到了国家直接干预和财政补贴的轨道,农业保护逐渐成为世界农业政策的主流。在 1979 年 GATT 东京回合谈判的最后 1 年到 1986 年 GATT 乌拉圭回合谈判开始的期间,根据经合组织(OECD)的 PSE 测算,世界农业政策保护水平都趋向于上升,尤其是这一时期的后半段更明显。自 GATT 乌拉圭回合谈判尤其是 1995 年 WTO 农业协议生效后,美国、欧盟和日本等西方国家都从传统的价格支持、出口补贴和边境保护等"黄箱"支持措施逐渐地转向了不受约束的"绿箱"支持措施。农业政策支持手段或支持方式的转换并改变支持国内农业生产者收入的目标。2001 年 OECD 统计的 OECD 成员国政府对农业收入的转移支付比例在降低,但如果考虑"绿箱"措施的扩张性实施,则在国际农业补贴方式和方法的转换中,农业政策补贴总水平则不仅没减少反而还在扩大。2002 年美国《新农业法》实施后的 10 年政府对农业补贴比 1996 年农业法多出 830 亿美元就是其中的标志。工业化国家已经开始的渐进性农业政策改革策略从过去受限制的政策保护演变为现在规则许可的政策支持，保护手段的调整与保护范围的扩大并行。由于国内农业政策改革面临的农业利益集团的政治支持可能形成的"政治风险"，发达国家农业政策择定演变已经走上了政策支持有增无减的"刚性"约束的道路。

4. 国外农业经济领域内政府行为择定对我国的主要启示

（1）强化思想库对政府行为择定的影响能力

思想库是由各种专家、学者和社会贤达所组成的跨学科、综合性的现代政策研究组织。思想库除了为政府决策提供依据，还直接参与政府行为的决策。美国的农业政策正式提出前美国农业部的经济研究局（ERS）专家设计了多个方案进行决策前的理论研究，为农业政策的科学选择奠定基础。美国所有的农业政策无一例外地要经过专家的论证过程。思想库已成为经济发达国家农业经济领域内政府行为选择的理论思想的重要来源，已经是现代国家政府行为决策链条不可缺少的纽带性环节。在我国农业经济领域内影响政府行为的思想库主要是各种专业学术研究团体。这些专业学术研究组织对我国农业经济领域内政府行为择定的影响主要表现为两个途径：一是这些专业学术研究组织接受政府农业管理部门委托的专项课题研究，为政府行为的决策提供理论和事实依据；二是通过发表和宣传这些专业学术研究组织的研究成果影响政府行为。就专业学术研究组织影响政府行为的这两个途径的比较而言，前一个途径影响的速度更快，影响力度也可能更大一些，而后一种途径对农业经济领域内政府行为择定的影响能力还有很大的局限。所以，利用思想库的研究成果，把思想库对政府行为择定的建议权进一步扩展为重要的影响力改善政府行为择定中对农民利益的保护具有广阔的空间。

（2）严格执行已经择定了的政府行为

已经择定了的政府行为被政府实际履行后才能实现政府行为选择的预期目标。无论是中央政府独立履行其已经择定的行为还是中央政府与地方政府共同履行已经择定的行为，政府不履行其农业经济领域内已经择定了的行为是比较普遍的现象。政府严格履行其已经择定的农业经济领域内的行为是提高政府行为择定中保护农民利益有效性的重要内容。在严格执行已经择定了的政府行为中，一是各级政府都要严格按照《中华人民共和国农业法》、《九十年代中国农业发展纲要》等在财政和信贷等方面的政府行为规定，保证财政和信贷对农业投入规模；二是实行一体化的农业经济管理体制，提高政府行为执行率。我国农业经济管理体制主要特征之一是把农业产业的生产、流通等环节分割为众多的部门共同管理的非一体化管理模式。把农业产业分割为众多部门共同管理的体制运行中容易出现的问题：不同的部门不管是独立管理还是与其他管理部门共同管理，不同部门都会从本部门角度出发制定农业经济政策，形成了农业经济管理政出多门现象；多部门共同管理体制运行容易滋生各农业经济管理部门之间的权与责非对称现象以及政府管理的低效率现象；多部门共同管理体制中的政出多门以及彼此之间缺乏有效协调机制，还容易造成有限的农业资源低层次重复利用甚至浪费现象，降低了十分有限的农业资源的利用效率。在借鉴经济发达国家农业经济管理体制经验基础上，我国农业经济管理体制创新的方向就是按照权责一致的原则，理顺国家专门性的农业经济管理机构与其他国家管理机构中农业经济管理上的职能交叉与重叠关系，调整现有的农业经济管理部门管理职责结构，把与农业经济活动有关的职能纳入专门性农业经济管理机构中，建立农业产业的产加销、内外贸一体化管理体制模式。这不仅能够降低政府管理成本，还可以堵塞政府管理漏洞、便于提高政府行为的执行效率。

（3）提高农民的文化程度和组织程度，增强农民利益的自我保护能力

关于在一个多数劳动力在农业中就业的经济中农民影响政府行为偏好农业力量薄弱的解释包括以下方面：第一是从占少数的非农产业征课足够的税收，付给每个农民一小笔同等补贴，财政上困难非常大；第二是受过良好教育和懂得政治的人集中居住在城市，他们对政府行为选择影响的成本比分散的农民低得多；第三是数量少的非农业产业者集体行动中免费搭车现象比数量众多的农民采取同样行动少得多；第四是城市中非农业产业顾主利益与农产品价格提高负相关。借鉴上述论点，提高农民影响政府行为择定偏好农民的根本首先是减少农民数量。减少农民数量，不仅提高了农业劳动生产率，也为从根本上提高农民的组织程度和增强农民集体行动力量创造了前提条件。

减少农民数量是一个长期的自然的历史的过程。由我国农业资源禀赋所决定的生物技术型农业经济现代化道路则进一步延缓了减少农民数量的进程。所以，在当前的历史条件下，通过大力发展农民的各种专业合作组织提高农

民的组织化程度则具有十分重大的现实意义。以发展农民合作组织为支撑提高农民的组织化程度已经使提高农民组织化程度在提高农民进入市场的能力，增加收入，维护自己权益等方面起到极大作用。所以，农民合作组织，不仅是提高农民维护其经济权益的经济组织，也是提高农民政治参与程度的重要依托。

舒尔茨从提高农民人力资本能力，促进农业生产技术进步的角度论述了农民文化素质高低对改造传统农业的重要性。农民文化素质提高的经济意义在于促进农业现代化，而政治意义则是改变了农民的政治信仰、价值体系、社会意识以及政治态度。有了高水平文化以后，农民可以利用各种现代手段，通过多种途径更广泛地了解国家政治体系的过程，影响政府决策对自己利益的损益，进而最终形成开放和进取的价值趋向和积极的政治参与欲望，利用其所能够支配的资源参与政治活动，保护与增进自己的利益。

（4）扩大农民参与政府行为择定的机会

特定的政治制度、社会经济发展水平以及文化传统因素的影响决定了我国经济领域内政府行为的择定主要是由党中央委员会提出或者由政府的农业经济管理部门提出后，再经过合法化的途径而择定并自上而下地组织实施的以政府的行政管理机构为首倡的内在提出模式和以党（党委）为首倡的内在提出模式，农民直接或间接参与政府行为择定的机会是很少的。我们不否定党和政府机构在择定政府行为时不考虑农民的利益，但根据公共选择理论的观点，扩大农民对政府行为择定的影响机会则是保护农民利益比较有效的方式。根据我国农民对政府行为择定影响的实际，农民平等地参与政府行为择定的机会和权利还存在着一定的问题：一是人大代表中农民比例与农民数量严重不对称（占总人口的70%农民代表只占代表的9%）；二是通过政治协商途径参与国家大政方针的择定权利与机会上，农民更是微乎其微（七届政协1000多名代表中农民只有2名）；三是因国家公务员产生途径农民是很难进入政府官员序列以政府官员（公务员）身份直接参与政府行为决策。在政府行为选择的决策阶层中，虽然不能说没有农民就不会考虑农民利益，但农民影响政府行为选择的能力的微弱也在某种程度上显示了从农民利益出发择定政府行为选择的困难性。我国广大的农民在政府行为择定中的地位主要表现为既定政策的接受者。公民对公共决策的参与是民主制行政的逻辑起点和核心内容。因此，提高农民政治地位，扩大农民参与国家重大方针和政策决策机会和途径是矫正政府行为选择中忽视农民利益可能性、保护农民利益的制度创新，也是我国民主制度建设的具体体现。

二、农业法制建设与政府行为关系研究[①]

农业经济发达国家的历史实践表明，政府干预是有效地克服农业经济活动自然风险和市场风险、促进农业经济稳定发展和保障农业生产收入的重要保证。政府干预农业经济活动的手段包括经济手段、行政手段和法律手段。在现代市场经济运行体制下，除非特殊情况外，政府更应以完善的农业法律制度体系为依据偏好经济手段干预农业经济活动。

1. 经济发达国家农业法制建设的特点

（1）农业立法许可是政府择定农业政策的依据

农业经济活动中的自然风险与市场风险同农业生产者收入目标之间具有对立性。在市场机制作用下，因农业比较利益差异引起的农业资源外流则更凸出了农业生产的不确定性和农业生产者收入目标的不稳定性；而追求农业生产率所导致的农业资源破坏则危及了农业基础地位和农业可持续发展等问题。在市场机制调节下农业经济活动中所出现的问题不能再单纯地依靠市场机制解决，而要从市场机制以外入手，要更多地依靠政府行为弱化农业生产的市场风险。如果观察现代市场经济运行体制下经济发达国家政府的农业政策、农业立法与农业经济活动之间的逻辑关系：政府依靠农业法律体系调整农业经济活动；农业法律体系的调节作用是依特定的农业法律所制定的农业政策体现的。农业政策是实现农业经济活动预期目标的手段，农业立法许可构成了政府农业政策择定的依据。经济发达国家充分实现了以农业法律为依据管理农业经济活动，农业法律是政府所实施的各项农业政策的依据。

---

① 本研究主要部分已发表在《农业经济问题》2010 年第 6 期。

（2）严格、高效的执法行为促进了农业立法目标的实现

由于农产品需求不可替代性及农业资源有限性，人均农业资源贫乏的日本、韩等国家一直都把保障国内农产品安全供给和保护农业生产者收入列为本国农业立法的主要目标；而人均农业资源富裕的美国等国家则把促进农产品出口、保护农业生产者收入等列入国内农业立法的头等目标。为了实现国内农业立法目标，这些国家农业立法都安排了众多的政府支持行为力促农业立法目标的实现。农业法律所确定的政府行为执行状况直接决定了农业法律所确定目标的实现程度。发达国家政府支持农业经济发展行为的规模和结构一旦以法律形式确定后难以改变，临时增加的支持需求要依赖扩大新支出满足。在政府行为对法律规范负责的理念下，立法和司法部门对政府行为的有效监督有力地促进了政府严格地贯彻和落实其所确定的支持手段，较好地实现了农业法律所设定的预期目标。

（3）农业利益集团对农业立法与执法的影响巨大

农业生产活动供给人类生存和发展需要所不可替代的农产品表明了农业经济活动的重要性，但农业经济活动的重要性与农业生产者利益保护并非是不一致的。现代农业发展已经证明，在农业生产的自然风险和市场风险的双重影响下，农业生产者利益的维护与增加则不仅仅在于农业经济活动的重要性，更在于农业生产者政治影响能力的强弱。从农业生产者利益维护与农业生产者政治影响能力之间的一般关系而言，农业生产者政治影响能力越强，农业生产者利益受损越小；否则，则反之。在经济发达国家的农业生产者—市场—政府相互作用的农业经济运行中，政府行为对于维护和增加农业生产者的利益具有决定性的作用。经济发达国家现代农业的水平已经使得这些国家的农业生产者建立了众多的各种综合性和专业性的农业生产者组织。在现代的代议制民主政府组织下，农业生产者利用其生产者组织通过政党选举、院外活动、游说政府以及游行示威等方式直接"俘虏"政府参与国家政治生活，确定有利于农业生产者利益的农业立法及其相应的政府行为，增进自己的福利。美国的全国农场联盟、农场事务所以及各种专业生产者协会组织的任务就是维护自身利益对国会和政府施加影响，促使有利于农场主利益的农业立法和农业政策通过并被执行。法国农会通过干预政府、议会及其他行政

机构的各种政府行为保护农民或农业界的利益。

（4）农业法律体系几乎涵盖了农业经济活动所有环节

国外现代意义上的农业法律可以追溯到 1933 年美国《农业调整法》。世界各国最初的农业立法具体原因虽因其国内经济形势的差异而有所不同，但经济发达国家的农业法律体系已经包括了农业基本法律、专门法律及相关法律的实施细则，农业经济活动的几乎一切方面和环节都纳入到了农业法律调控范围内。美国自 1933 年始至现在已经形成了以《农业调整法》为核心的 100 多项内容涉及生产、分配、交换和消费等农业经济活动环节及其这些环节中所有农业主体方面的法律体系；日本从 20 世纪 60 年代至今已以《农业基本法》为母法确立了 200 多个部门性农业法律为政府全面调节国内农业经济活动提供法律依据。与日本农业类似的韩国政府目前也已经通过了 100 多部农业法律调控本国农业经济发展。综观这几十年的历史，经济发达国家农业法律建设已经包括了具有宪法性质的《农业法》+各种专门的《农业法律》+与农业宪法和各专门农业法律对应的农业法律实施细则所构成的现代农业法律体系。农业法律体系涵盖了农业经济活动几乎所有环节。

（5）适时调整国内农业立法目标和相应的手段选择

农业法律为政府调节本国农业经济活动实现预期目标的行为选择提供了法律依据。因此，世界各国的农业法律都包含了农业立法目标和实现目标的手段选择两个方面内容。农业立法目标和相应的政策手段选择是根据一定时期内本国农业经济发展所面临的国内外政治、经济、社会和自然等多种因素确定的。一旦国内外政治、经济、社会和自然等因素发生了变化，国内农业立法目标在必然发生变化后，政府行为手段选择也发生了相应的变化。

1958 年欧共体成立后 1962 年制定并实施的共同农业政策是在欧洲缺乏食品性农产品的背景下通过维护农业生产收入增加食品供给而产生的。因此，1962 年共同农业政策的主要目标选择为供给、收入和市场目标，即促进技术进步，提高生产率增加供给；增加农业生产收入；稳定市场价格、保障农产品供给。共同农业政策选择了通过农业补贴刺激生产和通过门槛价格保护国内市场等一系列手段。在共同体内外政策手段促进了共同农业政策上述目标的实现后，共同农业政策面临着因补贴和价格保护所形成的财政负担（几乎到了财政破产边缘）、农产品过剩和农业市场环境变化等问题；美国和加拿大等农产品主要出口国要求其削减补贴并降低价格保护的要求日益强烈。为适应内部财政问题和外部压力以及适应乌拉圭回合谈判新形势，1992 年的共同农业政策进行了比较激进的改革：提高产品质量、确保食品安全；提高竞争能力；促进共同体内部市场的生产与消费、供给与需求的良好平衡等。为了实现共同政策上述新目标，共同体改进了以往农业支持方式的同时增加了新的财政支持方式。

日本和韩国等政府在 20 世纪 60 年代农业法确定的目标实现后，20 世纪90 年代则根据新情况适时调整了新农业法律目标。美国农业法律目标调整更是频繁，国会每 5 年通过新修订的农业法律对农业法律目标进行了适时调整。

定期地根据国内农业经济活动的实际需要和国际规则的需要而不断修订与完善国内农业立法，以期发挥农业法律保护国内农业生产者利益的最大支持效率已经是经济发达国家农业发展建设的主要特点之一。

2. 经济发达国家农业法制建设的新趋势

（1）"黄箱" 支持 "绿箱" 化

WTO 农业协议对各成员国国内农业支持设定了严格的约束。在农业协议规则框架下经济发达国家根据国内农业经济发展预期目标进行国内 "黄箱"支持 "绿箱" 化同时不断地扩大 "绿箱" 支持范围。

韩国政府从 1948 年开始的农业法制建设基本目标是维持粮食供给。为实现粮食供给目标政府安排了扩大耕地面积、扩大农业投入提高单产水平外，还建立了严格价格保护制度。随着粮食供给安全目标实现后的九十年代的乌拉圭回合谈判开始，韩国政府制定了符合 WTO 农业协议要求的《农业、农村基本法》。在新农业法中，把以往的价格支持转化为符合 WTO 农业协议 "绿箱" 措施中的直接支付补贴，并把直接支付制度作为韩国政府农业支持政策的主要手段选择。

由目标价格、门槛价格和干预价格构成高于国际市场价格水平的内部支持价格是欧共体农业政策的核心。由于内部和外部诸多因素影响，从 1992 年起共同体农业政策就开始了价格支持为直接收入补贴的改革。2000 年议程进一步地将直接收入补贴与产量挂钩改为与面积挂钩，形成了面积补贴模式，使收入支持符合 WTO 农业协议要求。为了实现预期目标 2000 年共同农业政策将认准的农业结构调整补贴中的鼓励青年从事农业生产、鼓励老年农民退休更新农业劳动队伍目标转化为通过更新农业劳动队伍改善农业生产结构；优先发展落后地区经济消除地区差距以及通过基金支持方式促进结构调整。

美国 1993 年后根据乌拉圭回合谈判农业协议所确定的义务，1996 年农业法案在保障农业生产者收入目标的手段选择上由传统的市场价格支持转向了直接支付方式。2002 农业法案将"绿箱"支持范围扩大。如环境保护支持在 1996 年的基础上除增加投入外还增加了自然保护安全计划和草原保护区计划两项新内容。

（2）不断扩大政府支持的能力和范围

虽然经济发达国家的农业产值比例和直接生产中的农业就业人数比例不断下降，但农业产业依然是国民经济的基础；农业现代化程度不断提高并从根本上改变农业产业弱质性。所以，这些国家仍然坚持着以完善的农业法律为依据运用各种政府行为支持国内农业经济发展的传统。国内经济发展水平所形成的实力比 WTO 农业协议约束对一个国家政府农业支持规模和结构更具有决定性意义。经济发达国家在结合 WTO 农业协议约束和国内财政支持能力以及预期的农业目标，其国内农业法律对政府支持的规范则集中表现为不断扩大政府支持的能力和范围。

欧盟总农业支持估计从 1986~1988 年的 1097 亿美元增加到 1999~2001 年的 1126 亿美元，后者比前者上升了 2.6%。1992 年共同体农业政策中加强了环境保护内容后，2000 年议程更加注重环境保护，将环境保护作为共同农业政策主要组成部分并实行了与环境保护有关的农业补贴项目。韩国政府农业财政年度预算分别是 1985 年 10029 亿韩元增加到 1990 年 23471 亿韩元、1995 年 70770 亿韩元、2000 年 73130 亿韩元和 2002 年 81250 亿韩元充分地显示了其政府农业财政支持的扩张迹象。

在 WTO 规则和国内利益集团的双重约束下，美国 2002 年农业法实施期内比 1996 年农业法实施期所规定的 666 亿美元农业补贴新增加了 519 亿美元投入；美国政府在下调 1996 年农业法中的粮棉等主要农产品支持价格的同时把价格支持的范围从粮棉等主要农产品扩大到了大豆、花生、羊毛、马海毛、蜂蜜及其他干豆类等。2007 年美国众议院通过的农业法版本中则根据新形势的需要包括了生物燃料支持计划，包括对纤维质乙醇的支持。

（3）农业可持续发展成为国内农业立法中保持或增加政府农业支持能力的理论基础

WTO 农业协议是其成员国国内农业政策支持方式选择的外部约束。在适应这种外部约束下，农业可持续发展成为了成员国农业立法保持或增大国内政府支持能力的理论支撑。

自 20 世纪 60 年代农业法实施后，到 20 世纪 80~90 年代的日本很好实现了提高农业生产率和农民收入目标，日本的农业经济又面临着食品自给率下降、农业生产者后继无人、农业基础不稳定等新问题。为了从根本上解决农业经济发展中的这些新问题，日本政府把确保食品供应、发挥农业多功能性、实现农业可持续发展和振兴农村经济等确立为 1999 年《粮食·农业·农村基本法》理念，并特别凸出了农业多功能性为农业立法以及农业政策改革的理论基础。根据新农业法对国内的农业管理体制以及支持政策进行了重大的调整和改革。20 世纪 90 年代末在寻求农业发展新思路的引导下，欧盟提出了以农业多功能性为核心理论基础的"欧盟农业模式"并以《2000 议程》把这种模式确定了下来。

欧盟、日本和韩国等发达国家在不违背 WTO 农业协议的宗旨下提出"农业多功能性"理论为国内农业支持提供理论支持并据此修订与完善国内农业立法的内容。

美国和凯恩斯集团主要国家承认"农业多功能性"，但反对以此为国内农业支持提供理论支持并据此修订与完善国内农业立法内容，实施高度的农业保护妨碍农产品自由贸易。主张粮食安全、资源保持和农村发展与环境保护可以通过非扭曲性的手段实现。从美国国内农业法案内容看，不仅不断地扩大资源保持和农村发展与环境保护等方面的内容，而且还不断地加大此方面支持投入的规模。

"农业多功能性"理论的提出是传统的农业经济增长过程中的资源环境约束下政府支持国内农业经济的产物。如果抛开以此为国内政府对农业实施高保护提供理论支持，它与发达国家国内农业法律为追求农业可持续发展目标而实施的国内支持具有相同的本质。农业可持续发展逐渐成为国内农业立法中保持或增加政府农业支持能力的理论基础。

3. 对我国农业法制建设的启示

虽然自改革开放以来结束了我国农业经济领域内政府行为无法可依局面，但我国农业法律体系建设还具有明显的薄弱性、滞后性以及农业法律执行效率低下等特点。

薄弱性主要表现为三个方面：一我国农业立法落后于其他经济立法，农业立法与农业大国地位不对称；二是农业法律约束力弱；三是农业管理部门制定的农业规章是政府行为的主要依据。

滞后性主要表现为三个方面：一是一些专门性农业法律法规还处于空白状态；二是与专门性农业法律法规配套的实施细则罕见；三是已经颁布的某些农业经济法律急需根据我国社会经济发展整体水平修改。

农业法律执行效率低下主要表现为三个方面：一是政府执法机构不严格执行农业法律规定中应该履行的义务；二是根据自己需要，机会主义地执行农业法律；三是有法不依，侵害农民权益。

可见，国外依法治农的经验对于完善我国农业法制建设具有重大的借鉴意义。

（1）突出农业多功能性及农业可持续发展在农业法律体系建设中的指导地位

按照农业产业在社会经济发展进程中功能变换的一般理论，在工业反哺农业阶段，农业产业的环境保护功能、促进农村发展的功能日益突出；从上个世纪九十年代后期开始的农业综合生产能力提高为广泛发挥农业产业的经济效应、社会效应与环境效应高度统一提供了比较坚实的物质基础，而农业产业结构战略调整、农业生态区的建设，荒山荒地绿化、荒漠治理和水土流失治理、草地建设以及生物多样性保护区建设等则为进一步发挥农业多功能性奠定了可靠的产业结构基础。2007年中央"一号文件"强调，积极发展现代农业必须注重开发农业多功能性，向农业的深度和广度拓展。这一系列政策法规、文件以及重大生态工程项目不仅对深化农业结构调整、增加农民收入、促进农村社会发展以及建设和谐社会等方面起到了有力的保障作用和促进作用，也为进一步发挥农业产业的一系列非商品产出功能提供了制度保障。在我国国民的整体生活水平进入"小康"阶段后，"休闲农业"和"观光农业"把发展农业产业的经济功能、环境功能以及保护和传承农耕文化功能有机地结合起来了，为我国探索出了发挥农业多功能性的具体路径。我国现代农业生产方式所面临的经济与生态的困扰日趋加剧。

以上方面说明，我国不仅具备了运用与发挥农业多功能性的经济能力可行性、农业生产力可行性、农业生产技术可行性和农业政策可行性以及农业产业结构可行性，农业和社会经济发展所面临的生态环境问题也迫切需要运用与发挥农业多功能性理论恢复生态环境质量。虽然我国农业法中包含了促进农村和农业可持续发展及发挥农业多方面功能的内容，但从总体上讲，我国农业法还是凸出了巩固和加强农业在国民经济中的基础地位，强调的是农业经济活动的农产品产出功能，农业经济活动的社会文化和环境功能则处于从属的地位。因此，根据我国农业经济发展实际以及国际经验，一定要凸出农业多功能性及农业可持续发展在我国农业法律体系建设中的指导地位。

（2）完善专门性的农业法律建设

根据我国农业经济活动目标以及目前我国农业法律体系建设的现状，完善专门性的农业法律建设集中表现为农业投入支持法律、农民收入支持法律和粮食安全法律等方面。

首先，完善农业投入支持法律建设。

在资本密集型现代农业的发展中，政府对农业投入支持已是基本规律。美国除农业法对农业投入和农业信贷做出了专门规定外，还专门制定了农业投入和农业信贷法律，用法律保障农业财政投入和农业金融投入。虽然我国农业法中对农业财政投入、金融投入以及吸收社会投入等方面有规定，但却还缺乏专门性的农业投入法律对农业财政投入、金融投入以及其他社会主体农业投入的规范，致使农业投入与农业发展需要之间的矛盾一直没有得到根本解决，农业生产条件难以得到根本性改进。所以，制定专门性农业投入支持法律，硬化财政和金融对农业的投入约束以及引导社会资本对农业投入、从而明确政府和个人和社会资本对农业投入支持已构成促进我国现代农业深入发展的迫切要求。完善农业投入支持法律建设的当务之急主要表现为：

一是把现行农业法中"农业投入与支持保护"分开，强化现代农业中投入支持的重要性。

二是制定专门的农业投入支持法律，从财政和金融方面明确政府财政、金融对农业投入的范围和规模，政府财政和金融对农民农业投入支持及对社会资本投入农业支持的范围和比率，形成政府、农民和社会共同投入农业、支持农业经济发展的局面。

三是对农业生产活动中亲环境生产方式投入予以优先支持，提高我国农业可持续发展能力，促进我国农业可持续发展进程。

其次，完善农民收入支持法律建设。

我国农业生产目标集中在保障农产品供给安全和提高农民收入两个方面。在大国效应前提下，我国农产品供给安全的基础在国内。在市场经济体制运行框架下，农产品供给安全是以农户农业性收入水平的稳定与提高为基础的。如果农户农业生产性收入水平没有保证，在经济利益驱动下，农民就减少农产品生产，影响农产品供给安全。为了保证农产品供给安全，首先要保证农户农业生产性收入的稳定与提高。长期以来我国农民为国家农产品安全做出的贡献越大，农民收入水平越缺乏保障；在工业反哺农业的社会经济发展时期，农民与非农民之间的收入差距逐渐扩大；农民收入受农业生产资料价格的影响以及市场供求影响日趋强烈。因此，借鉴国际上保护农民收入的通行做法以及根据农业法总则中"增加农民收入"以及其他章节中"农业支持保护"和"国家对农民实施收入支持政策"等法律精神制定稳定农民收入支持方面的相关补贴性法律已是完善国内农业法律体系建设的重要环节。

最后，完善粮食安全法律建设。

保证国家粮食安全一直是我国农业经济发展的首要目标之一。未来维护国家粮食安全，我国政府采取了诸如粮食安全的"省长负责制"、农业综合开发、粮食直接补贴、良种补贴和农业生产资料补贴等多种政策。这些政策为维护国家粮食安全起到了积极的促进作用。从行政手段选择与法律依据的一般关系而言，这些安全手段还需要有法律依据，用法律的手段提高国家粮食安全政策的实际效率。另外，我国粮食安全的基础在于国内生产，而国内生产的基础决定于国内耕地面积总量。国内耕地面积是国家粮食的基础。为了保护耕地保障国家粮食安全，国务院颁布了《基本农田保护条例》，条例中对违反本条例规定行为，将依照《中华人民共和国土地管理法》和《中华人民共和国土地管理法实施条例》有关规定从重给予处罚，但处罚的力度难以保障国家粮食安全的需要。所以，根据国家粮食安全需要，结合我国城市化进程中土地刚性需求对我国耕地面积变化实际的影响，耕地保护法规规格要从国务院的行政法规上升为全国人大通过的法律；对破坏耕地保护危害国家粮食安全的行为处罚进一步明确化，增大破坏耕地保护的违法成本。

（3）加强农业经济法律实施细则建设，提高农业经济法律可操作程度

经济发达国家的农业法律体系是由农业基本法、专门性农业法律法规以及与这些农业法律对应的实施细则或施行规则、施行令等三个层次法律组成的。农业法律实施细则对贯彻农业法律、尤其是对防止、纠正各级政府执行农业法律不力的行为起到了不可替代的作用。我国农业法律体系对政府支持农业的行为规定并不少，但这些规定都属于原则性规定，对于如何执行这些支持行为、不实施这些支持行为要承担什么后果等都没有进一步的明确规定，以致农业法律所规定的政府支持农业发展的诸多行为很难落实到位。所以，为了充分发挥农业法律对农业经济发展的保障作用，要制定与农业法和专门性农业法律配套的实施细则，进一步具体明确政府的支持行为、促进农业法律所规定的政府支农行为被高效执行。

（4）适时修改现行农业法律

农业法律体系对政府行为选择的规定都是政府为实现一定社会经济环境下农业经济发展目标而设定的。即使农业经济发展目标不变，由于社会经济发展环境变化也会导致农业经济发展中政府行为的趋向和手段选择的变化。国外政府在维持保护农民利益不变前提下根据社会经济发展环境以及农业经济发展环境周期性地调整农业经济法律中政府行为趋向和手段选择。虽然我国政府也根据我国社会经济发展、农业经济发展的目标、环境变化而不断地颁布了一些农业发展的新规定，但这些新规定多以中共中央国务院颁布的政策或意见的形式体现的，如 2004 年、2005 年和 2006 年中共中央国务院颁布关于提高农业综合生产能力、提高农民收入和建设新农村等政策或意见，还没有上升到农业法律层次。因此，无论是借鉴国际经验，还是从我国社会经

济发展中促进农业经济多重转型深化的需要出发，周期性适时调整已颁布的农业法律体系是我国农业立法实践中不容忽视的现实问题。

（5）完善农业执法监督机制建设

各执法主体根据自己的利益偏好机会主义地执行各类农业法律中政府应执行的法律义务已经极为普遍。这种执行不仅严重损坏了法律尊严，也极大地降低了政府在农民中的公信度。规范农业执法主体资格、提高执法机构人员的业务能力等的确能够矫正农业执法中的机会主义行为，但要从根本上解决农业执法中的机会主义行为则必须依靠有效的农业执法监督机制。完善农业执法监督机制建设主要表现为两个方面：

一是完善现行的农业执法监督机制建设。农业执法监督机制是由农业立法机构对农业执法监督、农业执法机构系统内部上级对下级农业执法监督以及社会对农业执法机构农业执法监督构成的。前两种监督机制已经存在，但这种监督大多以非经常性的临时性检查方式进行，还需要将立法机构的农业执法监督和政府系统内部农业执法监督制度化、经常化。如果没有农业执法监督的制度化和经常化，就难以彻底杜绝农业执法中的机会主义行为，提高执法监督的效率。

二是完善农业监督机制中的社会监督机制建设。从社会监督的构成看，目前的农业执法社会监督主要表现为新闻舆论监督，而社会公民尤其是农民对农业执法监督则亟待建设。完善农民的农业执法监督首要前提是扩大农民的政治影响能力。增强农民对政策形成影响力，不仅有利于形成政府政策趋向和手段选择偏好农业的局面，促进我国"三农"问题更好地解决，更可以通过农民监督提高政府履行已经确定的支农措施的效率，从根本上克服我国社会经济发展进入工业反哺农业的时期政府的一系列支农措施落实难的"口号现象"。

三、资本支持行为研究

农业经济发展的水平越高，政府对农业资本支持越重要。本书选择政府的财政资本投入支持、农业金融支持以及农业保险制度建设三个方面对我国政府农业资本支持行为进行研究。

（一）农业财政投入支持行为研究①

相对于农户的投入而言，政府的农业财政投入对农业经济发展的影响更长期、更深远。在研究政府的农业财政投入支持中，从政府的农业财政投入的结构入手更有实际意义。

1. 对我国政府农业财政投入的基本判断

研究政府农业财政投入问题的视角一般包括政府投入的规模和效率两个方面。无论是研究政府农业财政投入的规模，还是研究政府农业财政投入的效率，都必须首先界定政府的农业财政投入范围。从我国政府的农业财政投入范围上讲，应该把支援农业生产和农业事业费支出以及政府的农产品政策性补贴支出都包括在政府的农业财政投入之中观察，而不能仅观察政府的支援农业生产和农业事业费等农业财政支出项目。如果仅考虑政府支援农业生产和农业事业费等财政支出项目，漏掉政府的农产品政策性补贴支出，不仅缩小了政府的农业财政投入视角，也可能导致由此而得到的有关政府农业财政投入的相关结论有失客观、准确。

（1）政府的农业财政投入规模判断

判断政府的农业财政投入规模是否合理可以通过我国政府农业财政投入比例的纵向变化的趋势以及我国政府的农业财政投入与国外政府的农业财政投入的横向比较两方面的指标变化入手。

第一，纵向比较的我国政府农业财政投入规模处于增长的态势。按照农业投入总规模＝政府支援农业生产和农业事业费支出＋政府的农产品政策性补贴支出计算，在"八五"和"九五"时期，我国政府的农业财政投入总规模除了1991年、1992年外分别都是逐年递增的。政府的农业财政投入总规模占财政总支出比例的增长率从"八五"平均5%增加到"九五"的20.5%，增长了4倍多。"八五"和"九五"时期国家财政收入增长率分别都是16.5%。所以，从"八五"和"九五"两个时期我国政府的农业财政投入占总财政支

---

① 本研究主要部分已发表在《商业时代》2006年第8期。

出比例增长率与财政收入增长率两个指标的比较而言，我国政府的农业财政投入规模处于增长的态势。

第二，横向比较的我国政府的农业财政投入规模处于高水平。财政投入进行规模比较的主要对象可以选择 OECD 成员国进行。与 OECD 成员国比较，2000 年我国含农牧业税的农业财政投入占 GDP 的 2.23%，OECD 成员国为 0.68%，扣除农牧业税后我国农业财政投入占 GDP 的 1.70%，OECD 成员为 0.59%。[①]

由此可见，我国政府的农业财政投入规模并不低，处于相当高的水平。

（2）我国政府的农业财政投入结构判断

根据我国农业财政投入范围包括的政府支援农业生产和农业事业费支出以及政府的农产品政策性补贴支出计算，我国政府的农业财政投入结构表现为"三高一低"的特点。

第一，农产品政策性补贴支出的高比率。我国政府长期以来一直对农产品实行政策性补贴政策。政府对农产品政策性补贴支出占国家全部农业财政投入比例在"八五"时期是 42.9%，"九五"时期是 41%。农产品政策性补贴都是与农业生产没有关系的转移支付。所以，尽管有如此巨大的农业财政投入，农业生产资本仍然缺乏。如此高比率的农产品政策性补贴严重地限制了政府的农业财政投入对我国农业经济的深度发展和广度发展的进程。

第二，农业事业费支出的高比例。从中央政府农业事业费支出比例的变化看，尽管"九五"时期中央农业财政支出中农业事业费比例比"八五"下降了 1.2%，但在两个五年时期中各年度农业事业费比例看，仍然处于 76% 以上。地方政府农业财政支出中的事业费比例虽然比中央政府低，也在 45.2%~56.2% 之间。由此可见，政府的农业财政支出的大部分是维持农业事业单位的"吃饭"问题，对农业生产直接作用甚小。

第三，与农业生产无直接关系的农业基本建设支出的高比例。在"八五"和"九五"期间，我国政府的农业基本建设支出都占政府农业财政支出的 1/3

---

① 参见李国祥：《现阶段我国农业补贴政策选择》，《经济研究参考》2003 年第 72 期，第 4 页。

水平上。但这些支出中用于重大水利工程和生态建设等全社会普遍受益的投入占了80%~90%,[①] 而真正用于改善农业生产生活条件的良种工程、农田水利以及节水灌溉等中小型农业基础设施建设投入只有10%左右。大比例农业基本建设支出对农业生产实际条件改善的直接推动作用很小。

第四,低比例的农业技术进步支出。在我国政府的农业财政支出中,农业技术进步支出所占比例已经从"八五"的0.68%提高到"九五"的0.77%。尽管提高幅度不足0.1%,但表明了政府已经加大了农业技术进步投入。政府对农业科技投入增加1元可以使农业增加值增加11.87元。[②] 过低的农业科技投入严重地限制了农业财政支出促进农业经济深度发展的进程。

(3) 政府的农业财政投入偏斜状态判断

农业财政投入偏斜指数 = (农业财政投入/国家财政总支出)/(农业国内生产总值/国内生产总值)×100%。[③] 农业投入偏斜指数刻画了农业财政投入与农业产值贡献程度之间的关系。如果农业财政投入偏斜指数越高,说明农业获得的财政投入支持越大。偏斜指数为1,表明了农业所获得了与农业产值地位平等的财政支持度。按照政府的农业财政投入=政府支援农业生产和农业事业费支出+政府的农业政策性补贴支出计算,"八五"和"九五"时期我国农业财政投入偏斜指数的平均水平分别是78%和79%。我国政府的农业财政投入偏斜指数上升了0.1%的变化,首先表明了政府对农业经济投入的支持力度的提高,其次表明了我国农业经济还没有获得与其在国民经济中贡献相等的身份。我国的农业经济还处于纯粹的贡献地位。

2. 提高农业财政投入结构效率的思路

从横向比较看,我国政府的农业财政投入规模处于高水平状态;从纵向比较看,我国政府的农业财政投入比例已经高于财政收入的增长率;从偏斜

---

① 参见刘亮:《调整农业财政政策 切实增加农民收入》,《农业经济问题》2004年第5期,第18页。

② 参见钱克明:《中国"绿箱"政策的支持结构与效率》,《农业经济问题》2003年第1期,第42页。

③ 参见张杰:《中国农村金融制度:结构、变迁与政策》,中国人民大学出版社2003年版,第178页。

指数看，我国政府的农业财政投入能力也在提高。在这样的历史背景下，人们一般都认为我国农业财政投入不足。产生这一现象的原因：一是我国农业整体发展水平所决定的政府农业财政投入能力的有限性与农业发展的巨大需要之间存在缺口；[①] 二是我国政府农业财政投入结构的偏差加剧了农业财政投入的缺口。因此，我国农业财政投入的主要问题不在于财政投入规模问题，而在于政府的农业财政投入的结构偏差。提高政府农业财政投入的结构效率是我国农业财政投入政策的中心环节。

（1）调整农产品政策性补贴结构同时提高农业财政支出与农业生产发展的密切度

"八五"和"九五"时期，我国政府的农产品政策性补贴占农业财政总投入平均水平都是40%以上。根据经合组织测算，发达国家价格补贴的效率是25%左右。就安徽省而言，我国价格补贴效率是10%。[②] 这充分表明了如此庞大农产品政策性补贴支出对农业生产支持程度十分有限。我国农业财政投入结构与农业生产密切度不高，也与农民收入的密切度不高。可见，把农产品政策性补贴投入转投到与农业生产直接相关项目对于提高农业财政投入整体效率是特别重要的。根据我国农业财政投入包括的项目而言，一是财政支出项目中对农业生产条件改善投入、农业科技投入比较弱；二是直接补贴资本能力比较弱。而这两个方面又都与农业生产密切相关。所以，分解政策性补贴投入的方向，一是把一部分农产品政策性补贴转做直接补贴资本，增强直接补贴资本能力，提高直接补贴力度；二是把农产品政策性补贴一部分转投到改善农业生产条件和农业科技上去，改善农业生产条件，增强农业生产能力。

（2）调整财政支农支出结构同时增加农业科技投入

在"八五"和"九五"期间，政府支援农业生产支出和农林水利气象事业费支出比例一直都占我国政府农业财政总支出的1/3的水平上，农业技术

[①] 参见李国祥：《现阶段我国农业补贴政策选择》，《经济研究参考》2003年第72期，第4页。

[②] 参见郭玮：《农业补贴政策的转型与具体操作》，《农业经济导刊》2004年第2期，第104页。

进步费支出不到 1%。事业费主要是解决"吃饭"问题，对农业生产的推动作用不大。农业生产条件改善和技术进步在农业发展中互相促进、互相制约。我国农业技术进步对农业增长的贡献率仅为 35% 左右，而农业发达国家达到了 60%~80%。农业技术成果转化率和普及率仅有 30%~40%，比发达国家低40%。① 落后的农业技术限制了农业生产条件改善对农业发展的促进作用。农业技术落后的根本原因是农业技术研究与推广经费投入不足。加强农业技术研究转化和普及首先要增加农业技术研究和推广投入。在现有农业财政投入水平下，减少事业费比例，增加农业技术研究与推广投入不仅能够扩大农业条件改善对农业发展的促进作用，也是提高农业财政支出结构效率的重要途径。

（3）逐渐扩大农业生产设施建设投入以便切实改善农业生产条件

农业生产条件的根本改善是传统农业发展为现代农业的重要基础。农业生产条件改善程度决定了农业发展的现代化深度。农业生产条件根本改善是农田基本建设的结果。所以，农田基本建设是农业基础设施建设的根本，是农业基本建设推动农业发展的核心。农业基本建设包括的内容除了农田基本建设外，还包括非农田基本建设项目。只有投入到良种建设、农业生产灌溉设施等方面的农业基本建设才属于农田基本建设。也只有这些项目的农业基本建设才能够真正改善农业生产条件。我国农业基本建设支出的 80%~90% 与农业生产条件改善程度不大。高比例的农业基本建设并没有高水平的农业生产条件。所以，在经过了 20 世纪 90 年代以来基本治理了大江大河后，农业基本建设投入重点要转移到农田基本建设项目上来，切实改善农业生产条件，提高农业基本建设投入推动农业发展的直接效率。

（4）提高农业财政投入中农村教育投入能力

增加农业技术研究、推广投入只是为农业生产技术水平提高和农业经济向深度和广度发展提供了可能性。广大农民掌握、运用农业生产技术状况直接决定农业技术效率真正发挥。所以，要提高农业科技投入贡献率，必须首

---

① 参见齐景发：《"三个代表"思想与"三农"问题》，《农业经济导刊》2004 年第 3 期，第 21 页。

先培训农民，提高农民掌握技术能力。农村教育投入增加 1 元，可以使农牧业产值增加 8.43 元，仅次于科技投入。[①] 这是与我国农民受教育程度偏低有关系的。所以，增加农村教育投入是提高农业财政投入结构效率、尤其是科技投入效率的特别重要内容。

（二）农业金融支持行为研究[②]

经过了长期努力后，我国的农业经济虽然已经在发展阶段、增长方式、运行机制、农业国际化等方面实现了程度不同的转型，但推进农业经济转型深化的任务仍很艰巨。根据金融是经济发展的"发动机"理论以及现代农业与发达的农业信贷支持的一般规律，农业金融支持是推进我国农业经济多重转型深化的核心。因此，探讨我国农业经济的多重转型中农业金融支持对促进我国农业经济多重转型的深化就具有特别重要的现实意义。

1. 农业经济转型与农业金融关系

现代经济增长与金融息息相关，金融是现代经济的核心。良好的金融制度和金融政策可以帮助克服资本短缺，改善资源配置，促进经济增长；一个国家的金融体系越落后，政府对金融管制越严，则对经济发展起着极大的抑制作用。美国经济学家爱德华·S. 肖（E. S. Shaw, 1973）和罗纳德·I. 麦金农（R. I. Mckinnon, 1973）研究发展中国家经济发展与金融关系时，认为发展中国家存在"金融抑制"。金融抑制在农业经济中表现为农户在借贷市场中经常地处于弱势地位，他们很难从正规金融部门获得足够的贷款资金，能够从正规金融组织获得贷款的农户仅占总体农户的极少部分。[③] 改变这种现象的办法是由金融抑制到金融深化，提高金融组织对农户金融支持。按照这一思路，我国学者广泛地研究了农业金融抑制问题。首先是证实了肖和麦金农的农业金融抑制：农户从正规的金融渠道获得的贷款只是农户中很小部分。80%以上农户以存款形式介入了正规金融部门，而从这些金融部门获得贷款

---

① 参见钱克明：《中国"绿箱"政策的支持结构与效率》，《农业经济问题》2003 年第 1 期，第 42 页。

② 本研究主要部分发表于《长沙大学学报》2004 年第 3 期。

③ 参见张培刚：《发展经济学》，经济科学出版社 2001 年版，第 305～306 页。

的农户仅有 5% 左右。平均每户拥有的贷款额只相当于每户存款额的 1/40。十分有限的贷款在农户之间的分配也是极不均匀的。最多的一个农户得到了全部贷款的 88.5%。收入最低的农户完全没有得到正规金融机构的贷款。不是农户不需要贷款，而是多数农户不能从正规金融机构获得满意的贷款。[①] 上述农业金融抑制理论分析是以农户存在巨大的金融需求为前提的。我国农业经济正在进行着比较系统的转型：农业结构转型、发展阶段转型、运行机制转型和增长方式转型等。众多的转型都说明了农业经济的现代化程度和水平的提高。世界农业经济现代化历史证明，农业现代化水平越高，资本投入量也越大。而巨大的资本投入要依靠农业外资本获得。典型调查结果显示的农户的金融需求是比较普遍的，越是低收入的农户对金融需求度越高[②]也证实了农业经济转换中农户巨大金融需求的假设。因此，麦金农和肖的金融抑制理论对我国农业经济转换中金融抑制的确具有比较满意的解释力。农业经济金融供给小于需求必然形成了农业经济的金融抑制。农业经济中现实的金融需求小于潜在的金融需求也会形成农业经济中的金融抑制。农业经济发展中的金融抑制可能是正规金融供给不足引起的，也可能是农户现实的资本需求不足引起的。正轨金融供给不足会阻碍农业经济转型的深化，农户现实的金融需求不足也同样阻碍农业经济转型深化。深化我国农业经济转型不仅要注意研究供给不足型金融抑制，也要充分地研究农户需求不足型金融抑制。单纯地分析哪一种金融抑制都是片面的。

2. 农业经济转型中金融抑制形成分析

（1）供给型金融抑制及其形成

供给型金融抑制就是正规金融机构的农业贷款供给小于农业经济多重转型的需求从而抑制了农业经济转型深化。观察我国农业经济多重转型中供给型金融抑制可以从农业金融体系的结构、规模和金融资产数量等进行。

第一，农业金融体系结构缩小。农业金融体系包括正规金融体系和非正

---

① 参见张元红：《农民的金融需求与农村的金融深化》，《中国农村经济》1999 年第 1 期，第 44 页。

② 参见中国社会科学院农村发展研究所农村金融以及课题组：《农民金融需求及金融服务供给》，《中国农村经济》2000 年第 7 期，第 59 页。

规金融体系。正规的农业金融体系主要包括农业发展银行、农业银行和农村信用社。非正规的农业金融体系主要是农村的民间借贷。两个金融体系实际上形成了我国农业经济中政策金融、商业金融、合作金融和民间金融等农业金融来源结构。单就农业经济金融体系而言，这些不同渠道的金融与农业经济总金融体系的大小是互补关系。也就是说，如果从农业金融总体系中去掉了哪一个金融关系，农业金融体系都会缩小。从这个意义上讲，作为民间金融主要形式的合作基金会1999年被全面关闭就是缩小了农业金融体系。也就是说，我国的农业金融体系由原来双重的正规金融体系和非正规的金融体系演变为了单一的正规金融体系。

第二，正规农业金融体系规模的缩小。农业金融体系规模的大小主要是通过正规的金融机构经营农业金融业务的规模来体现的。农业金融体系规模的大小就主要体现为正规农业金融机构在农村的营业点规模的变化。由于正规的农业金融体系主要是农业发展银行、农业银行和农村信用社。因此，观察正规金融体系的农业金融业务规模可以从这些金融机构的农业金融网点或分支机构的数量上充分地反映出来。农业发展银行机构设置的最低层次多年来一直是没有变化的。因此，农业银行的分支机构或营业网点以及农村信用社的经营网点变化对农业金融体系规模的变化具有决定性影响。农业银行的机构数目1997年是63676个，1998年是58466个，1999年是56539个，2000年是50546个，2001年是44417个。[①] 四年平均每年减少4814个。减少的机构主要是分布在农村的。1998年中国人民银行规定农村信用社一律撤销在农村的代办点后，信用社也出现了远离农业的局面。2000年比1990年有法人资格的信用社数目减少了1/4。[②] 可见，农业结构转型开始也是农业金融体系规模收缩的开始。

第三，农业金融资产供给减少。农业经济转型中金融资产主要是正规金融机构的农业贷款。从1997年以来，金融机构的新增贷款一直处于不断增加

---

① 参见中国社会科学院农村发展研究所农村金融以及课题组：《农民金融需求及金融服务供给》，《中国农村经济》2000年第7期，第59页。

② 依据《中国金融年鉴》（1997~2002）相关数据计算。

的趋势，而金融机构新增加的农业贷款占金融机构新增贷款的比重却是出现了逐年递减趋势。1997～2001 年分别是 26.2%，14.4%，12.9%，−0.1% 和 9.1%。[①] 这说明金融机构对农业的金融资产供给并没有与农业经济转型对金融资产需求的增加保持一致性。

（2）需求型金融抑制及其形成

需求型金融抑制就是农业经济多重转型中因农户的金融需求强度不足而形成了实际的农业金融需求弱于潜在的金融需求现象。从农业经济多重转型本身看，潜在的金融需求应该是相当大的。就农业经济结构转型而言，新农业结构的形成初期需要新投入。就农业经济的高度而言，无论是改变农产品加工业比较落后的状况，还是增强农产品加工业能力都要以巨大的投资为前提。所以，农业经济转型的深度和广度都说明了农业经济转型中潜在的金融需求是旺盛的。与这种旺盛的潜在金融需求相反的是农户的实际金融需求并不旺盛。我国农民人均收入水平不高，但储蓄倾向却非常高。自 1997 年以来，农民人均收入水平呈现了负增长，但农村信用社的存款不仅是不断增加的，而且增长速度高于农民人均收入增长速度。信用社存款绝大部分来于农民。可见，农户是低收入下的高储蓄。储蓄就是收入中非消费部分。我们不排除农户高储蓄有与收入增长同步的消费转化部分。农户高储蓄的动机是什么？农户储蓄的动机不外乎预防和积累存款。预防储蓄是农户为了应付生产和生活急需，如治病、养老、应付天灾人祸等。农户积累性储蓄的动机主要是子女教育、建房投资、婚丧嫁娶等。农户储蓄中农业生产性投资的部分是不大的，或不是储蓄应用的主体。我国农户的借贷需求中民间借贷一直居于主体地位，尽管政府对民间借贷一直采取了限制政策。农户民间借贷分为生产性用途和生活性用途。从农户的民间借贷资本这两个用途看，生活性用途一直高于生产用途。[②] 这说明了目前的农业经济转型中农户实际金融需求是弱于潜在的金融需求的，农业金融需求存在着不足问题。即农业经济转型中存

---

① 参见高云峰：《农业产业化发展中的金融约束与金融支持》，《农业经济问题》2003 年第 8 期，第 68 页。

② 参见何广文：《从农村居民资金借贷行为看农村金融压抑与金融深化》，《中国农村经济》1999 年第 10 期，第 42 页。

在需求型金融抑制。

3. 农业经济转型中金融深化

农业经济多重转型中金融抑制表现为供给型金融抑制和需求型金融抑制两种。因此，农业金融深化应该从供给金融和需求金融两个方面分别进行，单纯从哪一个方面的金融深化都是片面的，也不可能有效地解决农业经济多重转型中的金融抑制、促进农业经济多重转型的深化。

（1）农业金融供给深化

供给型金融抑制形成的主要原因在于正规金融机构资本供给不足以及非正规金融机构资本供给被抑制。因此，解除供给型金融抑制的重心就在于重新整合农业金融供给结构体系、强化金融机构供给机制和能力。具体而言，主要表现为如下几个环节。

第一，对非正规金融机构政策转型。自 1999 年以来政府对农村非正规金融采取了严格抑制政策，但非正规金融并没有因此而退出了农业金融领域，非正规金融在农民生产和生活中仍然起着巨大的作用。目前学界对非正规金融提出了两种不同的政策建议：一是取缔；二是将非正规金融合法化。其实对非正规金融是取缔还是合法化要根据农业金融供给的具体状况而定。主张取缔非正规金融的理由是保护农民免受非正规金融高利贷剥削。如果正规金融的农业资本供给存在缺口，农户自有资本也没有变化时，非正规金融被取缔后，自然会加剧农业金融抑制局面。而非正规金融合法化则有助于缓解农业金融供给抑制，有利于农业经济结构转型的资本形成，从而促进农业经济转型的深化。取缔非正规金融的几年实践证明：如果正规金融资本供给不足，存在非正规金融的空间，无论政府取缔或支持，非正规金融都会存在，政府取缔是无效的。所以，对非正规金融的政策到底是取缔，还是合法化要根据正规金融供给情况而定。只要是农业经济转型所需要的资本还在相当大的程度上依靠金融途径获得，而正规金融的资本供给又是不足的，就应该予非正规金融合法化，充分发挥非正规金融的补充作用。

第二，建立适合农业经济特点的金融供给体制，增加农业金融资产规模。由政策性金融、商业金融和合作金融组成的农业金融体系可谓是全面而完善的农业金融体系了。但这样完善的金融体系却不能提供足够的资本支持深化农业经济转型所需要的资本。原因何在？在于金融体系机制不能保证金融机构的农业资本供给。金融机制的问题主要是金融改革的设计与农业金融特点不对称。农业是风险大而社会效益高的特殊产业。由于农业高风险，使得农业收益具有很大的不确定性。农业的高风险性也就使农业金融的风险也高于其他产业金融风险。农业金融高风险与金融资本追求低风险、高收益形成了矛盾。完全商业性金融出于金融资产的安全和收益，"离农"是正常的，而"亲农"则是不正常的。所以，农业商业金融和合作金融1996年商业化改革是加剧农业经济转型资本供给抑制的体制性原因。长期以来政策金融的业务一直都是局限在粮棉收购上，从未充当农业金融公库的作用，对农业经济转型直接推动作用甚微。因此，以扩大政策金融业务范围，使得政策金融成为农业金融公库，农业银行和合作社有限度的商业化改革是农业金融供给体制创新和增加农业金融资产规模的关键所在。体制创新方向明确后最急迫的工作就是尽快地调整现行金融政策中与所创新的体制之间的不协调。既要充分发挥经济手段的激励作用，促进正规金融结构自主扩大农业金融规模，又要有相关政策对农业金融的风险予以补偿。彻底改变仅有政策上的原则规定——金融机构必须增加农业金融支持，而没有补偿政策的现象。

第三，完善农业融资体系，开辟农业融资新渠道。从融资方式上，农业经济活动利用外部资本有直接融资和间接融资两种方式。目前，农业经济获得外部资本的方式主要是间接融资，即主要通过贷款的间接融资方式获得外部资本。农业经济的间接融资规模要受到农户的成本支付能力、金融机构资本支持的意愿以及能力等多方面因素的制约。如果农户与金融机构之间的意愿不一致，农户融资接融资就不能实现。同时，农户间接融资的成本也可能比直接融资大。所以，直接融资比间接融资能够更有效地保证资本需求量的满足。农户能够应用的直接融资主要途径：一是利用证券市场直接融资；二是农户与非农企业合作组建一体化经济体，利用工商业资本补充农业经营资本。农业生产的分散性决定了广大农户不能广泛地利用证券市场直接融资，而农业与工商业经济体结合所走过了的近二十年历程证明农户利用工商业资本融资是大有可为的。因此，充分地发展农业经济一体化，利用工商业资本融资是克服深化农业经济转型中金融供给抑制的有效措施。

从农业经济利用资本的来源上有内资本和外资。外资虽然不是农业经济转型资本供给的主要来源。但外资的引入对补充农业经济转型的资本不足还是具有很大意义的。因此，逐步扩大外资引入规模是增加农业经济转型资本供给的有效途径之一。

（2）农业金融需求深化

农户是农业金融需求的主体。在有替代投入项目的条件下，农户农业融资的金融需求与否的关键在于农业投入的边际收益的水平与融资成本的比较以及这种收益的稳定性。如果农业融资投入的边际收益大于融资成本，并且这种收益又是稳定的，农户会增加农业经济的融资金融需求。农业融资投入的边际收益水平是决定农户农业融资需求的内生性决定因素。农业融资投入的边际收益与融资投入的边际产量和单位产量的净收益成正比。受到土地数量有限性限制，农业投入的边际产量递减现象十分显著。农业融资的边际单位产量的净收益决定于单位产品价格与单位产品的税费。现实中的单位农产品价格递减趋势和农业税费递增趋势决定了农业融资投入的单位产量净收益的递减性。农户的融资成本包括直接的融资成本和间接的融资成本。直接融资成本表现为融资利息支出，间接融资成本表现为农户融资的谈判成本、担保成本等。在农户的融资成本中，作为农业金融供给主体的信用社贷存利息差是逐年上升的。间接成本也会因为金融结构商业化改革后会进一步增大。过高的融资成本负担势必造成农户减少农业融资需求。由此可见，克服农户需求型金融抑制的关键：一是提高农户融资投入的收益；二是降低农户融资的成本。根据世界农业经济发展的实践和一般规律，提高农户融资投入收益的主要政策是农业收入支持和农业风险转移制度的完善。为比，在政府对农户收入支持政策只能加强，不能削弱的同时，还要从我国农业经济实际需要出发，根据农业生产资料价格水平适时应用农业生产资料补贴政策。降低农户融资成本的主要政策：一是实行农业融资利息补贴政策，保证农业融资的利息与农业融资投入收益比较不低于非农业融资投入收益；二是降低间接融资成本。因为农村正规金融机构在1997年"城市化"倾向改革和商业化后，农户的间接融资成本会进一步显性化、刚性化。

总之，现实的农业经济多重转型中的金融抑制包括了供给型金融抑制和需求型金融抑制两个方面。正规农村金融供给的弱化产生了供给型金融抑制，农户农业融资投入的边际净收益低下产生了需求型金融抑制。供给型金融抑制是农业经济多重转型中外部金融抑制，需求型金融抑制则是农业经济多重转型中内部金融抑制。内部的金融抑制比外部的金融抑制对深化农业经济多重转型深化的阻碍更大。农业金融抑制产生的原因是现行制度和政策的不合理。为了促进我国农业经济多重转型进程，应该从金融供给和金融需求两个方面同时进行金融制度和金融政策的深化。

（三）农业风险防范支持行为研究

农业保险、农产品价格支持政策和农业信贷补贴是当今世界各国支持农业发展的三大政策性措施。[①] 但由于保护政策外部环境的不断变化，农业保险在农业保护政策中的地位日益突出。农业保险已经构成经济发达国家支持和保护农业发展的一个经常性的重要手段。经济发达国家的农业发展实践表明：农业生产发展的现代化水平越高，农业保险制度也就越加完善。因此，我国农业经济快速现代化进程与完善我国的农业保险制度建设是紧密结合在一起的。

1. 我国农业保险制度完善的必要性

（1）农业保险制度是稳定农民收入和促进农业可持续发展的支持性手段

农业保险是对从事农业生产活动的农业生产者因遭受自然灾害或意外事故所造成的经济损失予以补偿的制度。这种制度最早使用是在 20 世纪 30 年代的美国。农业在美国一向是首要产业。农业培育了奴隶制，培养了各行业中占据领导地位的人员。可是，在 1929～1933 年的经济危机下，农民收入急剧下降。这不仅严重地影响社会再生产的正常进行，而且还危及社会安定。因此，迅速稳定农民的收入水平并以此扩大社会总需求，尽快摆脱农业危机和经济危机便成为美国政府当时经济政策的首要目标。经过长期的激烈争论，终于在 1938 年美国国会颁布了《农作物保险法》，开始了利用农业保险制度

---

① 参见郭晓航：《农业保险》，东北财经大学出版社 1993 年版，第 10 章。

减少农业收入波动，稳定农民收入，提高农民的福利水平历史。①

　　运用保险制度稳定农民收入水平完全是由农业生产的自然特点所决定的。农业生产就是人类利用其劳动通过农业生物体的生长发育过程来取得特定的农产品的过程。在这个过程中，自然环境尤其是自然风险对农业生物体的生长以及农产品产量的影响是极为显著的。由于自然条件的不确定性，即使在农业生产过程中，增加了大量的、甚至是高质量的外源性物质投入和高质量的劳动投入，但产量生产率增长却很低，甚至都补偿不了自然生产率的下降。一旦发生了自然灾害，农民对这种灾害损失是难以补偿或根本不可能补偿的。从农业生产资源投入到形成农产品是由农业生物体的自然生长周期所决定的。一般而言，这个生长周期具有固定性和长期性的特征。在这个固定的生产周期内，一旦发生了自然灾害，农民想补种或改种会遇到两个难题：一是受农作物生长期的限制，可能要补种一些低收入产品，即使补种产品的经济收入不低于原来品种，那么，在这个生产周期中的生产成本也增大了，经济利润会下降；二是受农作物生长期的限制，农民根本不可能改种或补种新的农产品。发生自然灾害后，农民的经济收入重则绝收，轻则减产。农业生产的水平越低，自然风险对农业经济活动收入的影响就越大，农业生产的脆弱性越强。从农业生产的自然风险讲，尽管农业生产的科学技术不断进步使我国农业生产抗拒自然灾害的能力也有了很大程度的提高，但到目前为止，自然风险对农业的威胁仍然还很大。由于多种原因，我国的自然灾害发生率一直较高。而我国的农业生产又大部分分布在受气象灾害、海洋灾害、洪水灾害等影响的地区。这些农业自然灾害给农业生产造成的经济损失对农业经济效益的影响和对农民收入的减少是十分严重的。如水旱灾害造成的我国粮食减产1952～1959 年是 37.949 亿吨，1980～1989 年是 159.512 亿吨，增加了320.33%。据有关部门预测，21 世纪将是各种自然灾害高发期时期。在我国农民收入的 60% 左右来源于农业经营的收入结构下，如果没有健全的农业保险制度对自然风险所造成直接经济损失予以补偿，农民的收入就可能因此而

---

① 参见［美］德怀特·L. 杜蒙德：《现代美国 1896～1946 年》，商务印书馆 1984 年版，第 420 页。

下降，农业经济和国民经济的可持续发展都会受到严重的威胁。

（2）农业保险制度是推进农业结构调整和提高农产品竞争力的有效保障

实现农产品供求的基本平衡是社会经济协调、健康发展的基本条件。农产品供求平衡包括总量平衡和结构平衡。一般而言，在社会经济发展水平和人民生活水平较低时，农产品总量具有特别重要的意义。当人民的生活水平达到一定程度只之后，即农产品总量的问题基本解决后，对农产品的品质提出了新要求。也就是说，随着收入水平的不断提高，居民对农产品的需求从追求数量满足转到了对农产品的质量和安全追求上；从单一品种需求转到了多样性需求上来。适应这一新的需求结构而重新调整农业生产结构以便使农产品的供求结构适应就成为了农业生产的主要问题。经过多年的努力，我国主要农产品供求关系已从数量制约转向了市场需求约束。并且，随着我国社会经济发展而带来的人民生活水平的不断提高，人们对农产品质量的要求、安全要求以及多样性要求等方面会日益增加。另外，随着我国农业市场国际化程度的不断提高，改善农产品品质，提高农产品质量的要求也更加突出。以改善农产品品质、提高农产品质量为核心内容的结构调整已是我国农业生产发展新阶段的主题。农业生产结构调整，并非没有风险。农业生产结构调整中的风险主要表现为市场风险、决策风险、信用风险、自然风险、素质风险和技术风险。[1] 在这些众多的风险中，有些风险可以通过人为的努力完全回避，如市场风险、决策风险和信用风险。但有一些风险或者是无法通过人为的努力能够回避的，或者是由于众多因素暂时还难以回避的，如自然风险、技术风险和素质风险。对于完全能够回避的风险暂且不论，仅就难以完全回避的几种风险而言：首先是自然风险。这种风险对农业生产结构调整的影响是相当大的。要改善农产品品质、提高农产品质量，就一定要引进新品种或实行新的耕作方式。农业生物体是在其适宜的自然条件下才生长的。如果没有适宜的自然条件，无论品种多么有市场、品质多么优良，都不可能给农民带来实际的经济效益。引进新品种需要的生产条件可以利用原来的基础设施

---

① 参见龙方：《农业结构调整的风险及其防范》，《农业经济问题》2002 年第 1 期，第 34~36 页。

代替，也可以建设新的基础设施。我国现有的农业生产条件及基础设施姑且不论是否能够适应需要（其中的许多设施是不适应需要的），由于这些设施大多过于老化，必须进行大力改造才能适应新的需用；新建设施需要大量投资。而这些工作不可能在短时期内就补上来，而农业生产结构调整又不可能待适宜的基础设施建设好后再进行。在这两种条件的限制下，如果农业保险制度不完善，那么，新品种生产中一旦受到了自然灾害的侵袭，产量减少，收入下降或亏损，农民就会重新种植原来的品种，农业生产结构又恢复到从前。其次是技术风险。一般而言，在结构调整中引进的新品种大多是新技术产品。这些新技术产品可能由于不同地区的水、光、热、温及土壤的区别而表现为明显的区域不适宜性。同时，新品种的技术还可能有不完善或不稳定的方面。只要是上述中的某一个方面在农业生产结构调整中出现，都会给农民带来巨大的损失，从而抑制了农业生产结构的调整。再次是农民的自身科学技术素质低使得农民对新品种的具体生产和管理技术没有相应的跟上来，导致种植的是新品种却不增收，甚至还少收的现象发生。

上述这些风险是对农业生产结构调整的巨大障碍。而农业保险制度则是回避这些风险的比较可靠而又有效的途径。我国农产品竞争力弱的表现之一就是政策支持力不足。以完善农业保险制度增加政府支持是提高我国农产品竞争力的重要途径。

（3）农业保险制度是国家支持农业产业发展的通行证

农业保护是政府为了支持农业发展而采取的一系列措施的总和。农业保护首先源于发达国家，然后扩展到发展中国家，从而成为一种世界性现象。尽管国际经济发展的一体化程度逐渐加快，国际经济贸易也日益地公平与自由，但农业保护不可能消除，只是农业保护的手段和机制将发生转变而已。我国农业保护的问题不是要不要，而是如何保护。综观农业保护的手段，世界各国的基本做法不外乎：农产品价格支持、农产品进口价格的关税保护和出口补贴、以财政和信贷提供的资金支持、农业保险制度。在这众多的农业保护政策中，按照WTO《农业协议》的划分，价格支持属于"红色政策"，是国内支持减让承诺之列的，将逐渐受到限制；而农业保险制度则属于WTO《农业协议》规定的免除"国内支持减让承诺"。因此，农业保险制度是农业保护的通行证。长期以来，我国政府对农业一直实行"负"保护的政策（国内综合支持水平为-5%）。随着我国农业保护政策由"负"到"正"的转化以及保护政策在保护方式和保护重点方面的调整，农业保险已经是农业生产发展中所要解决的一个十分迫切的问题。在农业保护政策转变和调整中，无论政策如何调整，农业保险都是只能加强不能削弱的。农业保险制度是国家实施农业保护政策的通行证。

2. 完善我国农业保险制度建设的对策

农业保险制度是农业保护政策的重要组成部分之一。完善农业保险制度就是完善政府的农业支持政策体系。从农业发展实际需要出发，从我国现行的农业保险制度与农业发展不协调方面入手，充分地借鉴发达国家农业保险经验，建立一套符合中国国情又能促进我国农业可持续发展的农业保险制度体系是完善我国农业保险制度的根本内容。

（1）完善农业保险法律制度体系与农业保险组织制度建设

美国是世界上开办农业保险最早和最成熟的国家之一。19 世纪末 20 世纪初美国就出现了私人开办农业保险，经过 40 多年的实践和研究，1938 年美国国会通过《联邦农作物保险法》，同年依法组建联邦农作物保险公司（FICC），开始了农业保险官办的历史。1980 年该法在第 12 次被修改后，结束试办农业保险的历史，正式在全国推行农业保险。加拿大、日本等农业保险发达的国家，农业保险之所以发达也是因为他们有完善的农业保险立法做支撑。各国的农业保险实践经验表明，农业保险作为一个国家农业发展的支持政策是依赖于一定的法律制度的，农业保险立法是农业保险制度建立、有效运行和完善的基本条件。相比之下，我国的农业保险法制建设和农业保险制度与农业发展的要求却十分落后。我国专门性的保险法规只有 1995 年 6 月通过《中华人民共和国保险法》。该法涉及农业保险的内容只是"农业保险由行政法规另行规定"而已，对农业保险制度的具体内容并未再做出明确规定。直到现在，我国还没有一部专门的《农业保险法》问世。由于缺少农业保险立法对农业保险的性质、组织体制、经营原则、财务制度、基金的积累和资金的运行等明确的法律规定，使得我国农业保险业发展受到了很大影响：一是没有明确地确定农业保险为政策保险，即是对农民收益的安全保障，进而把农业保险与财产保险分开而独立运行；二是农业保险深度与保险密度低，与农业发展不协调。农业保险风险大，赔付率高，政府没有财政补贴，承办农业保险就亏损，保险公司都远离农业保险，使得我国农业保险发展与农业的实际需要很不协调。这种状况充分地表明，我国政府还没有把农业保险作为支持农业发展的一种有效手段使用。因此，政府对农业发展要应用保护政策，就不可能不广泛而又有效地利用农业保险，而尽快制定出比较完善的农业保险立法又是完善农业保险制度的基础。其次是在可靠的农业保险法律基础上，建立科学的农业保险组织制度。农业保险组织制度建设是农业保险立法实施与否、农业保险是否已经成为政府支持农业发展的最直接表现和证明。如果仅有农业保险立法而没有与之相应的农业保险组织制度，这种立法是没有实际意义的。目前世界上形成的农业保险组织制度模式主要有三种：一是以美国为代表的联邦作物保险公司与民间公司的双轨制经营；二是以日本为代表的以农业共济组织（农民互助合作组织）直接承办农业保险为基础、政府承担最后再保险的自上而下的农业保险组织体系；三是由政府控股的股份公司及其分支机构直接经营农业保险的组织体系。每一种保险制度模式都有其独特性。但无论这些保险制度模式怎样独特，有一点是相同的：政府对农业保险予财力上巨大的支持。这种支持或表现为保险资本由政府认购；或表现为政府补助农业保险的经营管理费用；或表现为减免税赋以及给予保险费补贴。总之，农业保险被列入政策保险的范畴。根据世界典型的农业保险模式及我国农业的具体情况，我国的农业保险制度的组织体系应选择什么样的模式呢？我国农村幅员辽阔，自然条件差别很大，致使农业生产情况极为复杂；农业生产力的发展水平的不平衡性使各地对农业保险的需求也不同，因此，我国的农业保险模式应是以政府财政支持为经济基础，以专门的政策性保险公司为主导，其他保险公司和机构共同经营的多元化主体经营、多层次结构的组织体系。具体说就是：一是建立承办农业保险经营费用补贴制度，使农业保险成为政策性保险，即鼓励各保险公司努力开展农业保险，扩大农业保险深度和保险密度；二是组建专门性的政策性保险公司，承担各承办农业保险的保险公司或结构的最后总保险人的职责；三是建立自下而上的、承保范围逐级扩大的社会性农业保险结构体系；四是采取强制保险与自愿保险相结合的运转方式。即对关系国济民生的农产品和有竞争优势的农产品施行强制保险，对一般性的农产品施行自愿保险；五是建立有效地防止各级被保险人发生"道德风险"的约束体系，保证农业保险赔付与风险发生的高度一致性，避免农业保险赔付效用的外溢。

（2）承保的范围的选择与确定

农业保险范围的大小涉及保险人和被保险人的经济利益。农业保险范围越大，保险人承担的风险越大，被保险人的利益就越有保障。所以，保险人力争缩小承保范围，被保险人力争扩大保险范围是农业保险中的一对矛盾。从保险标的的范围看，国外的农业保险的标的范围虽然相当广泛，但一般而言，主要是分为农作物产量险、牲畜险以及森林险等。农作物，从广义上讲是指为人们所栽培且对人类有利用价值的一切作物。那么，哪些种类的农作物才构成农业保险的标的范围呢？欧洲国家大多倾向于全部农作物；北美则倾向于主要农作物；日本的立法规定与国计民生有重要意义的稻、麦等粮食农作物为法定保险范围。从上述各国对农业保险标的范围的确定与选择来看，我国的农业保险范围的农作物首先就是与国计民生息息相关的一些粮食类、经济类和饲料类，这样选择的理由主要是基于我国粮食安全的需要。其次在被保险的农作物范围选择上还要结合提高我国农产品竞争力。对于那些属于有竞争力的非直接关系我国粮食安全的具有区域性特色的农产品、新花色品种的农产品等也要列入被保险范围。再次是承保的农作物风险范围大小确定问题。从欧美国家的农业保险的形成与发展的过程看，它们走过的道路一般是从雹灾险起步发展到混合险、一切险。农作物一切险是农业保险的最新、最进步的形式。因为农作物欠收往往是自然原因和社会原因等多种原因造成的。因此，凡是不可抗力的自然灾害都属于农业保险的承保范围。另外，各种社会破坏性行为也导致农业的欠收，如有毒化学物质泄露造成的污染、假劣种子、偷盗等。这些社会性因素也应列入农业保险的承保范围。所以，无论是从借鉴国外农业保险的经验看，还是从影响我国农业生产的各种因素看，我国农作物的农业保险范围要开办一切险，至少是逐步地向一切险趋近。牲畜险这一块我国应该扩大到畜禽和生产养殖险。这样做的理由：一是随着我国人民生活水平的提高，对畜禽产品和水产品的需求会不断扩大，二是我国的畜禽产品和水产品很具有国际竞争力。因此，畜禽生产和水产养殖生产是一个发展前景广阔的产业。畜禽险、水产险只能加强，不能削弱。否则，我国的农业保险就没有起到真正保护农业的目的。森林不仅是农民获取经济收入的手段，也是环境的调解器，是农业和人类社会可持续发展的基础。因此，森林险是一个国家农业保险范围的重要方面，森林险的有无也是判断一国农业保险制度完善性的重要方面。

农业保险政策虽然已构成一国农业发展的重要支持手段之一，但对这项政策的有效性仍存在着一种保留态度，认为农业保险政策可能鼓励了非适宜区的种植，影响资源的可持续利用和环境协调发展。在对农业保险的农作物做出上述规定时确实没有把非适宜农业耕作的边缘地区的农作物排除。事实上这样做也是不可能的。因为这些地区的农作物也是农民从事的农业生产物。其实，农业保险政策之所以产生这种副作用，原因不在于该政策本身，而在于缺乏有效的农业区域规划与发展政策。生态环境脆弱的非适宜种植的地区的资源利用与环境保护不是农业保险政策的作用范围。

（3）实施农业保险费补贴政策

农业保险属于政策保险。从农业保险产生开始一直发展到现在，除个别国家或个别国家的特殊时期外，一般而言，农业保险都是在国家的支持下发展起来的。可以说，国家对农业保险的支持程度决定了一国农业保险的发展程度。当今农业保险发达的国家，都是国家对农业保险长期支持的结果。政府对农业保险的支持表现为财政补贴。补贴支出一般说来主要是三个方面：对农民的保险费补贴、对保险公司的管理费补贴和对保险公司的亏损补贴。其中，对农民的保险费补贴是主要部分。如美国的政府对农民保险费的补贴占政府对农业保险补贴的60%以上，其余两项各占20%左右。① 因此，在以农业保险制度支持农业发展的农业保护体系下，政府承担农民农业保险费补贴是这项制度本身所特别固有的内容。从我国政府对农业保险制度建设看，长期以来，只是对农业保险予以一定程度的税收减免，完善政府对农业保险补

---

① 参见柯炳生：《美国农业风险管理政策及其启示》，《世界农业》2001 年第 1 期，第 13 页。

贴制度是我国农业保险制度建设中相当重要的一个环节。我国的农业保险实践也证明了如果政府不补贴，农业保险就发展不起来，农业保险也就不能构成政府支持农业发展的有效手段之一。确定政府承担保险费比例就是确定农业保险的价格。政府承担的保费补贴比例直接决定了农业保险价格水平的高低。政府补贴的部分越大，农民支付的农业保险的购买价格就越低，也就越能刺激农民投保，大数定律越能发挥作用，政府承担的保险费数额也会因农民投保率的上升而减少；否则，政府补贴的保费比例越小，农民购买的农业保险价格就越高，农民投保就越少，大数定律也就越难以发挥作用，政府承担的保险费数额也因农民投保率的下降而上升。从这个角度看，政府承担保险费补贴比例对农业保险体系的构建和政府最终承担的负担都是相当重要的因素。那么，我国政府到底要补贴多大比例的保险费呢？我国政府对农业保险补贴刚刚启动，确定政府补贴保险费比例可以借鉴国外的经验。从国外看，美国法律规定政府补贴保费的30%（2000 年的"农业风险保护法"又有大幅度提高），日本政府对保险费补贴是按照保费率计算：水稻为费率的58%，小麦为费率的 68%，春蚕为费率的 57%，牛马为费率的 50%，猪为费率的40%。[1] 虽然我们不能把我国政府对农业保险费率的补贴也确定在外国的水平上，但我们首先要注意到的一点就是政府承担的比例的上升趋势。至于具体确定政府承担保险费的比例，可以根据经济发展水平的类比来确定，即国外经济发展在某一水平时政府承担保费比例就是我国经济发展到这一水平时政府至少应该承担的保费比例。

（4）保险费率的整合

在农业保险费率的高低一定的情况下，政府对保费补贴比例决定了农业保险的价格。农业保险的价格越高，农业保险的发展范围就越小，农业保险不仅面临过高赔付率的问题；农业保险的真正作用也没有得到发挥。反之，在政府补贴的比例一定的情况下，农业保险保费率的高低就决定了农业保险的价格，进而决定了农业保险的发展程度。因此，在确定农业保险价格高低上，政府承担的补贴比例和保险费率本身的高低都至关重要。从保险费率对

---

[1]　参见郭晓航：《农业保险》，东北财经大学出版社 1993 年版，第 10 章。

农业保险价格的决定上看，问题表现为农业保险费率过高。保险费率过高的原因就是费率构成不合理。目前，我国的农业保险费率基本上是由纯费率和附加费率构成的。纯费率是基本部分，用于建立保险基金、支付保险赔款的经济来源；附加费率则是建立经营管理费用。要使农业保险作为支持农业发展的有效支持手段，这种保险费率组成必须整合。整合的基本方向就是取消附加费率，实现单一的纯费率。因为农业保险既然是政策性保险，政府又对农业保险的经营费用承担补贴，那么为了建立这项费用的附加费率自然也就要从费率构成中剔除。

四、农业技术进步支持行为研究[①]

舒尔茨主张，要使传统农业转变为现代农业，必须改变传统农业的技术状况，用现代农业技术改造传统农业，改变农业要素投入结构进而改变农业结构。[②] 农业技术进步的程度与农业技术保障机制的完善程度高度相关。所以，政府促进农业技术进步的首要任务就是完善农业技术进步保障机制建设。

1. 农业技术保障机制的构成及其现状

（1）农业技术保障机制的构成

农业结构调整是农业发展的永恒主体。结构调整的重要内容就用新品种代替原来品种，用高品质产品代替低品质产品。新品种、高品质的农作物或畜禽是新农业技术的产物。没有新技术就没有新品种、高品质农业生产物，也就不可能形成新的农业结构。农业技术一般包括机械技术、化学技术和生物技术。[③] 生物技术是最重要的形式。生物技术对农业生态环境高度敏感。如果在某一生态环境中开发出的新生物技术在另一个生态环境下可能不完全或完全不适应。新技术促进农业结构调整的作用就受到限制。农业技术的供给状况决定了农业结构调整成功与否的充分条件。农业技术影响农业结构是以

---

①　本研究主要部分发表于《生产力研究》2005 年第 1 期。

②　参见《现代国外经济学论文选》第五辑，商务印书馆 1984 年版，第 60 页。

③　参见郭熙保：《农业发展论》，武汉大学出版社 1995 年版，第 222 页。

新技术被实际应用到农业生产上实现的。如果新技术不能被充分使用在农业生产上，农业结构就不会发生预期的改变。新技术在农业生产上的应用程度取决于农民对新技术的需求。因此，技术需求是农业结构的内在动力。

由此可见，农业技术的供给和需求共同决定了农业结构状态和农业技术进步程度。农业技术保障机制是由农业技术供给机制和需求机制组成的。

（2）农业技术保障机制的状况

第一，农业技术供给状况。农业技术供给由农业技术研究和推广组成。农业技术研究和推广的规模决定农业技术供给水平。农业技术研究和推广规模又决定于农业技术研究和推广投入的多少。因此，农业技术供给水平决定于农业技术研究和推广投入。农业技术研究和推广投入越大，农业技术供给量也就越大，农业技术进步的速度越快，农业结构变动越频繁。否则，则反之。我国农业技术供给状况具体表现为：

一是可靠技术储备严重不足。每年我国的农业科技成果都相当可观，但对农业结构调整真正先进实用的成果率并不高。如1996年"第三届中国杨陵农业科技博览会"上真正先进实用的技术不到一半。[1] 产生这种现象的原因主要在于三个方面：首先，农业技术研究与农业生产的实际需要严重背离。由于种种原因，我国农业技术研究组织的研究项目偏好高、精、尖，高技术化倾向严重，农业技术研究针对性差。形成了技术成果理论上的先进性与实际应用上不可行性矛盾，农业技术对农业结构调整的影响效率低，对农业生产效益贡献率低。其次，农业科研支持力度弱。农业技术的供给主体包括公共部门和私人部门。农业技术具有公益性强、物化难度大和保密性差的特点，私人部门研究能力和经济能力有限，再加上其他多种原因，政府自然是农业技术研究供给者主体。政府对农业技术研究支持力度的大小就决定了农业技术研究规模和技术供给存量水平。1996年我国政府的农业科研强度比世界上30个最低收入国家80年代的平均水平还低，[2] 1985年以来我国政府对农业技

---

① 参见张冬平、刘旗、王凌：《农业结构调整与农业科技结构的协调问题》，《农业技术经济》1999年第5期，第26页。

② 参见农业科技政策研究课题组：《中国农业科技投资现状及对策研究》，《农业经济问题》1999年第3期，第29页。

术研究投资强度呈下降趋势。① 过低的农业技术研究投入导致低水平技术供给。再次，农业技术研究支持结构偏差。我国的农业技术研究支持中林、牧、渔业支持仅是种植业的1/3。② 由于研究支持的偏差使得农业结构调整中林、牧、渔等优势项目缺乏必要的技术供给。

　　二是技术推广严重滞后。农业技术扩散就是农业技术的应用。技术推广是农业技术扩散的主要方式。农业技术扩散的强度与技术推广体系的完善程度正相关。农业技术推广强度越大，农业技术推广体系越完善，农业技术在农业生产上应用得越广泛，农业结构就越顺利。由于推广经费不足，很多农业技术服务机构靠收取农民的服务费维持，一些地区的农业技术推广陷入"网破、线断、人散"状态。大量的农民缺乏现代农业生产与管理技术，仍然延续世代相传的经验组织农业生产。掌握农产品精加工和深加工技术的农民更是寥寥无几。推广资金不足和推广体系不完善严重地约束了农业技术的扩散，限制了农业技术的有效供给。

　　第二，农业技术需求状况。农民是农业技术需求主体。农民应用新农业技术与否首先是取决于新技术带给农民纯经济利益的变化。应用新技术产生的纯经济利益上升就会刺激农民应用新技术。其次是农民应用新技术还受新技术产品的产量和价格、新技术获得和使用的难易度、新技术使用的价格和一系列新增加费用、新技术对产量或收益的不确定性等多种因素的影响。新技术能够提高产量或改善产品品质，形成潜在经济收益。③ 如果产品市场需求有保证，农民有使用新技术的内在动力。新技术本身的不完善或技术的地域性、对农业环境的敏感性使得新技术具有一定的风险。如果农民深入水平越低，农业风险转移机制不完善，农民也就越不轻易使用新技术。新技术应用必然伴随着技术获得支出、技术服务费支出和与新技术有关的种子、化肥、

---

① 参见黄季焜、胡瑞法：《农业科技投资体制与模式：现状及国际比较》，《管理世界》2000年第3期，第175页。

② 参见张冬平、刘旗、王凌：《农业结构调整与农业科技结构的协调问题》，《农业技术经济》1999年第5期，第26页。

③ 参见［美］迈克尔·P.托达罗：《经济发展》，中国经济出版社1999年版，第315~317页。

农药、基础设施投入等新增加支出。这一系列新增加投入所需要资本充足才能够保证农民应用新技术。但现实的情况是农民无力支付这些资本。采用新技术比原来的技术会更有效率。但农民在应用新技术前必须先了解新技术如何使用，自己是否有能力使用等。应用新技术对农民的知识和技能有更高的要求。农民的知识和技能高低与新技术的应用同方向变化。尽管农民有应用新技术的内在动力，但农民自己知识、技能的低下，农民能够支配的与新技术配套投入能力的有限性以及技术风险转移机制的不完善极大地限制了农民应用新技术。潜在收益与应用新技术的众多约束决定了农民对新农业技术需求强度不足。

2. 农业技术进步机制的对策

根据上面的分析，完善农业技术供求机制是以农业技术进步带动农业结构调整来增加农民收入的当务之急。

（1）完善农业技术供给机制以便增加农业技术供给

第一，强化政府性农业科技研究支持力度。大多数农业技术具有公共产品性质决定了农业技术供给以政府资助为主，不能完全依靠私人企业。政府对农业技术研究投入支持程度决定了农业技术供给水平。大量文献研究的结果都证明：我国农业技术研究的收益率相当高，[1] 但政府对农业技术投资很低，且还有递减趋势。产生这种现象的主要原因是农业技术研究支持或者没有被列入政府支持计划中，或者是在政府支持计划中获得支持的力度弱于其他项目。所以，列入政府支持计划或在政府支持计划中保证与其他项目平等度是强化政府支持农业技术研究的重要环节。

第二，调整农业技术研究项目结构，强化应用技术研究项目支持。如果按照政府对农业技术研究支持与人均国民收入水平成正向相关的结论，我国政府对农业技术研究支持总量毕竟是有限的。在有限的支持下如何最大限度地发挥政府支持对农业技术供给，强化应用技术研究项目支持，弱化农业技术研究偏好高、精、尖技术就显得特别重要。在强化应用技术研究中还要值

① 参见农业科技政策研究课题组：《中国农业科技投资现状及对策研究》，《农业经济问题》1999 年第 3 期，第 29 页。

得一提的是强化地域性应用技术研究支持。农业技术地域性十分突出。任何一项农业技术都是在一定地域内与其特殊的农业资源相适应的。能够以现成的形式被引入到另一个地区的技术是很少的。所以，对地域性农业技术研究支持也是保证农业技术有效供给的重要方面。

第三，完善农业技术推广体系，缩短技术扩散时间。提高农业技术推广强度，完善农业技术推广体系是深化农业结构调整的重要保障之一。完善农业技术推广体系的当务之急：

一是增加政府农业技术推广支持投入，保证农业技术推广经费，提高农业技术推广员的技术水平，保证农业技术推广符合农业技术进步的实际需要。农业技术推广的公益性强，技术效益外溢性突出、技术转化困难；私人企业对推广项目选择偏好利益性，尤其是我国的农业私人性农业技术推广农业技术基础薄弱，完善政府主导性农业技术推广体系、强化政府对农业技术推广体系支持十分必要。目前农业技术推广体系中的问题是一线人数少、专业培训少、知识结构老化。产生这一问题的原因主要是投入不足。所以，增加政府对农业技术推广投入是完善农业技术推广体系的重要环节。

二是把握农业技术推广体制改革正确方向。农业技术推广的产品有公共产品、准公共产品和私人产品。公共产品的供给主体是公共部门，私人产品的供给主体是企业，准公共产品的供给主体是公共部门和企业。九十年代初期以来的农业技术推广体系改革却没有根据产品属性与供给之间的对应关系进行。压缩农业技术推广人员、要求农业技术推广人员创收等。公益性农业技术推广工作与其经济收益之间没有必然联系。不加区别地把农业技术推广与收益挂钩，就会形成短期行为，公益性强的项目推广就会陷入困境，农业技术进步受到延缓。稳定和加强公益性是政府性农业技术推广体系的本质特征。三是强化农业新技术的示范环节，提供新技术信息和提高应用新技术的技能。我国绝大多数农民对新技术不了解，也缺乏相应的技能。农业技术推广就成了广大农民掌握新技术的较好渠道。加强农业新技术的示范环节是完善农业技术推广体系、提高农民应用新技术的重要举措。

（2）增强农民技术需求的内在动力

第一，提高农民的文化水平。新农业技术的应用是以农民对新技术的了解和掌握为前提的。新技术和具有掌握与应用新技术的农民是现代农业的必要条件。典型调查结果证明：农民的文化水平越高，农民接受新技术的途径越多，越有能力应用新技术。提高农民文化水平是加快农业技术进步和深化农业结构调整的重要途径。

第二，增加资本供给为农业结构调整提供充足物质资本保证。

农民所能够支配的资本与应用新技术所需要的资本之间存在的缺口严重地制约着农业结构调整的深化。增加农业资本供给的重点：一是增加政府对农业投入，尤其是农业基本建设投入；二是改革银行信贷制度和农村金融深化，使得信贷资本供给数量、结构、种类、期限与农业生产实际需要紧密结合。

第三，完善农业风险转移机制，加强农业保护。新农业技术在带来更高的经济收益的同时也存在更大的风险和不确定性。如果农民收入水平不高，而风险和不确定性又很高时，农民就会不愿意使用虽然能够带来更高收益但同时又具有很大风险的新技术。完善农业风险转移机制建设，加强对农业的保护是刺激农民使用新技术的一个重要方面。农业风险转移机制建设的重点：一是加强农业保险制度的完善，使农业保险真正成为避免农业风险的有利屏障；二是完善农业市场风险转移机制建设，让农民充分享受农产品期货市场规避价格风险所带来的好处。如果能够在农业技术供求机制方面完善，那么农业技术进步和农业结构调整一定会以快速步伐前进，农业结构调整也就实现预期目标。

五、直接补贴行为研究

1. 直接补贴政策产生的背景

农业补贴是世界各国政府农业保护中最经常性地使用的一种政策工具。综观世界各国的农业补贴政策，核心都是粮食补贴。就粮食补贴而言，按照补贴对象受益的程度的不同，一般把农民直接受益的补贴方式称为直接补贴，而把农民间接受益的农业补贴称为间接补贴。我国的粮食补贴政策最初表现为国营拖拉机站的"机耕定额亏损补贴"。在此之后又把粮食补贴的范围扩展到农业生产资料价格补贴、农业用电补贴以及农业贴息贷款补贴。1979年开始，在维持粮食销售价格水平的前提下，我国政府提高了粮食统购价格。粮食购销差价以及粮食购销企业的经营费用由政府补贴。粮食补贴既补贴给了农民，又补贴给了城市居民和粮食购销企业。1985年国家把粮食"统购"改为"合同定购"和"国家定购"的同时，实行了"三挂钩"政策以补贴粮食生产，但粮食补贴总体还是城市居民和粮食购销企业。1993年粮食购销同价后，粮食补贴的重点开始从粮食流通企业、购销差价转向为粮食企业以及随之而建立的粮食储备体系和粮食风险基金。"三挂钩"政策的实物补贴也改为现金一次性发给农民。为了保障我国粮食安全，自1994年提高了粮食收购价格后，1995年实行了"米袋子"省长负责制，1997年出台了按照保护价格收购农民余粮，1998年实行"四分开、一完善"、"三项政策、一项改革"的同时，粮食风险基金用途调整为粮食储备补贴和粮食企业利息、费用补贴。2001年提出了"放开销区、保护产区、省长负责制、加强调控"的改革思路。经过了这些政策改革之后的粮食补贴依然维持在价格补贴方式上，国家的粮食储备补贴和粮食风险基金是粮食补贴的主要内容。这种间接补贴虽然促进了粮食生产，但促进的程度、尤其是补贴效率是不尽如人意的。发达国家价格补贴的效率是25%，据财政部的测算，我国的价格补贴的效率是14%。高补贴支出并没有换来有保证的国家粮食安全。粮食补贴政策的方式已经到了必须转换的地步了。根据国外粮食补贴政策运转的经验以及粮食补贴的国际惯例，粮食补贴方式转换的方向就是把间接补贴转换为直接补贴。即按照一定原则和标准，把国家的粮食补贴直接补贴给农民，而不是通过间接环节再转给农民。在粮食补贴政策模式转换的背景下，2002年安徽、吉林两省三县进行了粮食直接补贴试点，2003年粮食直接补贴的试点地区已经达13个省区。2004年中央1号文件明确地指出了从2004年起开始，为保护种粮农民利益，要建立对农民的直接补贴政策。从2004年起，粮食直接补贴政策终于在世界上最大的农业大国内开始启动、实施。

2. 直接补贴政策的效应①

收入补贴已经构成了发达国家和发展中国家政府农业保护政策中最经常和最基本的手段。从 2004 年起，农业补贴制度从间接补贴转向了直接补贴。农业补贴制度转换的主要原因除了是适应农业补贴的一般规律外，更主要的是提高补贴效率。通过提高补贴效率更好地实现我国农业经济发展新阶段的目标：提高农户收入；促进农业结构调整的深化，提高农产品竞争力；保证粮食有效供给；促进农业资源保护，实现农业经济的可持续发展。② 为了更好地观察直接补贴制度的效果，首先要从直接补贴制度作用发挥的机制入手。根据各地试点的实践，直接补贴政策目标的实现过程如图 6-3 所示：首先是政府确定直接补贴资金来源和数量并确立补贴的范围和标准；然后是各级政府或机构按照补贴范围和标准把直接补贴金按照一定方式下发到农户，形成农户收入。在经济收入的动力下，农户自觉地深化农业结构调整，增加粮食供给，保护农业资源。

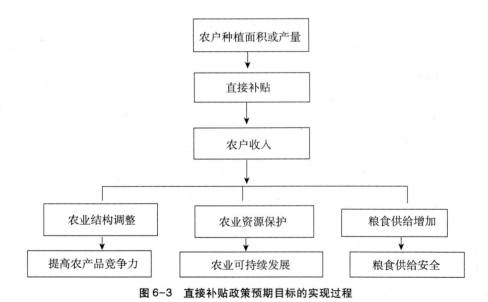

图 6-3　直接补贴政策预期目标的实现过程

---

① 本研究主要部分发表于《技术经济》2005 年第 7 期。

② 参见王来保：《我国粮食生产直接补贴目标模式的探讨》，《宏观经济管理》2004年第 3 期，第 43 页。

（1）收入效应分析

农业经济活动对农户而言首先是获得一定的经济收入，保证农户基本生存需要。农户农业经济活动的纯收入＝农产品种植面积×农产品单位产量×（价格水平—成本）—农户的税费。在不考虑农产品价格、农业生产成本和农业税费水平的前提下，政府对农户的种植面积或产量给予一定额度收入补贴，无疑是有助于稳定或增加农户收入的。即政府对农户种植面积或农产品产量补贴的水平越高，越有利于农户收入的稳定或增加。所以，从农户能够获得的直接补贴额度多少而言，一是享受直接补贴的农产品产量或种植面积量；二是取决于政府直接补贴的范围；三是直接补贴标准。

直接补贴的范围在一定程度上影响补贴面积或总产量水平。目前的直接补贴范围主要是粮食生产，即水稻、玉米、大豆、小麦等主要农产品。凡是粮食生产者都可以获得直接补贴。从这个意义上讲，只有粮食生产的农户才能够获得直接补贴，稳定或增加收入。因此，直接补贴政策能够在一定程度上改善粮食与经济作物收益上的差别，农户可以据此而增加粮食种植面积，增加粮食总产量，并进而提高粮农经济收益。直接补贴对农户收入的贡献程度，则要依赖于直接补贴额度或水平和农户种植面积或产量。首先，按照粮食产量补贴。如果按照 1998~2001 年平均粮棉油价格补贴平均 605.3775 亿元为直接补贴资金计算，按 2003 年国家统计局 2002 年国民经济和社会发展统计公报的数据，2002 年我国乡村人口为 78241 万。如果直接补贴基金的效率是 100%，那么，直接补贴可增加农民收入 77.37 元。这样，2002 年我国农户人均纯收入就是 2553.37 元。2002 年直接补贴占农民人均纯收入比率则是 3%。"九五"期间农户人均收入平均增加率是 4.72%。再加上直接补贴收入效应，农民人均收入增长率就是 7.72%。2001 年城镇居民个人可支配收入比上年的增长率是 8.5%。可见，尽管直接补贴政策对粮食生产农户的收入具有"稳定器"的作用，但作用程度对保证城乡收入同步增长都有一定难度。直接补贴政策对粮食生产农户的收入推动是有一定限度的。

（2）粮食安全效应分析

"粮食安全"这个概念是 1974 年第一次世界粮食首脑会议首次提出的。1996 年第二次世界粮食首脑会议对粮食安全的含义做了第三次表述："让所有的人在任何时候都能享有充足的粮食，过上健康、富有朝气的生活"。我国政府虽然是在 2000 年才首次提出了国家粮食安全体系问题，但从农业生产的实际上看，我国政府一直都十分重视粮食生产。农业生产中的"以粮为纲"就是证明。虽然专家们对于粮食安全的理解还不统一，但从含义上讲，粮食安全包括粮食数量安全和质量安全是无可疑义的。

粮食生产主体是农户。农户是否提供安全粮食数量关键取决于粮食生产收入水平的高低。粮食生产收入水平越高，农户越有积极性提供更多的粮食。农户的粮食供给数量与粮食生产收入呈同方向关系。直接补贴范围首先就是粮食生产，所以，直接补贴提高了种粮收入会调动农户粮食生产的积极性。尽管直接补贴制度与粮食供给方向是一致的，但直接补贴对粮食生产支持程度的关键是直接补贴水平对农户种粮收入的贡献度的高低。直接补贴对农户种粮收入的贡献越大，农户越有动力增加粮食生产。粮食供给安全目标的实现度越有保证。如果农业资源应用上没有替代性，只能生产粮食，那么，直接补贴由于增加了粮食生产的收入，农户一定会增加粮食生产。在市场经济体制下，农业资源应用上的替代性十分显著。如果再根据上面直接补贴制度对农户种粮收入的贡献程度以及我国粮食生产成本收益率递减趋势分析，目前的直接补贴的力度对保证粮食数量安全目标的实现虽然有一定的作用，但其作用的程度不能过高估计。要使直接补贴政策成为调动农户粮食生产积极性的有效手段，首先要提高直接补贴对粮食生产收入的贡献度。

质量安全是粮食安全不可缺少的重要方面。直接补贴政策对粮食的质量安全的促进作用有多大是分析直接补贴政策的粮食安全效应中必须考虑的内容。这不仅是粮食安全固有的要求，也是我人民温饱生活解决后追求生活质量阶段上粮食生产所必然面对的新问题，也是我国生产中农业资源污染严重下农业生产要特别解决的问题。但直接补贴政策所设计的补贴范围上对粮食安全的关注却很有限。因此，直接补贴政策可能在一定程度上会刺激粮食生产数量，但对提高粮食生产的质量作用有限。

（3）结构调整效应分析

直接补贴政策除了有增加农户收入和保证粮食有效供给的作用外，还具有深化农业结构调整的作用。直接补贴的结构调整效应是通过政府所确定的直接补贴范围实现的。一是直接补贴的范围确定后，可以改变享受补贴农产品与不享受补贴农产品收益上的差别。在收入最大化动机下，农户生产中会减少不受补贴产品生产，增加享受补贴农产品的生产，从而改善农业结构。二是直接补贴政策所涉及的优良农产品种子补贴实施，有利于农户增加优质农产品生产，减少劣质农产品生产，从而改善我国的农产品品质结构。因此，直接补贴政策的补贴范围确定后，一旦形成享受补贴与不享受补贴农产品形成的收益上的差异或对优质农产品生产上优惠，直接补贴政策就发挥了巨大的深化农业结构调整作用。直接补贴政策所涉及的有利于农业结构调整的要素越多，农户调整农业结构的积极性就越大，我国农业结构调整的进程也就因此而越快，我国农业经济的整体素质和效益也就得到了显著提高。农户调整农业结构除了受到收入和优质品种子的制约外，生产技术也是特别重要的约束。因此，直接补贴政策发挥促进农业结构调整深化作用中，对农户的生产技术实施补贴是要引起注意的。对农业生产技术补贴不仅有利于农业技术成果转化，也能够从根本上提高农民生产技术能力，克服结构调整的技术风险，也是农民的急需所在。可见，直接补贴政策不仅要形成调整的农产品收益提高，用经济利益调动农户增加优质产品生产，减少劣质品生产，还要从风险弱化的角度给农户提供技术支持。这是进一步地提高我国农产品竞争力的核心所在。因此，直接补贴政策的补贴范围要在农业技术支持上有所作为才是。

（4）农业资源保护效应

长期以来，人们认为农业的功能只是单一的农产品生产。随着生态环境保护和可持续发展理论逐渐深化，对农业功能的认识已经从专统的农产品生产功能演变为农业的多功能，即农业的功能除了提供农产品外，还有土地占有、环境、农产品安全和文化的功能。对农业多功能认识，引导了农业补贴政策的目标逐渐从农户的农产品产量和收入转向生态平衡的维护等方面上来。所以当农产品供给基本保证后，农业补贴的重点也就逐渐地在补贴农户收入的基础上转向农业资源的多纬度应用，不断突出农业的环境功能。因此，农业多功能理论成为农业直接补贴政策的理论基础。我国农产品供求格局从1998年就已经出现了总量上供求略有节余局面。我国的生态环境由于多年的片面追求经济增长而出现了严重问题，农业环境也相当严重。农产品污染不仅已经严重地威胁着人民健康生活，也严重地制约着农产品竞争力。因此，在农产品总量供给已经略有余额的前提下，农业补贴政策适时支持农业多功能化，增强环境保护能力的时机已经成熟。对主要农产品直接补贴增加农户收入会强化农户更加珍惜宝贵农业自然资源，更好地保护农业资源的经济动力。农户保护好、利用好这些农业资源，就是增加农业收入。值得指出的是，目前的直接补贴政策尽管对农户自觉地保护农业资源有很大的经济动力，但直接补贴政策促进农户保护农业资源的动力仍有相当大的潜力。如果对保护农业资源环境予以适当补贴，近期看有助于增加农户收入，改善生态环境，远期看有助于保护农业生产能力，防止未来农产品生产量和农户收入的下降。因此，直接补贴政策对农户"亲环境生产"予以一定补贴，即对绿色产品补贴，对不用化肥、农药等化学物导致的减产予以适当补贴，广大农户自然减少化肥、农药使用量，增加有机农业比重，实现农产品清洁生产，加快我国的农产品清洁生产进程，从而实现农业经济的可持续发展。

从农户经济行为与直接补贴政策实施的内在机理上讲，直接补贴政策对提高我国农户收入水平、推动农户深化农业结构调整和强化农业资源保护都具有十分重要的导向作用。从直接补贴政策引导农户行为实现政府直接补贴政策预期目标的拟和程度上讲，直接补贴政策作用发挥的程度要依赖于直接补贴政策的支持程度。直接补贴政策的程度越大，农户行为就越有利于政府预期目标的实现。从实践上讲，直接补贴制度已经成为引导农户行为的重要变量。直接补贴政策不仅稳定了农户收入水平，并且还在一定程度上提高了农户农业经济活动收入水平；在经济利益追求下，农户不仅积极调整生产结构，提高农业经济效益，也更加珍惜农业资源，保护好农业资源，用好农业资源。但从直接补贴政策对农户收入的支持力度上讲，还存在很大局限性；从补贴范围上讲，目前的直接补贴政策对农户的"亲环境生产"补贴、对农业生产技术补贴、对农业生产资料补贴仍然存在着很大的有限性。因此，目前的直接补贴政策虽然对解决我国农业经济中农户收入问题、结构调整问题和环境保护等问题有一定的促进作用，但现有的直接补贴政策范围和力度对有效地解决上述问题尚有力不从心。要从根本上解决这些问题，直接补贴政策要不断地扩大补贴范围，增强补贴力度的同时，其他方面的制度创新也要尽快地推行，形成多种手段有效结合的共同驱动之势。

3. 直接补贴政策实践中的公平与效率问题①

（1）直接补贴政策的公平与效率含义

直接补贴政策的公平一是指一个生产年度内，凡是符合直接补贴范围的粮食生产都应该获得相应的补贴；二是指地方政府负担的直接补贴资金与其辖区所需要的粮食安全程度成同方向关系。直接补贴政策的效率则是指直接补贴资金能够最大限度地增加农户收入、促进农业结构调整的深化、提高国家粮食安全程度和推动农业资源和环境的保护，实现农业经济可持续发展。

（2）直接补贴政策实践中公平与效率表现

第一，是补贴资金发放公平有利于直接补贴政策预期目标的实现。即政策实施公平能够促进政策效率的提高。如果补贴政策实施公平，农户的生产项目只要是符合直接补贴范围，都可以获得相应的补贴收入，不符合直接补贴范围的生产项目就不能够获得补贴收入，为了获得直接补贴收入，农户的生产活动就必须与直接补贴范围高度一致。这样，农户生产项目选择与直接补贴政策的初衷就紧密地结合起来了。农户的生产项目选择与直接补贴范围的一致性首先是稳定粮食生产面积和生产量。生产粮食越多，获得的补贴收入也越多。其次是促进农业结构调整，深化粮食的"清洁生产"。农户生产的优质品越多，获得的补贴也多。为了获得优质品补贴，农户不仅会自觉地增加优质品生产，减少劣质品生产，而且还会自觉地保护农业资源和环境，实施"清洁生产"。由此可见，直接补贴实施公平，能够提高直接补贴政策的效率，从而有助于直接补贴政策预期目标的实现。如何实现直接补贴政策实施的公平性要引起特别重视。

第二，直接补贴政策实施的非公平性，会极大降低直接补贴政策应有的效率，阻碍直接补贴政策预期目标的实现。即政策实施非公平导致政策效率下降。直接补贴政策实践中的非公平性主要体现在以下三个方面：一是粮食主产区与非主产区的地方政府承担的补贴资金负担与其辖区的粮食安全保证

---

① 本研究主要部分发表于《商业时代》2005年第21期。

需要"背离"。直接补贴资金来源于粮食风险基金。从 1994 年起中央政府和地方政府必须建立粮食风险基金。从 1999 年起，中央和地方政府对粮食风险基金负担比例是 1∶1.5，缺口部分按 1∶1 分担。在这样的直接补贴资金负担体制下，地方政府辖区内生产的粮食越多，其承担的补贴资金也越多，地方政府辖区生产的粮食越少，其承担的补贴资金也越少。生产粮食多、对国家的粮食安全做出贡献大的地方政府也是其承担国家粮食安全负担越重的地方政府。生产粮食少、负担补贴资金少的地方政府却享受着与生产粮食多、承担补贴资金也多的地方政府政府同样程度的粮食安全系数。粮食主产区地方政府补贴资金效益外溢到了非主产区。根据经济学一般原理，如果地方政府补贴资金的外溢性不能获得补偿，那么，地方政府的理性行为是补贴资金不到位或尽量地减少补贴资金支出。在比较利益下，生产粮食农户收入因缺乏补贴收入下降后，农户会自觉地减少粮食生产。最终结果就是国家的粮食数量安全受到威胁。直接补贴的初衷——稳定粮食生产目标难以实现。二是种植粮食的农户不得补贴，不种植粮食的农户得补贴。直接补贴运行一般是在生产开始前发放给农户。在具体发放补贴办法上，安徽、吉林所代表的模式是按照农户申报的粮食种植面积或农户计税土地面积发放、或者是按照农户以往几年交售的粮食数量或计税常产发放等不与农户近期粮食生产数量挂钩的方法。如果按照农户申报种植面积补贴，一种情况是一部分农户的种植面积并没有严格地按照所获得的补贴资金数量种植相应的粮食数量，更有一些农户是获得申报补贴后，根本没有按照补贴范围种植粮食。另一种情况是有的农户由于各种原因，尽管在开始生产前没有申报，在实际生产上种植了符合补贴范围粮食产品没有获得补贴。这样，获得补贴的农户没有完成应该种植的产品，没有获得补贴的农户却种植了符合补贴的产品。补贴并没有补贴给真正应该获得的农户。如果按照计税面积补贴，无论是种植什么项目，农户都可以凭借其使用耕地数量获得相当的补贴。有多少地能获得多少补贴，不管耕地是否种植了粮食作物。补贴获得量完全取决于耕地量，与粮食生产与否、多少无任何关系。

直接补贴的范围是粮食生产。种粮食有补贴，不种粮食就没有补贴。上述补贴模式所选择的补贴方式实施的结果就是补贴发放了，但没有按照直接补贴政策所设定的补贴范围补贴给应该补贴者。补贴并没有让真正的粮食生产农户收入提高。补贴政策的运行对粮食生产农户不公平，也低效率。这时，无论是种粮农户收入的提高、国家的粮食安全、农业结构调整深化，还是农业资源环境保护等预期目标都难以实现。三是农户的"亲环境"粮食生产补贴缺失。实施"清洁生产"是提高我国粮食国际竞争力特别重要的措施，也是我国粮食安全不可或缺的一个方面——质量安全。而粮食"清洁生产"的实现一般是以减少化肥、农药使用量为前提的。农户减少使用化肥、农药自然要减少产量，降低收入。如果农户因"清洁生产"而减少的收入没有获得相应补贴，农户就会终止"清洁生产"。到头来，农产品质量安全和农产品国际竞争力不可能提高，农业生产环境不可能改善。

（3）直接补贴政策实践中公平与效率关系的整合

直接补贴政策实践中出现的一系列非公平性对直接补贴政策目标实现的效率有相当显著的负面影响。最大限度地克服直接补贴政策设计以及运行中所出现的非公平性，力求公平，并尽可能地提高政策运行效率是直接补贴政策实践中迫切需要解决的实际问题。

第一，改革直接补贴基金制度。粮食安全是国家整体概念，而不是局部性地方概念。所以，粮食风险基金就要按照国家整体性原则统一筹集和使用。首先是中央政府把我国的粮食安全总量按照各地方政府辖区人口数量分解到地方政府，由地方政府按照其辖区粮食安全数量所决定的直接补贴资金上交到中央政府。然后，中央政府下拨直接补贴资金到直接补贴政策执行机构，由执行机构根据各地区的粮食生产对国家粮食安全贡献率实际具体地发放补贴资金。生产粮食多的主产区多发放，生产粮食少的非主产区少发放。直接补贴资金制度这样设计，既可以从根本上解决长期以来地方政府粮食风险基金缺口问题，保证粮食风险基金数量安全，并进而彻底地克服直接补贴资金安全问题；也克服了粮食主产区与非主产区直接补贴资金负担不公平问题，充分地体现粮食生产中的公平与效率统一原则，从根本上克服粮食安全贡献率与补贴资金负担责任的不对称性。

第二，完善直接补贴政策组织系统以便提高直接补贴政策效率。直接补贴政策组织系统是直接补贴政策实施以及效率的重要组织保障。一般而言，直接补贴政策组织系统包括决策系统、执行系统和信息反馈系统。从 2002 年以来直接补贴政策实践过程看，到目前为止，我国的直接补贴政策组织系统尚处于不完善状态。直接补贴政策组织系统不完善最突出表现是执行系统和信息反馈系统两个方面。执行系统具体地操作直接补贴政策的实施，直接影响直接补贴政策的效率高低。信息反馈系统负责直接补贴政策实施的效率和所存在问题的及时监测，以便于提高直接补贴决策系统决策的科学性和有效性。所以，执行系统的不完善对直接补贴政策效率的影响尤为突出。目前，各地区直接补贴政策的执行系统基本上都是由财政、税收、物价（计划）、农业和粮食等多部门联合、县乡村三级干部全体出动模式。虽然这些部门确实都涉及直接补贴政策，但涉及并不一定都要参加。有一些部门是不适合承担直接补贴主体资格的。在具体实践上，由于各参加部门更多的是从本部门利益出发，因此，这种模式运行效率偏低，运行成本十分不经济。所以，建立科学、高效的执行系统是直接补贴政策实践中亟待解决的问题。鉴于直接补贴资金的特殊性和我国农业经济发展的实际，建立以农业发展银行为主体，由农村信用社为依托的直接补贴政策执行系统是比较可行而又经济的。信息反馈系统则由目前的统计机构执行则是比较合适的。

第三，直接补贴的范围应该扩大到农户"亲环境"粮食生产项目。直接补贴范围的大小既取决于直接补贴政策的预期目标，也取决于补贴能力。就我国直接补贴政策预期目标而言，直接补贴范围是比较广泛的，但就我国直接补贴能力而言，直接补贴的范围又不可能太大。在这两方面条件约束下，结合我国直接补贴政策预期目标，直接补贴范围还是有扩大空间的。在可扩大的直接补贴范围中，农户"亲环境"粮食生产是应该首先选择的。理由有五：一是对农户"亲环境"粮食生产补贴有利于国家的粮食质量安全和农业资源环境保护等直接补贴目标的实现。二是直接原因就是农户实施"亲环境"粮食生产必须减少化肥、农药的使用量。农户减少化肥、农药使用量后，粮食产量也随之减少，农户粮食生产收入因此而降低。如果不对农户"亲环境"粮食生产所减少的收入予以适当补贴，农户就不会继续粮食的清洁生产，国内居民日益增长的粮食质量安全需求就不能满足。三是对农户的粮食清洁生产补贴是国际上直接补贴最新趋势。四是对农户的粮食清洁生产补贴符合农业多功能理论的要求。五是我国粮食生产的土壤资源污染已经相当严重。我国耕地中因工业和化肥农药污染的比重已占全国耕地的20%多。在粮食生产的土壤资源污染中，农业生产自身污染已经占35—40%。[1] 在国际绿色壁垒日益趋升的形式下，粮食继续污染生产，别说是难以提高我国粮食的国际竞争力，就是国内市场上的竞争力也难以维持。对农户"亲环境"生产补贴，从近期看既给农户增加了收入，又有助于改善和保护生态环境；从远期看则有助于保持农业生产潜力，防止未来农产品生产能力和农户收入的下降。

第四，直接补贴方式尽量选择能够体现农户近期生产对国家粮食安全实际贡献率的模式。直接补贴方式的选择对补贴政策的公平和效率具有一定的影响。目前实施的直接补贴方式概括起来基本上是两种模式：一种模式是与农户近期粮食生产量挂钩的补贴，一种是不与农户近期粮食生产量挂钩的补贴。[2] 比较这两种补贴模式的结论是：不与农户近期粮食生产量挂钩的补贴方式在实践中出现了一定程度的非公平现象。按农户计税面积补贴的结果是不管耕地是否种植粮食都可以获得补贴。按照只有粮食生产农户才可以获得直接补贴原则，这对粮食生产农户不公平。而按种植面积补贴时，农户近期实际种植粮食面积与所得补贴的面积不一定完全一致。得补贴的不种植粮食，不得补贴的反而种植粮食。这对真正种植粮食的农户也不公平。按以往几年交售粮食量补贴时，农户近期交售的粮食量大于补贴数量得不到直接补贴。补贴获得量与其粮食生产数量不对称，真正生产粮食的农户收入不能提高。这些农户因应得而得不到补贴收入会减少未来的粮食生产，直接补贴政策效率也因此而受到了冲击。而与农户近期粮食生产挂钩的补贴则比较好地实现了直接补贴政策运行中公平与效率。至于补贴是按农户近期的粮食生产面积，还是按农户实际交售粮食数量则可以视具体情况确定。所以，应该本着公平与效率的原则，尽量选择与农户近期的粮食生产挂钩的直接补贴模式，以便于最大限度地发挥直接补贴政策应有的作用。

---

① 参见卢良恕、孙君茂：《从食物安全高度审视粮食问题》，《农业经济导刊》2004年第5期，第165页。

② 参见农业部产业政策法规司课题组：《粮食补贴方式改革探讨》，《农业经济问题》2003年第5期，第4页。

第五，增加直接补贴投入规模和实施农户"亲环境"生产的支持政策。直接补贴改善粮食生产农户比较收入的程度取决于补贴力度的大小。补贴力度越大，粮食生产农户比较收入改善程度也越大。从这个意义上说，补贴力度越大对提高粮食生产农户收入越有利。如果按照 1998~2001 年我国粮棉油价格补贴平均数 605.3775 亿元为补贴资金，设补贴效率为 100%。根据国家统计局 2002 年国民经济和社会发展统计公报 2002 年我国乡村人口 78241 万计算。这些直接补贴资金能够使农民人均收入增加 77.37 元。直接补贴收入占该年农民人均纯收入的 3%。如果把"九五"期间农民收入平均增长和直接补贴收入加一起也不如 2001 年我国城镇居民个人可支配收入 8.5% 的增长率。事实上我国每年的直接补贴资金并没有达到 605.3775 亿元。要实现城乡收入均衡增长，就直接补贴而言，还需要加大直接补贴投入，提高补贴收入在农民收入中比例。从我国财政负担能力和财政支出结构看，适度提高直接补贴力度可行也可能。但提高直接补贴的收入效率的根本还在于减少农民数量。不从根本上减少农民数量，增加直接补贴支出的收入效率也不会发生根本性变化。值得指出的是，无论是已有或增加的补贴支出都要适应直接补贴范围变化新趋势，尽量地提高农户"亲环境"粮食生产支持力度。

4. 直接补贴政策的依据选择

直接补贴政策是政府对农业经济活动支持与保护的最主要和最经常性的手段。从 2004 年开始实施的直接补贴制度是我国粮食安全政策转型的重要表现。在直接补贴制度依据的选择上，由于理论上的不明确以及实践上的不统一，直接补贴政策的效率以及直接补贴政策目标实现的程度都受到了一定程度的影响。因此，明确和确定直接补贴依据对于建立高效的直接补贴政策体系十分迫切。

（1）直接补贴政策依据的选择对粮食安全贡献程度分析

判断直接补贴政策依据选择合理与否的唯一标准就是看直接补贴政策实施中所选择的依据对直接补贴政策目标的实现程度的影响或贡献。如果直接补贴政策实施中所选择的补贴依据能够有效地促进直接补贴政策目标的实现，那么，直接补贴所选择的依据就是合理的。否则，就是不合理的。我国的直接补贴政策的直接目标是促进国家粮食安全。因此，判断直接补贴依据合理性应该从我国粮食安全入手，比较不同的直接补贴政策依据对粮食安全的实现程度的影响或贡献程度。

第一，粮食安全目标的范围及其实现。自 1994 年美国世界观察所所长莱斯特·布朗发表"谁来养活中国"论文后，我国粮食安全研究已经成为农业经济理论中热点领域之一。到目前为止，粮食安全的定义有百种以上，[①] 但被广泛应用的还是 FAO 对粮食安全的定义。FAO 对粮食安全有三次定义。1974年定义是"保证任何人在任何时候，都能得到为了生存和健康所需要的足够食物"。1983 年定义是"确保所有的人在任何时候，既能买得到又能买得起他们所需要的基本食物"。1996 年定义是"让所有的人在任何时候都能享有充足的粮食，过上健康、富有朝气的生活"。[②] 从 FAO 三次粮食安全定义可以得到粮食安全的范围大体上包括：一是粮食供给数量充足是粮食安全的基本内容。无论是"足够食物"，"基本食物"还是"充足食物"都是以一定量的粮食供给为基础的。没有一定数量的粮食供给，就不可能有可靠的粮食安全。粮食安全首先是要有足够数量粮食供给或粮食供给数量的安全。二是营养和卫生等质量安全是粮食安全的高级形态。粮食需求遵循从生存需要到温饱需要再到小康生活需要的二次转变的一般规律。在粮食的数量安全获得保证后，粮食安全又演化为营养安全和卫生安全等质量安全的层次，[③] 并且随着人民生活水平提高，粮食质量安全日益突出。三是所有需要粮食的人都买到了他们买得起的足够粮食才真正实现了粮食安全。充足的粮食数量与质量供给只是粮食安全的基础。如果要真正实现粮食安全，除了有充足的粮食供给外，还应该保证需要粮食的所有人们都能够该得到、买得起。否则，就可能出现粮食供给安全下粮食不安全问题。在粮食安全的上述内容中，供给数量安全是基础，没有充足的粮食供给，需要粮食的人就买不到他们所需要的粮食。买得起是粮食安全的重要保证。符合需的营养、卫生条件则是粮食安全的高级形态。粮食安全包括了粮食供给数量与质量的安全，也包括价格安全等多

---

① Maxwell etc. Alternative Food Security Indictors: Revising the frequency and Severity of Coping Strategies. Food Policy. 1999. Voll. 24, 411~429.

② 参见陈敏：《粮食安全：政府应负的责任研究》，http//www.ccrs.org.cn。

③ 参见刘平宇：《创新粮食安全观》，《农村改革与发展》2002 年第 2 期，第 23~25 页。

方面内容。

由于粮食需求的稳定性和粮食生产的波动性，粮食安全的关键是粮食供给。抓住了粮食供给安全就为粮食安全奠定了可靠基础。粮食供给安全实现方式不外乎国内生产和进口。对于我国这样的人口大国而言，粮食供给安全的立足点是国内生产，进口只是调剂性补充。国内粮食生产是我国粮食供给数量安全、质量安全以及价格安全的可靠落脚点。

第二，不同的直接补贴的依据对粮食安全贡献程度分析。我国的直接补贴政策是在试点基础上广泛推广的。广泛推广的直接补贴政策所选择补贴依据并不统一。根据补贴依据选择的不同，实践中的直接补贴方式概括起来一种是与当年的粮食生产和出售数量脱钩的补贴方式。另一种是与当年粮食生产和出售数量挂钩的补贴方式，[①] 即脱钩补贴和挂钩补贴。

首先，分析脱钩补贴方式对粮食安全程度。与当年粮食生产和出售的粮食数量脱钩补贴方式所选择的补贴依据基本上包括两种形式：一是按照农民往年出售粮食数量补贴；二是依据计税田亩以及计税常产补贴。按照农民以往出售粮食数量补贴虽然符合直接补贴对象的要求，也对当期粮食生产没有刺激作用，属于"绿箱"政策，如果从粮食补贴公平性衡量，当农民当期出售粮食数量高于以往出售粮食数量时，高出部分就得不到补贴。高出部分是国家粮食数量供给安全重要组成部分，也属于直接补贴对象。这部分粮食没有补贴不公平。所以，以以往农民出售的粮食为补贴依据虽然与粮食安全目标具有一致性，但也存在一定的问题。依据计税常产补贴虽然也考虑到粮食量的因素，与粮食供给安全有一定联系。依据计税田亩补贴则实际上就是有耕地就获得补贴，不管耕地是否种植或生产粮食。这种补贴依据与直接补贴政策的初衷不一致，对国家的粮食安全没有直接的促进作用，或者只能起到很有限的促进作用。

其次，分析挂钩补贴方式对粮食安全贡献程度。与农民当期出售粮食数量挂钩的补贴克服了脱钩补贴中农民当期出售数量大于以往出售数量不得补

① 参见农业部产业政策法规司课题组：《粮食补贴方式改革探讨》，《农业经济问题》2003 年第 5 期，第 4 页。

贴的问题，使得农民实际出售的粮食都获得了补贴，公平程度大大提高了。因此，挂钩补贴意味着农民生产的粮食越多，出售的粮食越多，得到的补贴也就越多。挂钩补贴的确能够刺激农民多生产粮食，从而促进国家粮食安全目标更有保障。但挂钩补贴中仍然存在着非公平性。这种非公平性就是农民自产自销的粮食没有获得补贴。农民自产自销部分的粮食也是国家粮食安全的重要组成部分。既然是国家粮食安全的重要组成部分，就属于直接补贴的对象，应该获得补贴。

（2）粮食安全数量是直接补贴依据的选择

第一，脱钩补贴不符合我国直接补贴政策目标要求。从直接补贴依据的两种不同方式对我国粮食安全贡献程度的比较分析可以看出，挂钩补贴比脱钩补贴更有利于我国粮食安全目标的实现。按照这个逻辑，我国直接补贴依据选择上应该以挂钩补贴为依据。挂钩补贴属于"黄箱"政策，脱钩补贴属于"绿箱"政策。直接补贴又属于收入支持政策，而不是支持生产政策。脱钩补贴是直接补贴政策发展的方向。从这个意义上讲，我国的直接补贴政策应该更多地实行"绿箱"政策以期符合 WTO 规则才是。值得注意的是，尽管按照直接补贴政策的性质，我国应该尽可能更多地实行"绿箱"政策为好。如果我国直接补贴政策的主要目标是保障农民收入，而不是促进粮食安全的话，这种主张是绝对正确并且是应该首选的补贴方式。可是，我国直接补贴政策的目标并不是单纯地保障农民收入。直接补贴的目标是通过稳定种粮农民收入，调动农民生产粮食的积极性，从而保障国家粮食安全。虽然不敢确定地说农民收入是保障粮食安全的手段，但可以确定地说，在直接补贴目标中，农民收入目标是保障粮食安全目标之后的次级目标。单纯地依据直接补贴政策发展方向而强调我国直接补贴也应该实行脱钩补贴与我国直接补贴的直接目标之间有一定的距离。

第二，我国粮食安全数量是直接补贴依据的选择。按照直接补贴计算的依据，各国实行的直接补贴方式包括四种：依据现在出售数量与市场价格补贴［补贴＝（目标价格—市场价格）×出售数量］、依据现在种植面积和固定标准补贴、依据过去产量和固定标准补贴以及依据过去产量和现在价格补贴。第一种和第三种属于"黄箱"政策，第二种属于"蓝箱"政策，第三种属于

"绿箱"政策。① 如果从符合直接补贴政策发展方向的角度选择直接补贴依据，对粮食产量补贴也是可以的。因为粮食产量也是"绿箱"政策补贴的两个依据之一。只是作为补贴依据的产量是过去产量，而不是现在的产量而已。可见，我国直接补贴政策完全可以选择产量为依据。但出于我国粮食安全的实际需要，作为补贴依据的产量既不是过去产量，也不是现在产量，而是我国粮食安全所需要的产量。

总之，在以我国粮食安全产量为依据建立高效直接补贴政策体系的过程中，首先是要根据粮食安全的衡量标准，确定补贴依据以及补贴总额。在确定补贴依据时，既可以选择粮食自给安全数量为依据，也可以选择粮食安全的种植面积为依据。其次是在补贴总额确定的前提下，要根据我国粮食安全的质量要求，实行区别对待的补贴。对高营养、无污染的优质粮食实行高补贴政策，对低营养、污染程度高的劣质粮食实行低补贴政策甚至是不补贴政策，以促进我国农业结构调整的深化以及农业经济可持续发展战略的实施。

5. 粮食安全视角下直接补贴政策的改进②

对于农业资源十分紧张的人口大国而言，粮食安全一直都是我国农业政策的首要目标。从2004年起我国正式实施的直接补贴政策是我国农业政策的重大突破。直接补贴的对象是粮食生产，受益主体是粮农。所以，直接补贴与我国的粮食安全目标之间存在着密切的关联性。有效的直接补贴政策能够确保我国粮食安全。因此，观察直接补贴政策的效果首先应该从粮食安全的角度进行。

（1）直接补贴政策对我国粮食安全效应的观察

直接补贴政策预期目标是调控粮食生产，保持粮食生产的稳定；保障粮农的经济利益；促进农民更好地保护耕地、保护粮田，搞好与粮田有关的农业基础设施和生态环境。这些预期目标的核心就是国家粮食安全。1974年11

---

① 参见柯炳生：《脱钩补贴是农业补贴的发展方向》，《红旗文稿》2004年第23期，第5~6页。

② 本研究主要部分发表于《农业经济问题》2005年第4期。

月联合国粮农组织（FAO）在第一次世界粮食首脑会议上首次提出了"粮食安全"概念。根据被广泛引用的 FAO 粮食安全定义，我国的粮食安全涉及到粮食的数量安全到质量安全再到生态安全三个层次。数量安全是粮食安全的基础，质量安全和生态安全是粮食安全的更高层次。缺少了哪一方面，都是粮食不安全。

从 2004 年启动的全国性直接补贴政策都是完全由地方政府决定的，并没有全国统一模式。各地所实施的直接补贴政策，概括起来是"两种类型、四种方式"。① 一种是直接补贴与农民出售粮食数量不挂钩的类型。这种补贴方式又分为按照以往农民出售粮食数量补贴或按照计税常产及计税田亩补贴。一种是与农民出售粮食数量挂钩的类型。不管什么补贴方式，补贴的原则都是生产粮食就应该获得补贴，不生产粮食就不能获得补贴；补贴的目的是保证国家粮食安全。但实践中的"两种类型、四种方式"模式并不能够有效地促进粮食供给增加，从而保障国家的粮食安全。

就补贴依据而言，以农民以往出售粮食数量或计税常产为补贴依据，虽然属于"绿箱"政策，一旦当期粮食生产量超过了补贴依据，多生产了的粮食就得不到补贴。而多生产的粮食是国家粮食安全中重要部分。所以，一旦当期农民出售或生产的粮食数量超过了补贴依据的粮食数量，直接补贴政策对当期粮食生产刺激作用就出现了局限性。按照农民承包的计税田亩补贴时，则会形成只要有地，不生产粮食也可以获得补贴的倾向。这与直接补贴政策的初衷不一致，有碍国家粮食安全。按照农民出售粮食数量补贴，的确克服了当期多生产的粮食得不到补贴局限性，能够刺激当期的粮食生产，有助于更好地实现直接补贴的粮食安全目的，但农民自产自销部分粮食得不到补贴。农民自产自销部分粮食是我国粮食供给数量安全中特别重要的组成部分。农民生产的这部分粮食为国家的粮食供给安全做出了重要贡献，却没有享受国家粮食安全政策应该获得的好处，农民的粮食生产就出现了非公平现象。可见，目前实施的直接补贴模式所选择的补贴依据对粮食安全都存在着这样或

---

① 农业部产业政策法规司课题组：《粮食补贴方式改革探讨》，《农业经济问题》2003 年第 5 期，第 4 页。

那样的问题，这两种补贴模式依据都需要改进。

就补贴范围而言，目前的直接补贴模式所确定的补贴范围与粮食安全三个层次存在着不一致性。粮食安全包括数量安全、质量安全和生态安全三个层次。直接补贴范围就应该包括这三个层次上粮食补贴，但直接补贴模式中，除了仅有的良种补贴对促进粮食结构以及提高粮食质量有一定的意义外，普遍缺乏粮食安全的质量层次内容和生态层次内容。没有高质量粮食补贴与低质量粮食补贴额度上的区别，"亲环境"粮食生产补贴空白。没有质量区别的补贴，农民就不会多生产高质量粮食。没有"亲环境"补贴来补偿农民"亲环境"生产所减少的收益，农民依然会沿袭高化肥、高农药投入的粮食生产方式。粮食品质、卫生安全是我国粮食安全中逐渐硬化的内容。因此，直接补贴模式中的不分粮食质量的"普惠制"补贴与我国粮食质量安全和生态安全存在着背离的倾向。

就补贴力度而言，补贴力度亟待提高。农业资源在粮食和非粮食生产上用途竞争取决于种粮收入与非粮食收入的比较。竞争的临界点是农业资源生产粮食与非粮食收入均等水平。所以，促进农业资源粮食生产上偏好的前提是农业资源生产粮食的收入高于生产非粮食收入。目前各地每亩粮食的直接补贴是 10~15 元，按照亩产 350 kg 计算，1 kg 粮食补贴 0.028~0.042 元。如果在考虑粮食生产的其他成本，粮食补贴后的收益也难以达到农业资源竞争性用途的临界收入水平。我国农村固定观察点的直接补贴水平是每亩 20 元时，20%农民满意就已经说明了目前直接补贴水平的偏低。所以，低标准的直接补贴还难以从根本上提高农民生产粮食的积极性。

（2）粮食安全背景下直接补贴政策的改进

我国的粮食安全包括数量安全、质量安全和生态安全三个层次。供给数量安全是基础，质量安全和生态安全是最高层次。因此，应该紧密地围绕着粮食安全的这三个层次，力求直接补贴政策的补贴方式、补贴范围和对象、补贴资金的来源以及补贴力度等方面与粮食安全三个层次高度一致，保障国家粮食安全。

第一，直接补贴方式改进。由于直接补贴政策具有补贴效率高、对市场价格和贸易扭曲影响程度小等优点，发达国家纷纷把以往的价格补贴改为直接补贴。因此，直接补贴方式是对以往的价格补贴方式的改进。根据发达国家直接补贴计算依据和对象的不同，直接补贴政策可以分为四类：一类是根据出售粮食数量和市场价格进行的"黄箱"补贴，一类是根据现在种植粮食面积和固定标准进行的"蓝箱"补贴，一类是根据过去粮食产量和固定标准进行的"绿箱"补贴，一类是根据过去粮食产量和现在粮食价格进行的"黄箱"补贴。如果仅就直接补贴性质而言，"绿箱"补贴是最适合 WTO 规则的直接补贴方式。国外直接补贴政策是以"农民收入平价"原则，把农民收入维持在与城镇居民收入大体相当的水平上的补贴。而我国的直接补贴虽然有促进农民收入提高的目标，但更主要的目标还是保障国家粮食安全。因此，从我国农业直接补贴政策的目标而言，这种脱钩补贴方式具有许多不适用之处。我国的直接补贴方式选择应该与粮食生产挂钩，而不应该与粮食生产脱钩。与粮食生产挂钩是我国直接补贴方式选择的基本出发点，也是改进直接补贴方式的基本原则。

直接补贴方式改进的第一步是准确地执行直接补贴政策的公平、公正原则。在"退耕还林"、"退耕还草"和"退田还湖"的前提下，本着公平、公正的原则，不管是粮食主产区，还是非粮食主产区以及粮食消费区的生产粮食都可以获得补贴，不生产粮食就不能获得补贴。粮食主产区对我国的粮食安全的贡献的确很大，但非粮食主产区和消费区内的粮食生产也是国家粮食安全的重要组成部分。既然都为国家粮食安全在做贡献，就应该按照其贡献程度的大小，分别予以相应的补贴。支持粮食主要产区补贴是对这些地区的地方政府补贴负担过重或补贴利益外溢的补偿而已，不能因此而把粮食非主产区和消费区的粮食生产排除在补贴之外。第二步是确定补贴的标准。根据直接补贴政策的粮食安全目标，尽管理论上的补贴对象是所有生产的粮食，但并不是所有的粮食数量都能够被确定为直接补贴的标准。第一，要把农民享受补贴的粮食数量的范围扩大到不仅包括出售的粮食数量，也包括农民自产自销的粮食数量。第二，根据国家粮食安全的需要，把直接补贴标准的粮食数量确定为国家粮食安全最低需要数量，而不是农民实际生产的粮食数量。也就是说，对凡是符合国家粮食安全数量要求的粮食都给予补贴，对超过国家粮食安全数量的粮食不予以补贴。

第二，直接补贴范围和对象改进。直接补贴政策是世界经济发达国家最重要的农业政策之一。但从这些国家农业补贴的范围和对象看，虽然粮食补贴的对象和范围尽管比较广泛，但还是有选择的。并不是对所有的粮食都补贴。在粮食补贴中，鉴于我国农业经济发展的转型以及社会转型的实际，其一，根据粮食范围尽可能地扩大补贴的粮食种类的同时，把粮食补贴的种类与范围突出在主要粮食种类上或具有比较优势的粮食种类上，最大限度地发挥直接补贴政策对粮食竞争力效率。虽然我国粮食总体上国际竞争力弱，但还有一些具有国际基本优势的粮食品种。这些粮食品种是我国未来的粮食安全的可靠基础。因此，直接补贴政策要对这些粮食品种给予特别关注，进一步提高这些粮食的国际竞争力，提高国家粮食安全的后备能力。其二，从促进农业经济结构转型的角度对不同种类的粮食区别补贴。按照 FAO 根据恩格尔系数值 0.4~0.49 为小康生活水平的判断，我国社会现在已经从总体上进入了小康社会。再根据人们对食物消费的植物性食物—动物性食物—生活质量类农产品的基本规律，我国未来的粮食消费趋向将是逐渐增加生活质量类产品的需求。因此，从深化农业结构转型与粮食安全需求的平衡出发，未来的直接补贴政策将要把一般类粮食补贴与富有营养和健康的粮食补贴额度区别开来，增加营养、健康等生活质量类粮食补贴力度是我国直接补贴政策对象和范围的正确选择。增加对生活质量类粮食补贴力度，不仅可以更好地满足人民未来生活质量的提高，也能够有力地促进当前农业经济结构转型的深化。其三，从农业经济可持续发展的角度确定粮食补贴的对象和范围。农业经济可持续发展已经是农业经济发展最现代内容。而为了实现农业经济可持续发展，经济发达国家美国、欧盟等都实行了环境保护补贴政策。在这些国家，农民只要自愿减少化肥、杀虫剂、灭草剂使用量或其他的有利于环境保护的生产方式，国家都予以一定补贴，以稳定农民收入。因农业生产环境问题相当严重，我国许多农产品生产中质量问题已经严重危及到人民生活以及农产品出口。所以，实施粮食生产的环境补贴具有严峻的迫切性。对粮食生产的环境保护补贴中，首先是要根据农户因为减少农药、化肥、除草剂等化学品投入而减少的收入予以足额补贴，稳定实施清洁生产粮食收入水平。其次是在有能力的前提下，通过对减少化肥、农药使用而生产的"绿色粮食"实行高补贴政策，激励农户广泛地进行无污染生产、清洁生产，自觉地发展有机农业、生态农业，逐步地走上农业经济可持续发展的轨道。

第三，直接补贴资金来源改进。直接补贴资金主要来源于粮食风险基金。粮食风险基金是 1994 年建立的。1998 年起粮食风险基金按照中央政府和地方政府 1∶1.5 承担，缺口部分按照 1∶1 分担。粮食主要产区提供了我国商品粮食的 80%。在这样的直接补贴资金来源结构下，粮食主产区对我国粮食做出的贡献越大，其地方政府承担的补贴资金负担也就越重；而粮食非主产区对我国粮食安全贡献小承担的补贴负担也越小，粮食消费地区承担的粮食补贴负担就更小了。一个国家的粮食安全是整体概念，而不是个别地区概念。所以，目前的粮食补贴资金来源政策造成了粮食主产区承担了非主产区、消费区的粮食安全成本现象，粮食主产区的粮食补贴外溢到了非主产区、消费区。中央政府对粮食主产区投入了 100 亿补贴资金对于解决这个问题有一定的意义。但从粮食安全的成本与受益对称性而言，这种做法并不见得就是最合理的。由此可见，根据粮食安全的成本与受益对称原则，直接补贴资金的来源需要改进。根据粮食安全中成本与受益对称原则，改进补贴资金来源的首要步骤是确定粮食安全受益主体承担补贴成本的原则。从粮食生产与消费而言，粮食安全受益主体包括粮食主产区、非主产区和消费地区。如果按照受益就应该承担成本的法则，粮食主产区、粮食非主产区和消费地区都应该承担其辖区内的粮食安全成本。粮食主产区承担的粮食安全成本以其辖区内人口的粮食消费量确定，粮食非主产区和消费区承担的粮食安全成本则以本地区内粮食生产量与消费量缺口确定。第二，根据粮食安全贡献程度分配补贴资金。在具体地确定了粮食主产区、粮食非主产区和消费区承担的粮食安全成本后，这些粮食安全成本首先收缴中央政府，再按照各地对国家粮食安全的贡献程度，由中央政府通过专门的粮食补贴机构下拨到各地区所有的粮食生产者手中。粮食主产区对国家粮食安全贡献程度大，得到的补贴资金也多，而非粮食主产区、消费区对国家的粮食安全贡献程度小，获得的粮食补贴资金也少。

第四，直接补贴力度改进。尽管市场农业运行体制下的农业生产要素供给具有典型的黏滞性特征，但农业生产要素的黏滞性并不是说农业生产要素完全不流动，只是农业生产要素流动性相对缓慢而已。不同的生产要素的黏滞性是不同的。在劳动、资本和土地等农业生产要素中，土地的黏滞性最强，劳动力其次，资本最弱。[1] 在市场经济条件下，农户是独立的自主经营、自负盈亏的生产者。农户生产什么、生产多少都是根据收入最大化原则进行的。如果直接补贴力度弱到不能够平衡粮食生产收入与其他生产收入，农户就会减少粮食生产或放弃粮食生产。因此，直接补贴力度的大小直接影响国家粮食安全目标的实现程度。从理论上讲，直接补贴力度对粮食安全影响程度的临界点是补贴后的粮食生产收入与非粮食生产收入的平衡。所以，补贴力度对粮食安全影响是直接补贴政策目标实现中要特别注意的问题。在提高直接补贴力度上，最低限度的补贴水平要达到农业资源在粮食与非粮食生产竞争性用途上的收益临界水平。这是提高我国直接补贴力度的第一步。此外，要借鉴发达国家直接补贴政策的"农民收入平价"原则，尽量地提高补贴能力，把种粮收入提高到社会平均收入的水平。在这里要说明一点的是，有人认为我国直接补贴是少数人补贴多数人，国家没有能力高补贴。其实问题恰好相反，是多数需要粮食的人在补贴少数的生产粮食的农民。我国每年有几千亿元买轿车，有平均每年几百亿元农业流通补贴，只要能够把这些费用的一半用于粮食补贴，粮食补贴的力度就相当可观了。问题不是没有能力提高粮食补贴力度，而是想不想提高补贴力度的问题。

6. 农业多功能性视角下直接补贴政策的改进[2]

乌拉圭回合谈判农业协议第 20 条关于改革进程的继续中提出了农产品非贸易关注问题。虽然农业协议并没有对非贸易关注作出具体的界定，但从理论上讲，非贸易关注主要是指那些单纯的农产品自由贸易无法体现和实现的农业生产的全部价值方面。单纯的农产品自由贸易无法体现和实现农业生产全部价值的主要原因是农业多功能性。农业多功能性是农产品非贸易关注的核心内容，也是一些经济发达国家农业政策的理论支柱。因此，根据我国社会经济发展和农业经济发展的现实及其趋势，关注农业多功能性理论并运用农业多功能性理论改进我国农业补贴政策的设计对实现我国社会经济的可持续发展具有重大的现实意义和深远的历史意义。

---

[1]　参见洪民荣：《市场结构与农业增长》，上海社会科学院出版社 2003 年版，第 9 页。
[2]　本研究主要部分发表于《调研世界》2008 年第 4 期。

（1）农业多功能性理论的提出及其政策含义

农业多功能性就是农业产业除了具有提供食物和植物纤维等农产品的商品功能外，还能为人类提供环境、社会、文化等方面的非商品性功能。目前对农业多功能性的讨论主要是保护和改善自然环境、形成地面景观、维护生物多样性、保障国家的粮食安全、消除贫困、增加就业、实现农村社会稳定和保留农耕文化等非商品产出方面。

农业多功能性最先出现在 20 世纪 80 年代末日本政府提出的"稻米文化"中。以农业多功能性作为农业政策改革的理论基础则在 1999 年《粮食·农业·农村基本法》中得到了明确的体现。20 世纪 90 年代末在寻求农业发展新思路的引导下，欧盟提出了以农业多功能性为核心理论基础的"欧盟农业模式"并以《2000 议程》把这种模式确定了下来。在国际上最早承认农业多功能性的是 1992 年联合国环境与发展大会的《21 世纪议程》。1996 年世界粮食首脑会议《世界粮食安全罗马宣言》和《世界粮食首脑会议行动计划》等国际文件对农业多功能性予以了承认和利用。1999 年 FAO 荷兰大会专门讨论了农业多功能性问题。在 2000 年联合国可持续发展委员会第八次会议上，与会各国对农业多功能性进行了激烈的争论。在 WTO 第六次香港部长会议新一轮农产品多边贸易谈判中，农业多功能性问题成为争论的焦点。

第一，农业多功能性理论是农业经济功能不断变换的产物。农业多功能性理论的提出是经济发展过程中农业支持人类生存与发展的功能不断变换的产物。农业生产活动提供其他产业所不能够替代的农产品决定了农业生产是人类社会生存与发展的基础，农业在国民经济发展中的地位与作用则随着人类从事农业生产活动产出效率的变化而不断地变换。

表 6-1　农业在社会经济发展不同阶段的功能变换

时期	功能
农业经济时代	食品供给、改善生活、积累资金
工业经济时代	食品安全、提高农业经济效率、环境保护
后工业经济时代	食品安全、环境与生态保护、文化保护

资料来源：林卿、高继红、于琳等：《可持续农业经济发展论》，中国环境科学出版社 2002 年版，第 10~11 页。

如果依据社会经济发展包括农业经济时代、工业经济时代和后工业经济时代等三个阶段理论，农业经济时代农业产业的主要功能是提供充足的农产品满足人口不断增加对农产品的需求；工业经济时代农业产业的主要功能是不断地提高农产品质量满足人们提高生活质量的追求；在后工业经济时代，农业产业的主要功能则是改善人类生存与发展的环境。随着社会经济发展阶段的不断提高，农业产业功能的多样性也日益突出。

第二，农业多功能性理论的政策含义是寻求农业保护合理性的理论支撑。农业多功能性理论的提出虽然是农业功能不断变换的产物，但就理论的政策含义而言，农业多功能性理论则是寻求农业保护合理化的理论支撑。

如果农业生产活动的商品性产出和非商品产出因技术上的联系而成为联合产品，那么，农产品自由贸易及其扩大则会因影响农产品供给数量的变动而影响农业生产的非商品产出供给的变化，进而影响农产品进出口国家的福利水平。农产品自由贸易及其扩大对农产品进出口国的福利影响是截然相反的。对农产品进口国而言，在大量农产品进口条件下，由于比较优势的作用，农产品进口国农业产业萎缩影响的不仅是农业产业的发展，还包括了国内农业产业所产生的社会效应和生态效应以及文化保存效应等一系列非商品产出功能，最终减少或恶化了农产品进口国的国内净福利。对农产品出口国而言，扩大农产品出口，则引致了国内农业生产规模的增大以及因此而带来的生态环境效应和社会文化效应等非商品供给的增加，农产品出口国的整体福利趋于改进。

正是由于上述原理，农业资源稀缺性比较突出、农业生产处于比较劣势的日本、韩国和欧盟的部分国家在其农业产业主要功能进入到食品质量安全和环境安全的阶段后，提出了农业多功能性理论以维持其国内农业支持政策；而农业资源丰富、农业生产比较优势突出的美国、加拿大和澳大利亚等国家，一方面强化其环境保护、水土保持以及生物多样性等农业的非商品产出领域的支持力度，另一方面坚决反对以农业多功能性理论为基础的农业保护政策。

（2）我国运用农业多功能性理论的可行性和必要性

国外对农业多功能性理论的态度主要有三种：一是日本、韩国和欧盟积极主张农业谈判要考虑农业多功能性并坚持利用该理论维护国内农业支持政策；二是美国和凯恩斯集团坚决反对把农业多功能性的理念纳入农业谈判；三是部分发展中国家不支持将农业多功能性的理念纳入农业谈判，但借用农业多功能性理论强调农业在国家粮食安全、农民生计和农村发展中的作用。我国在反对借用农业多功能理论实施贸易保护主义的同时，也应该利用该理论促进农业多种功能的广泛发挥。

第一，我国运用农业多功能性理论的可行性。

一是我国社会经济发展已经进入工业反哺农业的阶段。在工业化进程中，工业与农业的相互关系可以划分为农业支援工业发展阶段、农业与工业平等发展阶段和工业支援农业阶段三个阶段。农业支援工业发展阶段的农业政策取向是农业为工业化积累资本的农业挤压政策；农业与工业平等发展阶段的农业政策取向是农业与工业平等发展；工业支援农业阶段的农业政策取向是农业保护。根据农业与工业发展关系三阶段理论以及工农业发展的相关指标判断，我国在 20 世纪中期就已经进入到工农业平等发展阶段。本世纪初我国政府就明确地提出了我国社会经济发展已经进入工业反哺农业阶段。按照农业产业在社会经济发展进程中功能变换的一般理论，在工业反哺农业阶段，农业产业的环境保护功能、促进农村发展的功能日益突出，突出农业的多功能性已是我国社会经济发展高级化的客观要求。

二是我国农业综合生产能力为发挥农业多功能性提供了比较可靠的物质基础。虽然我国农业经济整体发展水平还处于从传统农业向现代农业转换之中，但农业综合生产能力已经有了相当大的提高。从 20 世纪 90 年代后期开始，我国农产品供求关系发生了根本性转变，农产品供求总量基本平衡，农产品供给短缺时代已经结束，数量供给和品种、品质供给并重是我国农产品供给的主要方面，农业产业提高农产品的质量和生态环境质量以及促进农村社会发展等方面的功能逐渐突出。农业综合生产能力提高为广泛发挥农业多功能性、实现农业产业的经济效应、社会效应与环境效应高度统一提供了比较坚实的物质基础。

三是农业结构战略调整为促进农业多功能性发挥提供了比较可靠的产业结构基础。从 20 世纪 90 年代后期我国农业结构战略性结构调整以来，我国农业产业结构中的种植业比例持续下降，牧业和渔业比例持续上升，尤其是

2003 年我国的种植业占农业总产值的比重已经接近 50% 的"拐点"水平。我国农业产业结构已经从以单纯的种植业为主转换为种植业、牧业、渔业和林业共同发展的格局；在东部的外向性农业、中部的粮食农业以及西部的生态农业等农业区域分工日益明显的同时，农业产业的区域结构与其资源结构之间的对称性逐渐明朗。农业产业结构战略调整、农业生态区的建设，荒山荒地绿化、荒漠治理和水土流失治理、草地建设以及生物多样性保护区建设等方面所取得的成绩都为进一步发挥农业多功能性奠定了可靠的产业结构基础。

四是多种现代生态农业模式为发展多功能农业提供了生产技术支撑。生态农业是在针对依靠现代工业投入发展起来的现代农业所产生的生态环境问题基础上寻求农业可持续发展而形成的环境友好型农业模式。我国的生态农业起步于 20 世纪 80 年代初期，90 年代初期我国政府进行了 50 多个生态农业示范县建设，经过 20 多年的实践，目前已经有 7 个生态农业建设点获得了联合国环境规划署授予的"全球 500 佳"称号。在"十五"期间重点建设 100 个生态示范县的基础上，我国生态农业发展的规划是 2010 年建设 200 个国家级示范县，2011~2030 年使国土一半以上区域实行生态农业。尽管国内外生态农业的目标、运行机制以及技术体系有所不同，但从实现农业生产与生态环境之间的经济和生态良性循环这两个共同点而言，我国传统农业生产所形成的农作物间作套种、病虫害综合防治技术、桑基鱼塘、稻田养鱼以及以沼气为纽带的立体生态农业模式，不仅是我国生态农业的典型表现，也是我国生态农业进一步发展的基础。以传统的生态农业为基础发展起来的现代生态农业模式已经在我国现代农业发展及农业结构战略调整中发挥了可观的经济功能和巨大的生态功能。20 世纪 90 年代初期生态农业示范区建设对当地农民收入、水土流失治理和土壤沙化治理以及森林覆盖都起到明显的促进作用。因此，依靠传统农业发展起来的多种生态农业模式构成了新历史条件下发挥多功能农业的生产技术支撑。

五是农业政策转型为实现农业多功能性予以了制度保障。农业政策可影响农业资源支配的规模和结构。正确、合理的政策可以促进农业经济繁荣，实现农业经济目标；错误的农业政策则导致了农业经济的停滞，阻碍农业经济目标的实现。自"九五"以来，在原来的生态环境保护与建设基础上，我国政府相继在农业综合开发、农业结构战略调整、农田水利建设、耕地保护、西部开发、退耕还林（还草）和退田还湖、林业工程建设、草原建设等生态环境保护等方面，颁布了一系列相关的政策法规和文件，实施了一系列重大工程。2007 年中央"一号文件"强调，积极发展现代农业必须注重开发农业多功能性，向农业的深度和广度拓展。这一系列政策法规、文件以及重大生态工程项目不仅对深化农业结构调整、增加农民收入、促进农村社会发展以及建设和谐社会等方面起到了有力的保障作用和促进作用，也为进一步发挥农业产业的一系列非商品产出功能提供了制度保障。

六是"休闲农业"和"都市农业"为发挥农业多功能性探索出了具体的路径。休闲农业也称旅游农业或观光农业，它是把农业和旅游结合在一起、利用田园景观或农业生产活动以及农业（农村）的自然环境吸引人们观赏、休闲、度假、书画等一系列活动的新型农业生产经营方式。休闲农业是社会经济高度发达、人们生活质量提高的产物。休闲农业包括观光农园、休闲农场、教育农园、民俗旅游等多种形式。最早提出都市农业的是第二次世界大战后的日本。都市农业是建设多功能都市和花园城市运动的产物，城市中的"绿岛农业"是农业多功能性的产物。尽管都市农业的模式包括了多种，但休闲观光是其主要模式。

在我国国民的整体生活水平进入"小康"阶段后，农业产业正在从温饱型的生存农业快速地转换为追求生活质量型"休闲农业"。我国的都市农业也已经从长江三角洲、珠江三角洲和环渤海湾地区的起步发展到了许多大都市。"休闲农业"和"观光农业"不仅为农民带来了更可观的经济收入，更重要的是这种新型农业生产经营方式把发展农业产业的经济功能、环境功能以及保护和传承农耕文化功能有机地结合起来了，深化了我国传统农业外延。因此，"休闲农业"和"都市农业"的广泛发展已经为我国探索出了发挥农业多功能性的具体路径。

第二，我国运用农业多功能性理论的必要性。

农业产业一方面依赖于生态环境条件，另一方面也导致了农业生产资源利用过度、造成了农业生态的恶化和农业环境的污染。

一是现代农业的生产方式已面临经济与生态的双重困扰。现有的农业生产方式对农业生态环境污染主要表现为化肥、农药等现代工业性农业资源的不合理利用以及畜禽粪便和农作物秸秆等废弃物的不合理处置对农业生态环境和农产品品质所造成的污染。由于农药、化肥、地膜等现代工业性农业资源的不合理利用，现代工业性农业外源投入所推动的农业生产增长与农业自身环境恶化形成了同步性，农业投入收益递减趋势不断强化。养殖业中畜禽粪便以及废弃物不经过处理就直接排入河渠或渗入地下，污染了地表水体、地下水体和空气、土壤，已经成为水体污染的重要原因。农作物秸秆等废弃物的不合理处置已经成为农业源温室气体重要来源。我国农业生产方式已经形成了农药、化肥—水体、土壤和大气污染—农产品污染的立体交叉污染循环路径。

二是农业环境的外源性污染日趋加剧。随着工业化进程的深入，工业"三废"对农业环境的污染已经从局部向整体蔓延。全国耕地的 17.5% 受到了农村工业污染而被破坏。这些被污染破坏的耕地意味着大致 1.1 亿农民生计受到了严重威胁。土壤污染不仅影响了粮食的产量和质量，也严重影响了农业生产，损害了国民的身心健康。我国农业经济的可持续发展面临的生态环境问题日趋严峻。

运用农业多功能性理论、发挥农业多功能性不仅能够直接解决农业经济发展中所面临的日益突出生态环境问题，也是实现我国农业和社会经济可持续发展的必然选择。

总之，我国不仅具备了运用与发挥农业多功能性的经济能力可行性、农业生产力可行性、农业生产技术可行性和农业政策可行性以及农业产业结构可行性，农业和社会经济发展所面临的生态环境问题也迫切需要运用与发挥农业多功能性理论恢复生态环境质量。

（3）改进我国农业补贴政策的路径

农业多功能性理论的政策含义是为国内农业支持政策提供理论支撑。主张农业多功能性的国家鉴于其农业产业发展所面临的具体问题的差异，强调农业多功能性的侧重点也有所不同。我国农业产业发展承担着保障食品数量与质量供给的安全、提高农业经济效率、促进农村发展和就业、恢复生态环境以及保护与传承农耕文化等不同农业发展阶段的多重任务。因此，借鉴国外经验，改进我国的农业补贴政策就成为了促进我国农业多功能性内涵上深化与外延上拓展的逻辑起点。

第一，借鉴国外农业补贴政策经验改进农业补贴政策结构体系。WTO《农业协议》把农业补贴政策划分为"黄箱"、"蓝箱"和"绿箱"政策。主张农业多功能性与否的国家主要困境是"黄箱"补贴政策承诺的约束：承诺约束压力小的国家反对农业多功能性，而承诺约束压力大的国家则积极主张农业多功能性，力图通过"黄箱"补贴的部分内容移入"绿箱"补贴扩展国内支持范围。有鉴于此，我国农业补贴政策改进的总体方向表现在以下方面：

一是用足和用好"黄箱"政策。"黄箱"政策由特定产品 AMS 和非特定产品 AMS 构成。按照 8.5% 的微量允许标准计算，在过去和今后我国的"黄箱"政策的规模与国际水平都有相当大差距的情况下，我国并没有用足"黄箱"政策（我国黄箱政策使用规模的纵向趋势是上升的）。所以，用足"黄箱"政策能够为实现农业多功能性提供稳定的粮食安全基础，而调整"黄箱"政策中特定产品 AMS 和非特定产品 AMS 的数量与品种结构则是用好"黄箱"政策并进一步促进农业多功能性实现的有益选择。

二是选择性地利用"蓝箱"政策。"蓝箱"政策主要是按照固定农业生产面积和产量以及按照特定产品数量予以直接支付。根据"蓝箱"政策内容，我国可以有所选择地通过特定补贴维持某些农产品供给数量，为实现农业多功能性创造条件。

三是增加"绿箱"政策空间和调整"绿箱"政策结构。WTO《农业协议》"绿箱"政策包括了政府的一般服务（农业科研、病虫害控制、农民培训服务、推广咨询服务、检验服务、农产品市场营销和促销服务、农业基础设施建设等）、粮食安全储备和粮食援助补贴、对生产者的直接支付、收入保险和收入安全网计划以及自然灾害救济、一系列的结构调整支持计划（农业生产者退休补贴、资源停用、投资援助等）结构调整补贴、政府环境保护和计划下的支付和区域援助计划（扶贫支出）等措施。如果比较我国"绿箱"措施与《农业协议》"绿箱"措施，我国在农产品市场促销服务、生产者收入稳定、收入保险、退休补贴、资源停用补贴、结构调整投资补贴等"绿箱"措施上还是"空白"。这些"绿箱"措施不仅是促进农业经济发展的有力工具，也是实现农业多功能性的必要举措。因此，增加"绿箱"措施安排中有关农业多功能性发挥的"空白"措施是实现农业多功能性的迫切需要。

从实现农业多功能性的角度比较主张农业多功能性国家与我国的"绿箱"支出结构，我国的"绿箱"支出结构的调整则是十分必要的。日本"绿箱"结构比例依次是政府的一般服务、环境项目支出、投资援助、生产者退休计划、减轻自然灾害支付、食物安全公共储备和国内食物援助。欧盟"绿箱"措施结构比例的前三位也依次是政府的一般服务、环境项目支出、投资援助。在竭力反对农业多功能性的美国"绿箱"措施结构中，仅通过资源停用计划提供结构调整援助的有关农业多功能性发挥的项目就位于其"绿箱"支出的第四位。可见，有关农业多功能性发挥"绿箱"措施已是世界上经济发达国家"绿箱"措施中主要项目了。虽然从结构上看，我国的"绿箱"支出中的环境保护支出在"绿箱"支出结构的位次也比较靠前，但由于缺乏与农业多功能性发挥有关的其他"绿箱"项目，我国"绿箱"措施的农业多功能性效应就要比国外差多了。

顺应农业多功能性潮流和国际"绿箱"措施结构潮流，增加促进农业多功能性发挥的措施种类和力度就显得尤为迫切。

第二，以环境产业政策促进农业产业发展。以资源和生态环境系统为基础的农业产业在生产农产品的经济活动中能够维护或改进资源与环境等生态系统的状态。所以，农业产业既是经济性产业，也环境性产业。选择合理的农业生产方式、使用恰当的生产技术，可以在充分发挥农业产业经济功能的同时发挥其生态性功能，改进资源与生态环境系统状态，实现农业产业的经济效应、环境效应与社会效应的有机统一。主张农业多功能性的国家实现农业产业的环境功能的主要路径是强化对保护环境的农业生产方式的支持、提高产品的质量标志要求。借鉴这一经验，以政府的强制性环境标准为主导，强化农业产业的环境标准化管理，积极鼓励清洁生产则是我国农业产业环境性政策选择的当务之急。

一是强化农业生产环境标准化管理机制建设。从 1980 年我国加入国际标准化组织（ISO）以来，在借鉴 ISO14000 环境管理标准基础上，我国已经建设了由国家环境保护标准、地方环境保护标准和国家行业环境保护标准构成的环境保护标准体系。环境保护标准体系只是环境管理的基础，环境管理就是落实这些环境保护标准，落实环境保护标准需要政府的环境管理制度体系及其实施机制。政府的环境管理机制建设是落实农业环境管理标准的关键。因此，强化政府农业环境管理机制建设、严格落实环境质量标准是促进农业产业环境功能发挥的制度性保证。

二是对生态农药和生态肥料等农业生产资料予以补贴，促进这些产业部门发展的同时降低生态农业的成本。农药和化肥的过度使用既是维持农业高产出的手段，也是造成农业自身污染的主要原因，而农药和肥料的使用又是当代农业增长中难以替代的投入。所以，在维持农业产出增长的同时又要改善环境质量，使用生态农药和生态肥料是可靠的选择。使用生态农药和生态肥料可提高农业生产成本，减低农业产业收入能力。所以，如果没有政府对生态农药和生态肥料补贴来降低农业生产成本，实现农业生产方式的根本性转换就难以真正实现。

三是对农民亲善生态环境的农业生产方式予以制度支持。农业生产方式不仅直接影响农业产业的生态功能程度，也直接决定了农产品的生态品质标准。根据韩国的经验，提高农业产业生态能力和农产品生态品质标准的源头性做法是对亲善环境的农业生产方式予以制度支持。为了促进农业产业的社会、经济与环境效益的有机统一，韩国政府从 20 世纪 90 年代开始实施了亲环境农业发展政策：制定专门的法律、引进有力的支持制度和实施一系列促进计划。韩国政府所实施的上述支持制度和促进计划，不仅降低了农民生产成本，也弥补了亲环境生产所受到的收益损失，促进农业亲环境生产标准的落实。目前我国主要是用法律手段（《中华人民共和国清洁生产促进法》）规定了农业的清洁生产，但尚缺乏有效的经济激励手段促进农业清洁生产的自觉性进行。因此，韩国政府实施的支持农业亲环境生产政策为我国实现农业产业的社会效益、经济效益与环境效益有机统一提供了有益的经验。

第三，改进直接补贴政策。对种粮农户实施直接补贴政策具有粮食安全效应、收入效应、结构调整效应和生态与环境效应。直接补贴政策的这些效应都是农业多功能性的重要体现。因此，改进直接补贴政策体系可以促进农业多功能性的发挥。从发挥农业多功能性的需要而言，目前的直接补贴政策体系改进方向主要集中在以下方面：

一是增加补贴力度。直接补贴政策对稳定与增加农民收入的确有一定的促进作用，但过去几年来直接补贴政策的实践则表明了直接补贴的收入效率并不高。依目前的补贴标准，按照计税面积补贴、按照粮食种植面积补贴和商品粮食数量补贴的收入效应分别是1.84%、1.04%和1.01%。如果补贴标准提高50%和100%后，直接补贴政策的收入效应也只分别达到了2.76%、1.57%、1.52%和3.68%、2.10%、2.03%。由此可见，目前的直接补贴力度的收入效应很有限。如果考虑到近几年农业生产资料价格和农产品价格的上涨因素，农业产量还是决定农民生产经营收入的主要因素。所以，以扩大直接补贴政策收入效应带动该政策的其他有关农业多功能性方面的效应就需要提高直接补贴力度。

二是改进直接补贴客体的质量标准。直接补贴政策的直接效应是增加粮食生产者收入。增加粮食生产收入是发挥农业多功能性的物质前提，直接补贴政策的运行也可以促进农业清洁生产从而提高生态环境质量。直接补贴政策能否兼顾农业多功能性的目标同时实现的关键性因素则是直接补贴客体的质量标准。如果直接补贴的粮食是以一定的环境管理标准下的数量为依据，那么，农业生产过程就会严格按照农业生产的环境管理标准进行，既保证了粮食产品的环境质量标准，也维护了生态环境质量。所以，对直接补贴的粮食规定一定的质量标准，按照质量标准的等级予以质量差别补贴，而不是没有质量标准和质量等级的无差别补贴，直接补贴政策在促进种粮农户收入增加的同时，也促进了农业多功能性的实现。

三是补贴依据选择的改进。我国目前的直接补贴依据选择是由各个地区自主择定的。直接补贴依据选择主要有按照计税面积补贴、按照粮食种植面积补贴和商品粮食数量补贴等三种形式。根据实证分析的结论，以商品粮食数量为补贴依据则表明了以粮食生产为主的农民对国家粮食安全的贡献最大。所以，从国家粮食安全的角度看，直接补贴依据比较合理的选择是在农民出售的商品粮食基础上，最好以国家粮食安全总量为直接补贴的依据。这既保证了国家的粮食安全、稳定和增加了粮食生产者收入，也能够引导农民充分利用本区域内的农业资源多样性优势发展替代农业、促进多功能性农业产业结构的生成，从而更好地实现农业的多功能性。

第四，完善退耕还林、还草和还湖等"一退三还"补贴政策管理机制，提高补贴效率。为了促进退耕还林、还草和还湖进程，政府对"一退三还"给予了补贴。经过多年的"一退三还"补贴实践，我国农业产业结构与区域资源结构更加合理，局部乃至整体的生态环境质量都有了明显的改善，农民收入也有了一定增加。为了充分发挥农业资源布局优势、发展多样性农业产业结构，要利用好我国农业结构战略调整时机，继续完善"一退三还"补贴政策。观察我国多年的"一退三还"补贴政策的实践过程，尤其是退耕还林工程，"一退三还"补贴效率问题不容忽视。补贴效率问题产生的主要原因在于补贴政策管理机制所产生的争取项目而不注重实际效果的"道德风险"。所以，"一退三还"补贴政策不仅要按项目补贴，更要按还湖、还草和还林的实际效果补贴。把事前管理与事中和事后管理有机地结合起来，最大限度地发挥政府三项补贴支出的效果，促进我国多功能农业区域结构的日趋完善。

第五，是设立农业产业结构调整补贴，促进多功能农业区的广泛发展。

虽然经过了多次的农业产业结构调整，我国"以粮食为纲"的农业产业结构已经改观为农、林、牧、渔各业并举的格局，但从农业多功能性的需要而言，农业产业结构调整深化过程中的资本约束和技术约束依然比较大。所以，深化农业结构调整还需要政府财政大力支持。设立农业结构调整专项补贴是国外的通行做法。因此，增加政府的专项补贴项目已经不仅是深化农业结构战略调整的迫切需要，也是发展多样性农业结构的迫切需要。

第六，整合农业文化管理方式、设立农业文化发展专项补贴。

农业具有传承文化的功能是主张农业多功能性的理由之一。悠久的农耕历史创造了我国许多优秀的风俗习惯、神话传说、饮食文化以及诗词乐章。正是这些优秀的农耕文化推动了文明古国文化的不断发展。同时，社会经济现代化过程又使得农业产业以其独特的地面景观衍生出了其特有的休闲娱乐功能。所以，社会经济发展迫切需要对农耕文化进行有力的保护和深入的挖掘。目前，我国农业文化的保护与挖掘由文化部门管理，农业休闲功能则由旅游部门管理。文化和旅游部门对于保护与挖掘农耕文化是起到了不可否认的作用，但由于农业文化的产生与发展是依赖于农业产业发展的，所以，整合管理方式、由农业部门统一管理则更有力于农业文化的保护和发展。另外，发展休闲农业主要是依靠个人资本进行的，政府很少予以资本投入支持。因此，农业休闲功能的深入发展迫切需要政府对休闲农业予以资本投入支持。

参考文献

中文参考文献：

[1]《资本论》第3卷，人民出版社1975年版。

[2]《马克思恩格斯选集》第1卷，人民出版社1972年版。

[3]《马克思恩格斯选集》第2卷，人民出版社1972年版。

[4]《马克思恩格斯选集》第3卷，人民出版社1972年版。

[5]《马克思恩格斯选集》第4卷，人民出版社1975年版。

[6]《马克思恩格斯全集》第9卷，人民出版社1972年版。

[7]《马克思恩格斯全集》第22卷，人民出版社1972年版。

[8]《马克思恩格斯全集》25卷上，人民出版社1975年版。

[9]《马克思恩格斯全集》第46卷，人民出版社1972年版。

[10]《列宁全集》第1卷，人民出版社1975年版。

[11]《列宁全集》第13卷，人民出版社1975年版。

[12]《列宁全集》第23卷，人民出版社1975年版。

[13]《列宁全集》第27卷，人民出版社1974年版。

[14]《斯大林全集》第4卷，人民出版社1953年版。

[15]《斯大林全集》第7卷，人民出版社1953年版。

[16]《斯大林全集》第29卷，人民出版社1953年版。

[17] A.J.雷纳、D.科尔曼：《农业经济学前沿问题》，中国税务出版社2000年版。

[18]［美］S.S.那格尔：《政策研究百科全书》，科学技术文献出版社1990年版。

[19] 蔡赟：《我国利用外资的产业结构分析》，《市场周刊·研究版》2005年第10期。

［20］陈孟平：《发达国家农业现代化进程中的政府行为研究》，《北京农业职业学院学报》2002 年第 1 期。

［21］陈敏：《粮食安全：政府应负的责任研究》，http//www. ccrs. org. cn。

［22］陈锡文：《重提"新农村建设"》，《中国改革》2006 年第 2 期。

［23］陈秀山：《当代美国农业经济研究》，武汉大学出版社 1996 年版。

［24］陈振明：《公共政策分析》，中国人民大学出版社 2003 年版。

［25］陈振明：《政策科学——公共政策分析导论》，中国人民大学出版社 2003 年版。

［26］程国强：《中国农业国际化的战略选择》，《中国经贸导刊》2005 年第 15 期。

［27］程同顺：《利益集团理论与中国农民的组织化》，《社会科学》2005 年第 3 期。

［28］［美］道格拉斯·C. 诺思：《经济史中的结构与变迁》，上海三联书店 1994 年版。

［29］［美］德怀特·L. 杜蒙德：《现代美国 1896～1946 年》，商务印书馆 1984 年版。

［30］丁关良：《中国农村法治基本问题研究》，中国农业出版社 2001 年版。

［31］［美］F. J. 古德诺：《政治与行政》，华夏出版社 1987 年版。

［32］冯炳英：《我国农业利用外资的成效、问题与对策》，《农业经济》2004 年第 3 期。

［33］冯海发、李溦：《工业化的成长阶段与我国农业发展政策的调整》，《学习与探索》1991 年第 6 期。

［34］冯海发、李溦：《论政府行为与农村改革的深化》，《经济纵横》1989 年第 9 期。

［35］冯海发、李溦：《试论工业化过程中的工农业关系》，《经济研究》1989 年第 12 期。

［36］冯胜利：《农业保护与农业稳定发展》，《学习与探索》1996 年第 6 期。

［37］冯涛：《农业政策的国际比较》，经济科学出版社 2007 年版。

［38］［日］福田修：《农学原论》，中国人民大学出版社 2003 年版。

［39］傅如良：《转型期农民政治权利探索》，《中国特色社会主义研究》2005 年第 1 期。

［40］傅如良：《转型期农民政治权利探析》，《中国特色社会主义研究》2005 年第 1 期。

［41］高鸿业、吴易风：《20 世纪西方经济学的发展》，商务印书馆 2004 年版。

［42］高云峰：《农业产业化发展中的金融约束与金融支持》，《农业经济问题》2003 年第 8 期。

［43］谷书堂：《社会主义经济学通论——中国转型期经济问题研究》，高等教育出版社 2000 年版。

［44］郭宏宝：《中国财政农业补贴：政策效果与机制设计》，西南财经大学出版社 2009 年版。

［45］郭玮：《农业补贴政策的转型与具体操作》，《农业经济导刊》2004 年第 2 期。

［46］郭熙保：《农业发展论》，武汉大学出版社 1995 年版。

［47］郭小聪：《政府经济学》，中国人民大学出版社 2003 年版。

［48］郭晓航：《农业保险》，东北财经大学出版社 1993 年版。

［49］国家发展改革委农经司课题组：《关于入世后我国农业的投入支持政策探讨》，《宏观经济研究》2003 年第 7 期。

［50］国务院发展研究中心、中共中央政策研究室：《关于支持和保护农业问题研究（上）》，《管理世界》1997 年第 4 期。

［51］韩立民、王爱香：《扩大农业利用外资，推进农业国际化》，《经济研究参考》2002 年第 50 期。

［52］何广文：《从农村居民资金借贷行为看农村金融压抑与金融深化》，《中国农村经济》1999 年第 10 期。

［53］何广文：《中国农村金融供求特征及均衡供求的路径选择》，《中国农村经济》2001 年第 10 期。

［54］洪民荣：《市场结构与农业增长》，上海社会科学院出版社 2003 年版。

［55］胡代光：《当代资产阶级经济学主要流派》，商务印书馆 1986 年版。

［56］胡寄窗：《1870 年以来的西方经济学说》，经济科学出版社 1988 年版。

［57］胡家勇：《一只灵巧的手：论政府转型》，社会科学文献出版社 2002 年版。

［58］黄季焜、胡瑞法：《农业科技投资体制与模式：现状与国际比较》，《管理世界》2000 年第 3 期。

[59] 黄季焜、马恒运：《中国主要农产品生产成本与主要国际竞争者的比较》，《中国农村经济》2000 年第 5 期。

[60] ［澳］基姆·安德森、［日］速水佑次郎：《农业保护的政治经济学——国际透视中东亚经验》，天津人民报社 1996 年版。

[61] 冀名峰：《我国农业管理体制调查与分析》，《经济研究参考》2003 年第 43 期。

[62] 蒋永穆：《中国农业增长方式分析及转变途径》，《中国农村经济》1997 年第 2 期。

[63] 蒋永穆：《中国农业支持体系论》，四川大学出版社 2000 年版。

[64] 金挥、陆南泉、张康琴：《苏联经济概论》，中国财政经济出版社 1985 年版。

[65] 靳涛：《经济转型理论研究的成就与困惑》，《厦门大学学报（哲学社会科学版）》2005 年第 1 期。

[66] 景为民：《转型经济学》，南开大学出版社 2003 年版。

[67] ［德］K. F. 齐默尔曼：《经济学前沿问题》，中国发展出版社 2004 年版。

[68] 柯柄生：《美国农业风险管理政策及其启示》，《世界农业》2001 年第 1 期。

[69] 柯柄生：《脱钩补贴是农业补贴的发展方向》，《红旗文稿》2004 年第 23 期。

[70] 柯炳生：《提高农产品竞争力：理论、现状与政策建议》，《农业经济问题》2003 年第 2 期。

[71] 蓝海涛：《中国农业政策与世贸组织〈农业协议〉：游戏规则冲突》，《国际贸易问题》2002 年第 12 期。

[72] 李成贵：《国家、利益集团与"三农"困境》，《经济社会体制比较》2004 年第 5 期。

[73] 李成贵：《中国农业政策——理论框架与应用》，社会科学文献出版社 1999 年版。

[74] 李国祥：《现阶段我国农业补贴政策选择》，《经济研究参考》2003 年第 72 期。

[75] 李曙光：《中国经济转型：成乎？未成乎？》，《社会主义经济理论与实践》2003 年第 8 期。

[76] 李斯特：《政治经济学的国民体系》，商务印书馆 1961 年版。

[77] 李向勇：《外国政府如何管理农业的》，江西人民出版社 2004 年版。

［78］林卿、高继红、于琳等：《可持续农业经济发展论》，中国环境科学出版社2002年版。

［79］林毅夫：《制度、技术与中国农业发展》，上海三联书店、上海人民出版社1994年版。

［80］刘伯龙、竺乾威：《当代中国公共政策》，复旦大学出版社2000年版。

［81］刘江：《中国资源利用战略研究》，中国农业出版社2002年版。

［82］刘亮：《调整农业财政政策切实增加农民收入》，《农业经济问题》2004年第5期。

［83］刘平宇：《创新粮食安全观》，《农村改革与发展》2002年第2期。

［84］刘小梅：《我国粮食安全战略与粮食进口规模》，《宏观经济研究》2004年第9期。

［85］刘志扬：《美国农业新经济》，青岛出版社2003年版。

［86］龙方：《农业产业结构调整的风险及其防范》，《农业经济问题》2002年第1期。

［87］隆国强：《大国开放中的粮食流通》，中国发展出版社1999年版。

［88］卢良恕、孙君茂：《从食物安全的高度审视粮食问题》，《农业经济导刊》2004年第5期。

［89］卢现祥：《西方新制度经济学》，中国发展出版社1996年版。

［90］吕新业：《我国粮食安全的现状及未来发展战略》，《农业经济问题》2003年第11期。

［91］马涛：《经济思想史教程》，复旦大学出版社2002年版。

［92］马晓河、王为农：《中国农业与农村经济发展的现状和跨世纪发展探析》，《教学与研究》1999年第4期。

［93］［美］迈克尔·P.托达罗：《经济发展》，中国经济出版社1999年版。

［94］曼瑟尔·奥尔森：《集体行动的逻辑》，上海三联书店、上海人民出版社1995年版。

［95］［美］梅勒：《农业发展经济学》，北京农业大学出版社1990年版。

［96］［英］米切尔·黑尧：《现代国家的政策过程》，中国青年出版社2004年版。

［97］牛若峰：《农业产业化的理论界定与政府角色》，《农业技术经济》1997年第6期。

［98］农业部产业政策法规司课题组：《粮食补贴方式改革探讨》，《农业经济问题》2003 年第 5 期。

［99］农业部软科学委员会办公室：《促进农民增收与全面建设农村小康社会》，中国农业出版社 2005 年版。

［100］农业部软科学委员会课题组：《农业发展新阶段》，中国农业出版社 2000 年版。

［101］农业科技政策研究课题组：《中国农业科技投资现状及对策研究》，《农业经济问题》1999 年第 3 期。

［102］P. M. 杰克逊：《公共部门经济学前沿问题》，中国税务出版社、北京图腾电子出版社 2000 年版。

［103］潘盛洲：《中国农业保护问题研究》，中国农业出版社 1999 年版。

［104］平新乔：《财政原理与比较财政学》，上海三联书店 1996 年版。

［105］齐景发：《"三个代表"思想与"三农"问题》，《农业经济导刊》2004 年第 3 期。

［106］钱克明：《中国"绿箱政策"的支持结构与效率》，《农业经济问题》2003 年第 1 期。

［107］钱纳里：《工业化和经济增长的比较研究》，上海三联书店 1989 年版。

［108］［美］乔·B. 史蒂文斯：《集体选择经济学》，上海三联书店、上海人民出版社 1999 年版。

［109］乔耀章：《政府理论》，苏州大学出版社 2003 年版。

［110］秦大河、张坤民、牛文元：《中国人口资源环境与可持续发展》，新华出版社 2002 年版。

［111］秦富、王秀清、辛贤等：《国外农业支持政策》，中国农业出版社 2003 年版。

［112］桑玉成：《政府角色——关于市场经济条件下政府作为与不作为的探讨》，上海社会科学院出版社 2000 年版。

［113］商务部国际经济贸易合作研究院：《WTO 主要成员国绿箱支持实施情况》，《经济研究参考》2003 年第 57 期。

［114］《生态农业与庭院经营》，中国农业出版社 1999 年版。

［115］盛洪：《中国过度经济学》，上海三联书店 1994 年版。

［116］宋承先：《现代西方经济学——宏观经济学》，复旦大学出版社 1997 年版。

［117］宋洪远：《"九五"时期的农业和农村经济政策》，中国农业出版社 2002 年版。

［118］［印度］苏布拉塔·加塔克：《农业与经济发展》，华夏出版社 1987 年版。

［119］谭崇台：《发展经济学的新发展》，武汉大学出版社 1999 年版。

［120］谭崇台：《发展经济学》，上海人民出版社 1989 年版。

［121］唐兴霖：《中国若干典型地区农村经济社会发展进程中的政府行为比较研究》，《珠江三角洲经济》2000 年第 1 期，第 7~14 页；2000 年第 2 期。

［122］唐正平：《世界农业问题》第五辑，中国农业出版社 2002 年版。

［123］田维明：《农业多功能性对中国和世界农业发展的意义》，载王秀清主编：《百年农经》第四部（2000—2003 年），中国农业出版社 2005 年版。

［124］［美］托马斯·戴伊：《谁掌管美国》，世界知识出版社 1980 年版。

［125］汪翔、钱南：《公共选择理论导论》，上海人民出版社 1993 年版。

［126］王耕今、张宣三：《我国农业现代化与积累问题研究》，山西经济出版社 1993 年版。

［127］王来保：《我国粮食生产直接补贴目标模式的探讨》，《宏观经济管理》2004 年第 3 期。

［128］王培志、顾焕章：《政府·市场·农民》，《农业经济问题》1994 年第 12 期。

［129］王文清：《世界各国农业经济概论》，中国农业出版社 1991 年版。

［130］王雅莉：《公共规制经济学》，中国商业出版社 2001 年版。

［131］王雅鹏、郭犹焕：《有关农民收入问题的理论浅析》，《农业经济学》2001 年第 10 期。

［132］王雅鹏：《湖北三农问题探索》，湖北人民出版社 2004 年版，序言。

［133］王雅鹏：《粮食安全保护与可持续发展》，中国农业出版社 2005 年版。

［134］王雅鹏、杨涛：《试论农地资源的稀缺性与保护的必要性》，《调研世界》2002 年第 9 期。

［135］韦苇、杨卫军：《农业的外部性及补偿研究》，《西北大学学报（哲学社会科学版）》2004 年第 1 期。

［136］卫龙宝：《农业发展中政府干预的模式》，《经济学家》1999 年第 5 期。

[137] 卫龙宝：《市场经济条件下农业发展中政府干预的手段与边界》，《管理世界》1999 年第 4 期。

[138] 魏埙、张仁德：《社会主义经济发展论》，河北人民出版社 1987 年版。

[139] 吴波、卢奈：《我国荒漠化基本特点及加速荒漠化地区发展的意义》，《中国人口·资源和环境》2002 年第 1 期。

[140] [美] 西奥多·W. 舒尔茨：《改造传统农业》，商务印书馆 1999 年版。

[141]《现代国外经济学论文选》第五辑，商务印书馆 1984 年版。

[142]《新帕尔格雷夫经济学大辞典》第 1~2 卷，经济科学出版社 1996 年版。

[143] 徐彬：《中国农业发展中的失范现象及其纠正对策》，《农业现代化研究》2003 年第 5 期。

[144] 许崇德：《宪法学》，中国人民大学出版社 1999 年版。

[145] 许纯祯：《西方经济学》，高等教育出版社 2002 年版。

[146] 亚当·斯密：《国富论》下卷，商务印书馆 1974 年版。

[147] 严启发：《农业利用外资的现状、问题与建议》，《中国外资》2003 年第 1 期。

[148] 严瑞珍、孔祥智、程漱兰等：《转轨时期农民行为与政府行为的转轨》，《经济学家》1997 年第 5 期。

[149] 杨凤春：《中国政府概要》，北京大学出版社 2002 年版。

[150] 杨光武：《中国政府与政治导论》，中国人民大学出版社 2003 年版。

[151] 杨明洪：《论我国农村经济结构转换与结构偏差》，《中国农村经济》1999 年第 1 期。

[152] 杨明洪：《农业增长方式转换机制论》，西南财经大学出版社 2003 年版。

[153] 杨楠、倪洪兴：《WTO 谈判中非贸易关注问题》，中国农村经济 2005 年第 10 期。

[154] 杨涛：《农业经济转型期农业资源环境与经济协调发展研究》，博士学位论文，华中农业大学经济贸易学院，2003 年。

[155] 杨万江：《现代农业发展阶段及中国农业发展的国际比较》，《中国农村经济》2001 年第 1 期。

[156] 杨万江、徐星明：《农业现代化测评》，社会科学文献出版社 2001 年版。

[157] 姚耀军：《中国农村金融发展水平及其金融结构分析》，《金融与保险》2005 年第 11 期。

［158］于同申：《发展经济学》，中国人民大学出版社 2002 年版。

［159］喻闻、黄季焜：《从大米市场整合程度看我国粮食市场改革》，《经济研究》1998 年第 3 期。

［160］［美］约瑟夫·E. 斯蒂格利茨等：《政府为什么干预经济——政府在市场经济中的角色》，中国物资出版社 1998 年版。

［161］翟虎渠：《粮食安全的三个层次》，《瞭望》2004 年第 13 期。

［162］詹姆斯·E. 安德森：《公共政策》，华夏出版社 1990 年版。

［163］张冬平、刘旗、王凌：《农业结构调整与农业科技结构的协调问题》，《农业技术经济》1999 年第 5 期。

［164］张红宇：《中国农业管理体制：问题与前景——相关的国际经验与启示》，《管理世界》2003 年第 7 期。

［165］张杰：《中国农村金融制度：结构、变迁与政策》，中国人民大学出版社 2003 年版。

［166］张坤民：《可持续发展论》，中国环境出版社 1997 年版。

［167］张雷、刘慧：《中国国家在以后的资源安全问题初探》，《中国人口·资源与环境》2002 年第 1 期。

［168］张培刚：《发展经济学》，经济科学出版社 2001 年版。

［169］张庆宁：《农业生产结构与政府行为》，《经济研究参考》2002 年第 86 期。

［170］张元红：《农民的金融需求与农村的金融深化》，《中国农村经济》1999 年第 1 期。

［171］"中国从传统农业向现代农业转变的研究"课题组：《从传统到现代：中国农业转型研究》，《农业经济问题》1997 年第 5 期。

［172］中国社会科学院农村发展研究所农村金融以及课题组：《农民金融需求及金融服务供给》，《中国农村经济》2000 年第 7 期。

［173］中国统计研究所课题组：《农业现代化进程：中国仅仅走了三分之一》，《中国国情国力》2003 年第 4 期。

［174］《中华法学大辞典》简明本，中国检察出版社 2003 年版。

［175］钟甫宁：《农业政策学》，中国农业大学出版社 2000 年版。

［176］朱道华：《农业经济学》，中国农业出版社 2001 年版。

［177］朱乐尧、周淑景：《回归农业》，中央编译出版社 2005 年版。

英文参考文献：

［1］ Blanchard and Shellfire, et al, *Federalism With and Without Political Centralization：China Versus Russia*, NBER Working Paper.

［2］ Gal-or, "E First Mover Disadvantages with Private Information", *Review of Economic Studies*, 1987,（54）.

［3］ Kreps, D, and R. Wilson, "Sequential Equilibrium", *Econometrica*, 1982,（50）.

［4］ Levin, Mark and George Satares, "Corruption and Institution in Russia", *European Journal of Political Economy*, 2000,（16）.

［5］ Oi, Jean, *Rural china Takes Off, Incentive for Reform*, Berkeley：University of California press, 1994.

［6］ Philips L, *Competition Policy：A Game-Theoretic Perspective*, Cambridge University Press, 1995.

［7］ Qian yingyi and B. r. Weigast, "China's Transition to Market：Market-Preserving Federalism, Chinese Style", *Journal of Policy Refom*, 1996,（1）.

［8］ Well etc, "Alternative Food Security Indictors：Revising the frequency and Severity of Coping Strategies", *Food Policy*, 1999, Voll. 24, 411~429.

［9］ Yehezkel Dror, *Public Policymaking Reexamined*, Scranton, Pennsyvania：Chardler, 1968, p. 118.

后 记

　　本书是在我前期研究成果基础上修改而成的。本书的写作得到了我的导师王雅鹏教授的精心指导。华中农业大学经济管理学院的雷海章教授、易法海教授、周德翼教授、张俊飚教授、王红玲教授帮助我廓清了本书的结构和思路。

　　在本书写作中，董利民、唐楚生、叶长为、徐勇、陈召玖、刘灵芝、雷玉桃、陈艳、陈波、郑美琴、罗忠玲、方玲莉、叶慧、谢琼、张少兵、赵兵、丁文斌等诸位朋友在学术思想和文献上都给予了莫大帮助。

　　本书的写作直接地得益于学术界已经取得的研究成果。所以，我要衷心地感谢本书参考文献的研究者们，同时也向本书可能遗漏标注的参考文献研究者们致歉。

　　感谢湖北省社会科学基金项目和中国科学院—国家民委农业信息综合实验室的支持。

梁世夫

2013 年 3 月

责任编辑:郭　倩
封面设计:肖　辉

图书在版编目(CIP)数据

中国农业经济多重转型期政府行为研究/梁世夫　著.
　-北京:人民出版社,2013.9
ISBN 978－7－01－011637－2

Ⅰ.①中…　Ⅱ.①梁…　Ⅲ.①农业经济-经济转型期-政府行为-研究-中国
　Ⅳ.①B244.05

中国版本图书馆 CIP 数据核字(2012)第 319819 号

中国农业经济多重转型期政府行为研究

ZHONGGUO NONGYE JINGJI DUOCHONG ZHUANXINGQI ZHENGFU XINGWEI YANJIU

梁世夫　著

人民出版社 出版发行

(100706　北京市东城区隆福寺街 99 号)

北京龙之冉印务有限公司印刷　新华书店经销

2013 年 9 月第 1 版　2013 年 9 月北京第 1 次印刷
开本:710 毫米×1000 毫米 1/16　印张:16.75
字数:260 千字

ISBN 978－7－01－011637－2　定价:35.00 元

邮购地址 100706　北京市东城区隆福寺街 99 号
人民东方图书销售中心　电话 (010)65250042　65289539